Fritjof Haft

Juristische Methodenschule

IT-gestütztes Training juristischer Fertigkeiten

edition normfall Band 7

Originalausgabe
Normfall GmbH
Bismarckstraße 22
80803 München
www.normfall.de

ISBN 978-3-98-157602-3

Umschlaggestaltung, Layout, Satz und Illustrationen:
Igor Clukas, München

Titelfotos: © Viorel Sima/Dreamstime.com,
© Photogl/Dreamstime.com

Druck und Bindung: CPI books GmbH, Leck

A. Einleitung

Bücher mit dem Titel „Juristische Methodenlehre“ gibt es viele. Sie enthalten oftmals interessante und auch etliche wissenswerte Dinge, aber eines leisten sie nicht: Sie lehren nicht eine und schon gar nicht die juristische Methode.

Das mehrdeutige Wort Methode hat nach dem Duden zwei Hauptbedeutungen: Zum einen steht es für ein auf einem Regelsystem aufbauendes Verfahren zur Erlangung von (wissenschaftlichen) Erkenntnissen oder praktischen Ergebnissen, zum anderen bezeichnet es die Art und Weise eines Vorgehens bei der Durchführung einer Tätigkeit. In jedem Fall geht es um ein Verfahren, konkret, um menschliches Verhalten, und dazu benötigen Sie Fertigkeiten. Der Begriff Fertigkeiten ist vom Begriff Fähigkeiten zu unterscheiden. Diese sind angeboren, jene werden durch Training erworben. Musikalität ist eine Fähigkeit, das Klavierspielen erfordert Fertigkeiten. Als Jurist benötigen Sie beides (natürlich nicht am Klavier). Wenn Sie keinen Sinn für Sprache und Ordnung haben, fehlen Ihnen elementare Fähigkeiten, ohne die Sie sich einen anderen Beruf suchen sollten. Die juristischen Fertigkeiten müssen Sie dagegen erwerben. Dies kann man nur sehr begrenzt lehren, weshalb der Ausdruck „Methodenlehre“ in einem Buchtitel irreführend ist. Entscheidend ist Ihr eigenes Verhalten, Ihr Training, und deshalb trägt dieses Buch den Titel „Methodenschule“, denn in einer Schule wird gelernt, und das heißt in Ihrem Falle, es werden Fertigkeiten eingeübt. Sie können sich das nochmals am Beispiel des Klavierspielens verdeutlichen. Weder aus Büchern noch durch Vorlesungen können Sie das Klavierspielen „lernen“. Sie müssen sich auf den Klavierschemel setzen und die Tasten in Bewegung setzen. Sie müssen trainieren, Sie müssen üben! Entsprechend verhält es sich im Recht.

Diese Erkenntnis ist übrigens nicht neu. Um 1900 gab es eine sog. Freirechtsbewegung Die Freirechtler orientierten sich an den Naturwissenschaften und setzten auf Beobachtung und Experiment. Sie forderten neben vielem anderen eine Reform der Juristenausbildung. Vor allem Hermann Kantorowicz (1877-1940) und Ernst Fuchs (1859-1929) haben sich damals mit Vorschlägen hervorgetan. Kantorowicz war er als Nachfolger von Gustav Radbruch von 1929 bis 1933 ordentlicher Professor an der Universität Kiel. Er wurde von den Nazis vertrieben und lehrte bis zu seinem Tod in den USA und in England. Unter dem Pseudonym Gnaeus Flavius veröffentlichte er 1906 eine Schrift mit dem Titel *„Der Kampf um die Rechtswissenschaft“*. Darin legte der er das Programm der Freirechtsschule dar. Er schrieb *„Möge diese Schrift neue Streiter werben für den Befreiungskampf der Rechtswissenschaft, für den Sturm auf die letzte Bastion der Scholastik."* Die neue Schule forderte, nicht das Nachdenken und Nachschlagen in Rechtsbüchern sollte im Vordergrund stehen, sondern die Anschauung des Lebens, der Konflikte, welche die Menschen bedrängen. Die Rechtsfakultäten sollten in „Rechtskliniken“ mit eigener akademischer Gerichtsbarkeit (etwa im Umfang der früheren süddeutschen Gemeindegerichtsbarkeit) umgewandelt werden. Darin sollten die Studenten das richtige „Prozedieren“, die Kunst der Vernehmung und Beweiswürdigung, das Anklagen, Verteidigen und Urteilen üben. Am lebendigen Fall sollten sie beobachten und trainieren können. Die „Vorlesungen“ sollten demgegenüber in den Hintergrund treten oder ganz verschwinden. Immer wieder überschüttete vor allem Ernst Fuchs das ganze *„scholastische“* Erbe mit beißendem Spott. Dissertationen sollten keine theoretischen, gelehrten Abhandlungen mehr sein, sondern sollten *„wirkliche juristische Krankheitsfälle oder Gruppen von solchen“* zum Gegenstand haben. Und als Prüfung sollte ein *„Meisterstück“* geliefert werden durch *„kunstgerechte Wahrheitsermittlung und Beweiswürdigung und durch die kunstgerechte Rechtsgestaltung und Interessenabwägung in einem wirklichen Prozesse“*. So weit so gut. Nur fehlten damals alle Voraussetzungen für ein solches Vorhaben, weshalb die

Freirechtsbewegung folgenlos blieb. Im IT-Zeitalter hat sich das geändert. Ich komme darauf zurück.

Neben juristischen Fertigkeiten benötigen Sie (natürlich) auch juristisches Wissen. Das drückt eine englische Redensart aus, der zufolge der Jurist ein Mensch mit Lebensart und Bildung sein solle, und wenn er darüber hinaus noch einige Rechtskenntnisse habe, sei das nicht von Schaden. Von dieser Art Wissen handelt das vorliegende Buch nicht. Nur so viel sei gesagt, dass juristisches Wissen ohne entsprechende Fertigkeiten nichts nützt. Die elementarste Frage, die eigentlich in jedem juristischen Lehrbuch und jeder juristischen Lehrveranstaltung im Zentrum stehen müsste – was muss ich wie in meinen Kopf befördern? – wird nirgendwo auch nur gestellt, geschweige denn beantwortet. Juristisches Wissen ohne juristische Fertigkeiten ist wie Salz ohne Suppe. Und die Suppe kann überhaupt nicht versalzen werden. Niemals werden Sie auch nur einen Bruchteil des Wissens erwerben, das in mehreren tausend Jahren Rechtsentwicklung angehäuft wurde. Ich habe früher Verhandlungsseminare für Konzipienten in Österreich durchgeführt. Das waren hochqualifizierte Juristen, die nach ihrer Ausbildung mehrere Jahre in einer Anwaltskanzlei tätig sein mussten, ehe sie selbst Anwalt werden durften. Ich habe die Seminarteilnehmer stets nach der unangenehmsten und schwierigsten Situation ihrer Berufspraxis gefragt. Fast immer lautete die Antwort sinngemäß: *„Da wird mir ein Fall präsentiert. Ich soll sofort dazu Stellung nehmen. UND ICH HABE KEINE AHNUNG!“* Ich bat dann immer um ein Beispiel. Einmal bekam ich das Folgende: *„Es ist Freitagnachmittag. Die Partner der Kanzlei sind schon alle auf dem Golfplatz. Ich halte die Stellung und denke auch schon intensiv an das bevorstehende Wochenende. Da kommt unser wichtigster Mandant herein, ein Mineralwasserfabrikant, dem auf dem Weg zum Golfplatz eine Idee gekommen ist, deren rechtliche Zulässigkeit er sofort geprüft haben will. Er hat seinen Chauffeur angewiesen, vor unserer Kanzlei zu halten, stürmt herein, landet bei mir (sonst ist ja keiner mehr da) und erzählt mir seine Idee, auf die Sprudelflaschen seines Unternehmens die österreichischen Nationalfarben*

„Rot-Weiß-Rot" aufzudrucken. Das könnte ihm doch im Ausland nützen, besonders im benachbarten Bayern, wo er auf diese Weise Marktanteile gewinnen könne. Das erzählt er mir, und dann feuert er die Frage ab: „Geht das rechtlich?" Er will nämlich auf dem Golfplatz wo es anscheinend langweilig zugeht, weil die Spieler die meiste Zeit damit verbringen, in die Landschaft gefeuerte Golfbälle im Gebüsch zu suchen, das neue Werbekonzept gedanklich ausarbeiten." So sprach der hoffnungsvolle junge Jurist und sah mich fragend an. Was sollte ich dem Konzipienten antworten? Natürlich fragte auch ich ihn: *„Geht das rechtlich?"* Da heulte er auf: *„Ich habe keine Ahnung, und so geht es mir ständig."* Ich nehme an, Sie, lieber Leser, wollen wissen, wie das Seminar weiter ging. Das hier zu erzählen, wäre verfrüht. Gegen Ende des Buches finden Sie im Abschnitt H.II meine Antwort.

Der berühmte Jurist Friedrich Carl von Savigny (1779–1861) hat einmal gesagt, das Recht habe es mit dem Leben selbst zu tun, von einer besonderen Seite angesehen. Im Leben ist alles und noch mehr möglich. Shakespeares Hamlet hat einmal gesagt: *„Es gibt mehr Ding' im Himmel und auf Erden, als Eure Schulweisheit sich träumen lässt, Horatio."* Lichtenberg hat diesen Satz umgedreht und geschrieben: *„Es gibt viele Dinge in unserer Schulweisheit, die weder im Himmel noch auf Erden zu finden sind."* Beides trifft auf das Recht zu. Dazu jeweils ein Beispiel. Als ich in den frühen Jahren der „Außergerichtlichen Konfliktbeilegung durch Verhandlung und Mediation – („Alternative Dispute Resolution") einmal mit einer Richtergruppe diskutierte, erzählte einer der Richter, er habe es aktuell mit einem Scheidungsfall zu tun, in welchem sich die Parteien um das Sorgerecht für das gemeinsame Pferd stritten (= Hamlet). Und im juristischen Schrifttum geistert seit mehr als hundert Jahren das Bindingsche Gemetzelargument durch die Bücher, eine Variante des allen Juristen bekannten Falles Rose-Rosahl, in welchem der Bauer Rosahl den Knecht Rose angestiftet hatte, einen Gläubiger des Rosahl auf der Straße zu erschießen, worauf der Rose, dumm, wie er war, den Falschen, nämlich einen Schüler namens Harnisch erschoss. Die Sache beim Rose war klar. Er hatte im sog. „error in objecto (persona)" gehandelt, der wegen Gleichartigkeit der Objekte unbeachtlich war. Also vollendeter Mord! Die Frage war aber, wozu der Rosahl den Rose angestiftet hatte. So weit, so schlecht. Anstiftung zum Mord, befand das preußische Obertribunal anno 1868. Das Schrifttum nickte ergriffen. Doch schon fünfzig Jahre später stieß der Rechtsgelehrte Karl Binding auf diesen Fall, und da er ein großer Übertreiber war, variierte er den Fall und ließ Rose in dem Bemühen, seinen Fehler auszubügeln, den nächsten Passanten erschießen, der wiederum der Falsch war, und so fort, bis die Straße mit Leichen übersäht war. *„Sollte Rosahl wirklich der Anstifter zu dem ganzen Gemetzel sein?"* So fragte Binding, und seitdem wird darüber diskutiert. Anstiftung zum Mordversuch, versuchte Anstiftung zum Mord, Anstiftung zum Mord, versuchte Anstiftung zum Mordversuch, jeweils bezogen auf den Harnisch und die anderen Opfer. Das Ganze rein verbal, ohne jede Unterstützung durch eine Excel-Tabelle. Vorgekommen ist das Gemetzel freilich noch nie (= Lichtenberg).

Da dies die Einleitung ist: Ein Wort zur aktuellen Gender-Debatte (von engl. *„gender"* = Geschlecht, Genus). Wenn ich Sie, lieber Leser, als solchen anspreche und nicht als „liebe(r) Leser(in)" u. dgl. oder womöglich gleich als „liebe Leserin", so hat das nichts mit Machogehabe und Feminismusabneigung zu tun, sondern schlicht mit Linguistik. Wie Lothar Philipps gezeigt hat, gibt es viele Gegensatzpaare in der Sprache, in denen der eine der beiden gegensätzlichen Ausdrücke den anderen mit umfasst, während der andere das nicht tut. So verpönt § 278 des Strafgesetzbuchs (StGB) die unrichtige Ausstellung eines Attestes durch einen „Arzt", womit fraglos auch die „Ärztin" gemeint ist. Arzt ist linguistisch gesehen der unmarkierte Ausdruck, während „Ärztin" markiert ist. Das ist auch sinnvoll, denn es gibt Situationen, in denen der Beistand einer „Ärztin", nicht aber der eines „Arztes" sachgerecht ist.

Übrigens beziehen sich nicht nur Substantive, sondern auch Pronomina auf Weibliches wie auf Männliches, so etwa das Pronomen „man“. Es leitet sich aus dem althochdeutschen „Mann“ ab und wurde im Zuge der Genderdebatte aus den Kochbüchern (*„Man nehme …“)* verbannt, da diese sich ja auch (und früher so gut wie immer) an Frauen richten. Stattdessen werden heute militärische Infinitive verwendet: *„Putzen!“*, *„Waschen!“*, *„Halbieren!“* … *„Aaaaaaaaaaaaachtung, präsentiert den Kochlöffel!“*

Ein besonderes Schmankerl bietet das Eingangswort von Strafgesetzen. In früheren Zeiten, als die Studenten noch mit historischem Wissen ausgerüstet (heute sagt man: *„überlastet und vom Reifeprozess der Bildung abgehalten“)* wurden, lautete eine beliebte Prüfungsfrage: *„Mit welchem Wort beginnt Art. 38 der Carolina (das ist die Peinliche Gerichtsordnung Kaiser Karls V. von 1532, nicht etwa die Ehefrau Karls des Großen)?“*. Die richtige Antwort lautete: *„Item“*. Begründung: *„Mit diesem Wort beginnen alle Artikel der Carolina.“* Ach, solche Scherze muss man heute erklären, bis sie nicht mehr lustig sind. Zurück zum Eingangswort. Unsere heutigen Straftatbestände beginnen fast alle mit dem Wort *„Wer“*. Das ist gendermäßig gesehen ein Skandal, denn Pronomina, die an *„wer“* anknüpfen, sind männlich. Nur im Nominativ kann man explizit auf ein nachfolgendes männliches Personalpronomen verzichten, meint es aber stets mit. Ein Beispiel finden Sie in dem Ihnen fraglos bekannten deuterokanonischen Werk Jesus Sirach. Dort (30,1) heißt es: *„Wer (!) aber sein Kind lieb hat, (der) züchtigt es“* (das *„der“* steht nicht bei Jesus Sirach, ist aber gemeint). Nach „wer“ verstößt man im Nominativ stets gegen die gebotene genderpolitische Korrektheit. Ein ansonsten bedeutender Staatsmann scheute sich einmal nicht, zu formulieren: *„Wer zu spät kommt, den (!!!) bestraft das Leben.“* Und so geht es in der Beugung munter weiter: *„Wes Brot ich ess, des (!!!) Lied ich sing“*. *„Wem das Herz voll ist, dem (!!!) geht der Mund über.“* *„Wen die Götter lieben, den (!!!) rufen sie früh zu sich.“* Da wundert man sich nicht, dass auch der bekannte Werwolf in dem bekannten Gedicht von Morgenstern stets maskulin gebeugt auftritt:

„Der Werwolf", – sprach der gute Mann,
„des Weswolfs"- Genitiv sodann,
„dem Wemwolf" – Dativ, wie man's nennt,
„den Wenwolf" – damit hat's ein End.'

Angesichts dieses eindeutigen Machogehabes hilft es dem Wolf auch nicht, dass er sich *„tränenblind"* verabschiedet und von seiner Ehefrau (der „Wölfin") gefragt wird, warum er denn so heule.

Zurück zum Strafrecht. Die wenigen Ausnahmen, in denen der Gesetzgeber nicht mit *„Wer"* gestartet ist, machen die Sache nur noch schlimmer.

Nach § 211 StGB wird *„der Mörder"* bestraft. Wie steht es mit der *„Mörderin"?* Ist ihre Bestrafung nicht ein Verstoß gegen das Analogieverbot und damit verfassungswidrig, Art. 103 Abs. 2 Grundgesetz (GG)? Und wie steht es mit der Forderung nach der Quotenmörderin? Gleiches gilt für den *„Totschläger"*, § 212 StGB. Zur Zeit der Abfassung dieses Textes (2014) wurden Pläne des Bundesjustizministeriums bekannt, die Tötungsdelikte zu reformieren und dabei wohl auch diesen Skandal zu beseitigen. Aber Vorsicht, hier drohen neue Gefahren. Vor einigen Jahren hat der Gesetzgeber einen genderpolitischen Vorstoß bei der Körperverletzung unternommen. Ursprünglich hatte es in § 223 Abs. 1 StGB geheißen: *„Wer einen anderen ..."* verletzt. Durch eine Reform wurde der männliche *„andere"* durch die weibliche *„andere Person"* ersetzt *(„Wer eine andere Person ...")*, was aber nur die halbe Miete bringt, denn *„Wer"* ist geblieben, und was überdies anders herum diskriminierend ist, weil dadurch die geprügelten Männer zu Frauen degradiert wurden, ist doch *„die"* Person eindeutig weiblich. Wenn ich, Haft, von jemandem eine geklebt kriege, will ich doch auch nicht zu aller Schmach noch als *„die Person“* bezeichnet werden. Korrekt wäre folgende Formulierung: *„Wer oder welche einen anderen oder eine andere verletzt“*. Wobei ich selbst eben mit dem Wort *„Jemand“* schon wieder die Frauen diskriminiert habe. Wilhelm Busch hat das vermieden, indem er in der „Frommen Helene“ deren Treffen mit dem Vetter Franz in die Worte brachte:

> *„… als in den Stangenbohnen drin,*
> *ein Jemand eine Jemandin,*
> *ich kann nur sagen, herzlich küsste,*
> *ach Gott, wenn das die Tante wüsste.“*

Entsprechende Gefahren lauern bei allen Straftatbeständen. Nach § 185 StGB wird beispielsweise *„die Beleidigung“* bestraft. Das ist zwar aus feministischer Sicht ein Fortschritt, weil *„die“* Beleidigung weiblich ist, aber wie um Himmelswillen soll das praktisch geschehen? Werden die Worte gegeißelt? Oder eingesperrt? Oder verdammt? Und wie bestraft man die nonverbale Beleidigung, etwa den erhobenen Mittelfinger? Soll man ihn abhacken? Und was geschieht, wenn ein Mann eine Beleidigung von sich gibt?

Ein wegweisender Vorschlag des Bundesverwaltungsamtes geht dahin, das männliche Personalpronomen *„sein“* („Wer seinen Arbeitsraum verlässt …) durch das Adjektiv „eigen“ zu ersetzen, („Wer den eigenen Arbeitsraum verlässt …), was jedoch die ohnehin schwierige eigentumsrechtliche Frage (wem gehört der Arbeitsraum rechtlich, faktisch, moralisch?) verschärft. In einer strafrechtlichen Anfängerklausur hatte ich einmal eine Kneipenschlägerei gebildet, in der sich ein Schläger (heute würde man sagen: *„eine schlagende Person“* bzw. *„ein(e) Schläger(in)“* verteidigte, indem er *„sein“* Glas (heute: *„sein/ihr“* Glas) auf dem Kopf eines Angreifers bzw. einer Angreiferin zerschmetterte. Der ganze Genderquatsch hätte mich nicht vor der Kritik eines Studenten gerettet, der „sein“ im Sinne von „in seinem Eigentum stehend“

gedeutet und damit das zentrale Problem der Klausur – Rechtfertigung der Beschädigung einer fremden Sache (Glas des Wirtes) durch sog. Aggressivnotstand (§ 904 BGB) – erfolgreich ausgehebelt hatte. Als Begründung gab er an, in *„seiner"* (!) Kneipe hätten alle Gäste ihre eigenen Gläser. Da habe ich ihm was gehustet. Hätte ich statt *„sein"* das Wort *„eigen"* verwendet, wäre er vermutlich zum Verwaltungsgericht gelaufen, wo *„man"* *(„die?")* ihm wohl Recht gegeben hätte/n.

Die akademische Welt geht in der Genderdebatte entschlossen voran, was sonst nicht ihre Art ist. An der Universität Leipzig soll der Beschluss gefasst worden sein, auch männliche Professorin mit der Berufsbezeichnung „Professorin" zu schmücken. Das erinnert an die Parole: *„Als Gott den Mann erschuf, übte sie nur."*

Die Presse will nicht hinter diesen Fortschritten zurückstehen. Als die Bundeskanzlerin Frau Angela Merkel die KZ-Gedenkstätte Dachau besuchte, schrieb die Süddeutsche Zeitung, das habe sie *„als erste deutsche Bundeskanzlerin"* getan. Was haben die vielen vor ihr im Amt gewesenen Bundeskanzlerinnen getan bzw. unterlassen?

Mark Twain hat in seinen Ratschlägen zur Verbesserung der deutschen Sprache auch das Genderproblem behandelt und gefordert, man solle die Geschlechter reorganisieren und entsprechend dem Willen des Schöpfers verteilen. *„Dies als Ehrfurchtsbeweis, wenn schon nichts anderes."* Dahinter stehen folgende Beobachtungen:

> *„... a tree is male, its buds are females, its leaves are neuter; horses are sexless, dogs are males, cats are female, — Tom-cats included, of course; a person's mouth, neck, bosom, elbows, fingers, nails, feet and body, are of the male sex, and his head is male or neuter according to the word selected to signify it, —for in Germany all the women wear either male heads or sexless ones; a person's nose, lips, shoulders, breast, hands, hips, and toes are oft he female sex; and his hair, ears, eyes, chin,*

legs, knees, heart and conscience, haven't any sex at all. The inventor oft he language probably got what he knew about a conscience from hearsay.
Now, by the above dissection, the reader will see that in Germany a man may think he is a man, but when he comes to look into the matter closely, he is bound to have his doubts; he finds that in sober truth he is a most ridiculous mixture; and if he ends by trying to comfort himself with the thought that he can eat at least depend on a third of this mess as being manly and masculine, the humiliating second thought will quickly remind him that in this respect he is no better off than any woman or cow in the land.

In the German it is true that by some oversight oft the inventor oft he language, a Woman is female, but a Wife, (Weib) is not, —which is unfortunate. A Wife here has no sex; she is neuter; so, according to the grammar, a fish is he, his scales are she, but a fish wife is neither. To describe a wife as sexless, may be called under-description; that is bad enough, but over-description is surely worse. A German speaks of an Englishman as the Engländer; to change the sex, he adds in, and that stands for Englishwoman – Engländerin. That seems descriptive enough, but still it is not exact enough for a German; so he preceeds the word with the article which indicates that the creature to follow is feminine, and writes it down thus: „die Engländerin", —which means the she-Englishwoman." I consider that that person is overdescribed."

Die letztgenannten Überlegungen des großen Schriftstellers sollten an der Universität Leipzig beachtet werden. *„Die Professorin"* entspricht bei Mark Twain *„the she-Professorwoman"*. Wenn man die Männer wieder in das Genderboot holen will, bleibt nur übrig, the *„she-/he Professorwoman/man"* zu formulieren. Dies in das Deutsche resp. Sächsische zu übertragen bleibt eine Herausforderung an die Leipziger sprachwissenschaftliche Fakultät.

Alles löst sich auf, wenn man bedenkt, dass das grammatische Geschlecht nichts mit dem natürlichen Geschlecht zu tun hat. Abgeordnete/innen im Deutschen Bundestag, lest es, und fallt nicht in die Gendergrube, wenn Ihr Gesetze reformiert.

Aus all diesen Gründen schreibe ich: Lieber Leser!

Ein Wort noch an die Vroni-Plog-Community. Das vorliegende Buch enthält zahlreiche Passagen, die anderswo bereits veröffentlicht wurden. Nirgendwo habe ich die Fundstelle angegeben. Dies deshalb, weil ich mir das Zitieren generell abgewöhnt habe, und weil ich fast ausnahmslos mich selbst zitiert habe, was nach – allerdings bestrittener Auffassung zulässig ist. Bei den wenigen Ausnahmen (Mark Twain, Wilhelm Busch ...) genügt es, den Namen anzugeben. Ich halte es für ausgeschlossen, dass Sie, lieber Leser, die Lektüre unterbrechen und in die nächste Bibliothek eilen, um dort unter ca. tausend Mark-Twain-Ausgaben die von mir zitierte englische Ausgabe zu finden und die Stelle nachzulesen.[1] Für so etwas nutzt man heute Google, und zwar nicht nur als Autor, sondern vor allem auch als Leser. Nehmen wir an, ein Autor schlägt Ihnen eines dieser aktuellen Modewörter – sagen wir: „Gentrifizierung“ – um die Ohren respektive vor die Augen. Natürlich erklärt

[1] Das obige Zitat stammt aus dem Buch von Mark Twain, „A Tramp Abroad“. Es wurde im Jahre 1880 von der American Publishing Company, Hartford. Conn. und Chatto & Windus, London mit dem Vermerk „Sold by subscription only“ veröffentlicht. Das Zitat findet sich auf S. 609 f. Wenn Sie Schwierigkeiten haben, diese Ausgabe zu finden – ich habe sie vor einigen Jahren in einem Antiquariat auf der Main Street in Camden, Mass., USA gekauft. Vielleicht hat man dort noch ein Exemplar.

der Snob das Wort nicht. Das tun sie nie![2] Davon leben ganze Disziplinen. Sie geben also das Wort in Google ein und lesen: *„Als Gentrifizierung (von englisch gentry [dʒɛntri] „niederer Adel", auch Gentrifikation), bezeichnet man den sozioökonomischen Strukturwandel bestimmter großstädtischer Viertel im Sinne einer Abwanderung ärmerer und eines Zuzugs wohlhabenderer Bevölkerungsgruppen. Parallel kommt es zu einem Anstieg des Wohnpreisniveaus."* So drücken sich Leute aus, die keine Macht haben. Wir Juristen können die anderen in das Gefängnis stecken und brauchen sie daher nicht mit der Sprache zu erschrecken. Wir sagen: *„Die Schickeria zieht es nach München-Giesing"*, und alle wissen, was wir meinen.

In der jüngsten Vergangenheit sind etliche Prominente über Dissertationen mit nicht zitierten Texten gestolpert, die sie einfach aus Google kopiert haben. Sogenannte Wutleser verbringen ihre reichlich vorhandene Zeit damit, so etwas aufzudecken und sogenannte „Shitstorms" zu erzeugen. Das Zitieren wird gemeinhin als Ausdruck wissenschaftlicher Tätigkeit verstanden. Was für ein Quatsch! Im Strafrecht unterscheidet man beispielsweise seit mehreren hundert Jahren zwischen *„Unrecht"* und „Schuld", und wenn ein Lehrbuchautor zu diesem Thema alle anderen zitieren würden, die das schon vor ihm getan haben, müsste er schätzungsweise eine halbe Million Fundstellen angeben. Viel besser ist es, einen sinnvollen Text zu schreiben. Über die Frage, ob die Vergewaltigung in der Ehe unter Strafdrohung gestellt werden sollte, wurden beispielsweise ganze Bibliotheken gefüllt. Als dann der Gesetzgeber einen entsprechenden Straftatbestand einführte (§ 177 StGB), schrieb der führende Kommentator des Strafgesetzbuches lapidar

---

[2] In einer rechtsphilosophischen Diskussion legte einmal ein Gelehrter die übrige Truppe mit der Frage lahm: *„Wie stehen Sie zum Solipsismus?"* Gegen so etwas hilft nur ein lateinisches Zitat, etwa: *„Nunc habemus endiviam!"* Da es keine Lateiner mehr gibt, wird niemand wissen, dass dies *„Da haben wir den Salat"* bedeutet, vor allem dann nicht, wenn Sie einleitend sagen: *„Wie schon Ovid in den Metamorphosen treffend bemerkte …"*

folgenden Satz in sein Standardwerk: „*Jetzt kann man auch die eigene Frau vergewaltigen.*“ Damit war alles Nötige gesagt.

Ein bedeutender Autor, dessen Name hier nichts zur Sache tut, hat zur Zitatologie in Deutschland einmal den folgenden Text mit der Überschrift „*Autoritäten und Zitate*“ geschrieben:

„*Wir Juristen sind autoritätsgläubige Leute. Wenn ein Landstreicher einen Satz formuliert wie „Die Gerechtigkeit ist unfassbar“, so bedeutet das uns nichts. Wenn aber eine Autorität verkündet: „Die Gerechtigkeit ist unfassbar“, so sind wir beeindruckt. Wie schon Ludwig Thoma bemerkt hat, ist es eben ein Unterschied, ob im Wirtshaus ein Bauer mit 40 Kühen im Stall eine wohlerwogene politische Meinungsäußerung von sich gibt, oder ob einer mit drei Ziegen dumm daherredet. Es gibt folgende Autoritäten: Die herrschende Meinung, die überwiegende Meinung, die ganz herrschende Meinung, die ganz überwiegende Meinung und die allgemeine Meinung. Dagegen ist die Mindermeinung keine Autorität, weil sie, wie der Name sagt, minder ist. Ferner gibt es lebende und tote Autoritäten. Die letzten sind beliebt, weil sie sich nicht mehr wehren können. Größere Wirkung erzielt man freilich mit lebenden Autoritäten, die sich zwar theoretisch wehren können, dies meist aber praktisch nicht tun, was dann vom Publikum für Zustimmung gehalten wird. Vor allem in Diskussionen kann man dies praktizieren. Jede Diskussionsrunde hat ihren Ehrenpräsidenten, einen meist schon angejahrten, verdienstvollen Herrn mit einem unwiderstehlichen Drang zu gelegentlichen Schlummerpausen. Man braucht eine solche nur abzupassen und kann sich zu Worte melden: „Wie unser verehrter Herr Ehrenpräsident schon so richtig gesagt hat, vertrete auch ich die Meinung, dass die Gerechtigkeit unfassbar ist.“ Der verehrte Ehrenpräsident hört seinen Namen, schreckt auf und lächelt wohlwollend in die Runde. Er weiß nicht, wer gesprochen hat und worum es geht. Aber alle werden glauben, der Diskussionsredner habe genau seine Meinung wiedergegeben, denn sonst hätte die so ungeniert in Anspruch genommene Autorität doch protestiert. (Und schon ist eine neue herrschende Meinung zur Gerechtigkeit entstanden.)*

Beim schriftlichen Umgang mit Autoritäten gelten folgende Regeln: Man zitiere nur, was man gelesen hat! Man zitiere nur, was man verstanden hat! Man zitiere nur, was passt! Man verständige das Opfer, damit es sich wehren kann! Keine dieser Regeln ist jemals eingehalten worden. (Das hat mit der juristischen Literaturproduktion zu tun, die bei Einhaltung dieser Regeln zum Erliegen kommen müsste.) Durch Zitate gewinnen selbst schlichte Sätze die höheren juristischen Weihen. Die Kunst der Zitatenverwendung wird freilich meist intuitiv geübt; eine systematische Zitatologie fehlt bislang noch. (Man kann aber erwarten, dass dieses Fach in den nächsten Jahren an den Universitäten eingeübt wird.)

Worum es geht, sei an einem Beispiel erläutert. Der Rechtsbegriff des Junggesellen wird herkömmlicherweise durch folgende Definition geklärt: „Ein Junggeselle ist ein Mann, dem zum Glück die Frau fehlt.“ Schreibt man das so hin, klingt das nackt und bloß. Ein praktizierender Zitatologe (und jeder Jurist ist ein praktizierender Zitatologe) würde den Satz wie folgt hinschreiben.

„Ein[3] Junggselle[4] ist[5] ein[6] Mann[7] dem[8] zum[9] Glück[10] die[11] Frau[12] fehlt[13].“

---

[3] Vgl. dazu den grundlegenden Beschluss des BVerfG E Bd. 1, S. 18 ff. zur Verfassungsmäßigkeit des Begriffes „Ein“. Zustimmend Müller-Seibermann, NJW58, S. 64; Seisbletza, Kritische Justiz 58, S. 458; Pott, MDR 58, S. 23. Zum Ganzen auch Wasserkopf. Das Ein und das Nicht-Ein, Neuwied, 1960 sowie Kohlrübe, die Hermeneutik des Ein-und-Allen, ein Beitrag zur Zirkelhaftigkeit im Rechtsdenken der Gegenwart, Frankfurt-Berlin-Tokio-New York-Schussenried, 1962.

[4] Zum Begriff des Junggesellen hat Schulze-Verdroß in seiner Münchener Dissertation „Der Junggeselle – eine ungelöste Herausforderung an die Rechtsordnung“ (1978) die These formuliert, mit der Kennzeichnung als „unverheiratetes erwachsenes männliches menschliches Lebewesen“ sei nur ein Teilaspekt des Junggesellenwesens getroffen. Kritisch und zum Teil ablehnend dazu und dagegen Rohrmoser, Das unverheiratete erwachsene männliche menschliche Lebewesen – eine ungelöste Herausforderung an die Rechtsordnung, Diss. Bremen, 1979.

[5] BGH 24, 38; RG 15, 26; AG Ditzenbach, NJW 80,1864; OLG Düsseldorf, JZ 64,67; LG Essen, MDR 49, 154. A. M. aber das BVerfg a.a.O.

[6] BVerfgG a.a.O. A. M. aber BGH 24, 38; RG 15, 26; AG Ditzenbach NJW 80,1864; OLG Düsseldorf, JZ 64, 67; LG Essen, MDR 49, 154.

[7] Das Problem „Mann" ist als ungelöstes rechtsphilosophisches Problem seit meiner grundlegenden Monographie „Der Mann – Prolegomena zu einer Vorstudie eines ersten Vorentwurfes des Versuches einer Begriffsbestimmung zur Propädeutik des Mannes – zugleich ein Beitrag zur rechtsanthropologischen Grundlagenforschung, Freiburg, 1975 anerkannt.

[8] Abweichend Poolbrath, Archiv für Rechts- und Sozialphilosophie 1967, S. 514 („welchem"). ⟶

[9] Die Finalität des Begriffes „zum" hat Viktor Pott, der Begründer des final-teleologischen Rechtsdenkens schon in seinem frühen Werk „Kann der Mensch vorausschauen und planen" (Leipzig, 1893) dem blind-kausalen Justizverständnis des Rechtspositivismus gegenübergestellt. Die Literatur dazu ist unübersehbar. Ich nenne nur: Müller, Der Mensch kann nicht planen, Berlin, 1902; Meier, Der Mensch kann planen, Aachen, 1904; Siebecke, Der Mensch als zugleich planendes und nicht-planendes Wesen, Göttingen, 1906; Rotzbacke, Der Mensch Siebecke als zugleich denkendes und nicht-denkendes Wesen, Frankfurt 1908; Siebecke, Nomen est omen – eine Erwiderung auf Rotzbacke, Göttingen, 1910. Aus der neueren Literatur Theodor Kaufmann, Der Zumismusstreit der Jahrhundertwende – ein Kapitel Rechtsgeschichte, wo die Frage mit Recht offengehalten und ihre Beantwortung

[10] Abwegig der Versuch einer negativen Glücksbestimmung (Abwesenheit von Unglück) durch Kahn-Wilde in seinem auch sonst unsinnigen Aufsatz „Das Recht auf Glück – der vergessene Grundwert", Archiv für öffentliches Recht, 1960, S. 1 ff.Richtig, treffend und heute gültiger denn je dagegen meine Ausführungen in dem Beitrag „Die wohlerwogene Neutralität des Grundgesetzes in Sachen Glück" in der Festschrift für Hubert Knackebein, München, 1964.

[11] Abweichend Poolbrath aaO („eine").

[12] Das Problem „Frau" ist als ungelöstes rechtsphilosophisches Grundlagenproblem seit meinem Loseblattwerk „Die Frau – ein Rätsel in jeder Hinsicht" anerkannt. Wenn Kahn-Wilde in seiner Broschüre „Das Frauenrätsel ist lösbar", Bochum, 1979 dies bestreitet, so deshalb, weil er nicht verstanden hat, was ich alles nicht verstanden habe.

[13] Abweichend Poolbrath a.a.O. („mangelt").

Wie das Beispiel zeigt, sind selbst die auf den ersten Blick weit entwickelt erscheinenden Formen des Zitatenwesens noch beklagenswert unterentwickelt. So ist die Möglichkeit, Fußnoten zu den Fußnoten zu schreiben, noch überhaupt nicht genutzt. Auch kann man die a.a.o.-Technik noch ausbauen. Vor allem wenn der angegebene Ort mehrere hundert Seiten zurückliegt, führt dies zum erwünschten aktiven Lesen. Und schließlich ist das oberste Ziel jedes Zitatenverfassers – absolute Vollständigkeit der Nachweise – gegenwärtig außer Reichweite selbst des emsigsten Fußnotenschreibers. Sogar wenn er den eigentlichen Text ganz weglässt (was gelegentlich schon geschieht), kann er dieses Ziel nicht erreichen. Erst vom Einsatz computergestützter Rechtsdatenbanken ist hier eine grundlegende Änderung zu erwarten."[14]

Natürlich möchte ich künftige Doktoranden nicht abschrecken. Sie kommen gar nicht umhin, Google exzessiv nutzen. Nehmen Sie etwa den oben gebrachten Hinweis auf Savigny. Wenn man früher auch nur seine Lebensdaten angeben wollte, musste man in die nächste Bibliothek gehen, dort ein Buch suchen, finden, aufschlagen, Stift und Zettel organisieren, die Daten aufschreiben und wieder an den heimischen Schreibtisch zurückkehren. Unter drei Stunden war das nicht zu schaffen. Mit Google dauert es wenige Sekunden, und man kann die Daten gleich kopieren und einfügen. Wenn die angehenden Gelehrten aber bei der Wahrheit bleiben und ihre Fußnoten eine Anhäufung von Wikipedia-Zitaten enthalten, stimmt das akademische Design nicht. Es ergeht es Ihnen dann wie jenem Anwalt, der nach jahrelanger Fron als Lehrbeauftragter für die juristische Ausbildung von BWL-Studenten an einer Rechtsfakultät zum Honorarprofessor ernannt werden sollte, zu welchem Behuf er vor der versammelten Fakultät einen Probevortrag halten musste. Zu seinem

[14] In aller Bescheidenheit merke ich an, dass die von mir entwickelte Software „Normfall Manager" (www.normfall.de) dieses Ziel erreicht hat.

Unglück hatte er gerade ein sog. „Sabbatical“ an einer US-amerikanischen Law School hinter sich gebracht. Dabei hatte er sich die lockeren Sitten des dortigen Campuslebens angewöhnt. Er marschierte also in Jeans, T-Shirt und Turnschuhen auf das Podium, drei Finger der linken Hand in die Hosentasche gezwängt, einen Pappbecher mit Coffee-to-Go in der Rechten, und begann seine Rede mit den Worten *„Hallo Leute“*. Zu der Verleihung des Professorentitels kam es dann nicht mehr. Also was tun – einerseits Wikipedia-Wissen, andererseits Zitierpflicht und akademisches Design?

Es gibt eine sehr einfache Methode, die Vroni-Plog-Truppe lahmzulegen. Sie lassen den Wikipedia-Text durch das Übersetzungsprogramm von Google in das Lateinische übertragen, von da in das Englische und dann zurück in das Deutsche. Dann kann Ihnen nichts mehr passieren. An dem Satz *„Die Gerechtigkeit ist unfassbar“* habe ich das ausprobiert. Lateinisch wird bei Google daraus *„Iustitia est incomprehensibilis“*, die englische Übersetzung lautet: *„Justice is incomprehensible“* und aus dieser Fassung übersetzt Google zurück ins Deutsche: *„Gerechtigkeit ist unverständlich.“* Sollten Sie den Originalsatz irgendwo abgeschrieben haben, kann Ihnen das kein Vroni-Plogger mehr nachweisen. Dass der Text dann womöglich schwer verständlich wird, sollte Sie nicht davon abhalten, ist dies doch bei wissenschaftlichen Texten häufig der Fall. Spätestens seit Hegel gilt so etwas in Deutschland als Ausdruck von Gelehrsamkeit. Hierzu bietet unsere Sprache alle nur denkbaren Mittel, beispielsweise das Verb am Schluss eines Satzungetüms. Eine Amerikanerin auf Europareise wollte einmal den berühmten Staatsmann Bismarck im Reichstag reden hören, begab sich mit einem Dolmetscher auf die Zuhörergalerie und hörte sich den eisernen Kanzler eine Weile an, wobei der Dolmetscher stumm blieb. Schließlich fragte sie ihn: *„Was sagt er denn?“* *„Geduld, Madam“*, antwortete der Dolmetscher. *„Ich warte noch auf das Verb.“*

Auch das trennbare Verb bietet sich für tiefe Gedanken an „*Der Denker lehnt den Solipsismus als An-und-für-sich-Seiendes …* (folgen lange Ausführungen und dann kommt – nein, nicht „*an die Wand*", sondern „*ab*". Mark Twain hat in einer am 21. November 1897 vor dem Presse-Club in Wien auf deutsch gehaltenen Rede Reformvorschläge zur deutschen Sprache vorgestellt. Dabei hat er auch das trennbare Zeitwort behandelt und gesagt: „*Ich möchte niemand tun lassen, was Schiller getan: Der hat die ganze Geschichte des dreißigjährigen Krieges zwischen die zwei Glieder eines trennbaren Zeitwortes eingezwängt. Das hat sogar Deutschland selbst empört; und man hat Schiller die Erlaubnis verweigert, die Geschichte des hundertjährigen Krieges zu verfassen – Gott sei's gedankt.*"

Zu diesem auch das Recht bewegenden Thema hier noch ein empirischer Beitrag, für dessen Wahrheit ich mich verbürge, war ich doch selbst Beteiligter (nicht im strafrechtlichen, sondern im literarischen Sinne). Vor Jahren habe ich rechtsphilosophische Seminare bei Juristenfortbildungen durchgeführt. Fortbildung ist ja heutzutage ein sozialer Besitzstand. Man fährt auf Firmenkosten in ein landschaftlich schön gelegenes Hotel, verbringt zwei Abende in geselliger Runde in der Bar, plündert dann noch die Minibar und lässt das Referat am nächsten Morgen so über sich ergehen, wie man Regen, Schnee und Staus auf der Autobahn erduldet, wobei im Unterschied zur Autobahn auch längere Nickerchen folgenlos bleiben. Kein Referent wird in seinem Abschlussbericht an die Fortbildungsabteilung schreiben: „*Das war unter allen Gurkentruppen, die ich erlebt habe, die absolut müdeste.*" Den Zustand der Teilnehmer am Morgen des ersten Tages bedenkend, fasste ich einmal einen teuflischen Plan. Ich nahm zu Beginn der Veranstaltung ein Buch mit, dessen Titel die Zuhörer deutlich lesen konnten, „*Hegel, Phänomenologie des Geistes*", betrat damit das Podium, schlug es umständlich auf, und las so leiernd und langweilig wie möglich den ersten Satz vor. Er lautete ungefähr so: „Der *reine Geist als An-Sich-Sendes des real Existierenden in seiner Unbedingtheit allen Geworfenseins …*“ usw. usw. Lähmendes Entsetzen auf den Gesichtern der Zuhörer. Ich räusperte mich, trank einen Schluck Wasser und las den zweiten Satz vor, etwa so: *„Die So-und-für-sich Seiende Bedingtheit im Gefüge der reinen Anschauung erzeugt die Wahl der Gegebenheit …“* usw. usw. Ein qualvolles Aufstöhnen war die Folge. Der Schrecken war angekommen. Ich machte eine Pause, weidete mich an den fassungslosen Gesichtern und erlöste dann die Runde mit den Worten: *„So könnte es weitergehen – aber so geht es nicht weiter!“* Selten hat eine einfache Botschaft eine solche Erleichterung, ja, Freude, ausgelöst. Sogar die Kameraden in der letzten Reihe mit dem Restalkohol im Blut wurden munter. Die Geschichte hat noch eine Pointe. Nur der eine Satz stammte nämlich von Hegel. Der andere stammte von mir, wobei ich bemüht gewesen war, jeden Sinn auszuschließen. Ich forderte die Zuhörer nunmehr auf, die Frage zu beantworten, welcher Satz von wem stammte und daher entweder tief und gedankenreich war, oder völliger Blödsinn war. Dabei erlebte ich eine Überraschung, die ich hier mitteile, weil Hegel schon lange tot ist und nicht mehr gekränkt werden kann. Mein Unsinnssatz siegte deutlich über Hegel, ja, mehr noch, die versammelte Mehrheit hielt ihn nicht nur für sinnvoll, sondern erklärte ihn mir auch noch. Als ich das erlebte, fragte ich mich im Stillen, ob ich tatsächlich ein so großes Licht war, dass ich gar keinen Unsinn mehr erzeugen konnte und ebenso unvermeidlich wie unbewusst tiefe Weisheiten von mir gab. Es war ein verführerischer Gedanke, und ich glaube, Hegel ist es so ähnlich gegangen, als er vor 200 Jahren an der neu gegründeten Universität in Berlin seine Vorlesungen hielt.

Soviel als Einleitung. Nun aber zur juristischen Methode. Ich beginne mit einem Überblick über das, was die Juristen im Laufe der Geschichte erfunden haben. Es ist, wie Sie sehen werden, eine ganze Menge.

B. Die dreizehn juristischen Erfindungen

Zwölf „technische" Erfindungen hat es in der bisherigen Geschichte des Rechts gegeben. Erfunden wurden das Palaver, das Gericht, der Antrag, das Gesetz, der Anwalt, der Kommentar, die Akte, die Dogmatik, die Hermeneutik, die Rechtswissenschaft, das Jurastudium und die außergerichtliche Konfliktbeilegung. Die dreizehnte Erfindung – die digitale Justiz – steht unmittelbar bevor.

I. Die erste juristische Erfindung: Das Palaver

Am Beginn der Rechtsentwicklung steht das Palaver (von griech. *παραβολή* = Vergleich, Gleichnis) archaischer Stämme. Spuren davon haben sich bis in unsere Zeit erhalten. Der Rechtshistoriker William Seagle bezeichnete es als ein *„unblutiges Duell"*. Es bot eine *„festliche Gelegenheit zu Reden und Gegenreden"*. Kläger und Beklagter versammelten sich mit ihren Zeugen und Freunden vor dem Häuptling oder den Ältesten und deren Ratgebern. Parteien und Zeugen wurden durch die Priester vereidigt, ehe sie ausgiebig gehört und ins Kreuzverhör genommen wurden. Bei einigen fortgeschrittenen Stämmen wie den Afrikanern der Goldküste wurden die Zeugen durch eigene Gerichtsbeamte, die Linguisten, verhört. Dies geschah, um *„Ordnung und Würde der Prozedur"* zu gewährleisten. Da es keine *„spitzfindigen und starren Verfahrensregeln"* gab, konnte der Beklagte den Prozess nicht verschleppen oder die Klage zu Fall bringen. Allgemein herrschte der Glaube, niemand werde die Mühsal einer Klage auf sich nehmen, wenn er nicht gute Gründe dafür habe. Deshalb wurde – im Gegensatz zu den Prinzipien des modernen Rechts – der Beklagte bis zum Beweis des Gegenteils für schuldig gehalten. Aus diesem Grund wurde ihm auch die Beweislast aufgebürdet. Das Urteil erging rasch. Im Anschluss hieran war eine Gerichtsgebühr zu erlegen und wurde die Vollstreckung betrieben. Die Macht der öffentlichen Meinung war jedoch meist so stark, dass eine Zwangsvollstreckung nicht nötig war. Der Prozess wurde, wie gesagt, als Duell empfunden. Erschien der Beklagte nicht, konnte ein solches Duell nicht stattfinden. Ein Versäumnisurteil erging dann nicht. Der Beklagte konnte diese Situation jedoch nicht zu seinem Vorteil ausnutzen. Auf ihm *„lastete ein ungeheurer Druck"*, der ihn zum Erscheinen vor Gericht zwang. Im Falle des Nichterscheinens konnte er *„für recht- und friedlos erklärt"* werden. Auch konnte sein Vermögen konfisziert werden. Da es *„paradox"* gewesen wäre, ein Duell aus gleichem Anlass zu wiederholen, gab es keine Berufung gegen ein Urteil.

Betrachtet man diese „Erfindung" mit den Augen eines modernen Systemtheoretikers und überlegt man, welche technischen Hilfsmittel den Beteiligten damals zu Gebote standen, fällt zunächst auf, dass das Palaver eine bemerkenswerte Methode darstellte, Komplexität auf unstrukturierte Weise zu bewältigen. Ein Rechtsstreit war schon in archaischen Zeiten eine komplexe Sache. Da gab es eine Vorgeschichte, da gab es Ereignisse, da gab es unterschiedliche Sichtweisen, da gab es Umstände, die vergessen, aber wichtig waren und andere, die im Vordergrund standen, aber nichts mit dem Fall zu tun hatten. Da gab es Interessen. Da gab es neben der rechtlichen eine wirtschaftliche, eine soziale, eine emotionale Ebene. Im Palaver fand das alles irgendwie und irgendwo seinen Platz und produzierte allein durch das Geschehen – dadurch, dass man im Kollektiv miteinander redete – sozialen Frieden.

Wir Heutigen sollten nicht die Nase über die primitiven Stämme rümpfen. Die Talkshows im Fernsehen, die uns täglich dargeboten werden, unterscheiden sich allenfalls hinsichtlich der verbalen Beredsamkeit der Teilnehmer von den Palavern an der afrikanischen Goldküste. Sie sind unstrukturierte Veranstaltungen, die irgendwie mit irgendwelchen Themen zu tun haben, ohne Anfang, ohne Ende, ohne Ergebnis, ohne Erkenntnisgewinn – aber offensichtlich gibt es dafür einen Bedarf. Auch in modernen Gerichtsverfahren kommt es immer wieder zu Palavern. Nehmen Sie ein Beispiel. Wenn sich der Verteidiger im Strafprozess erhebt und folgende Worte zur Anklagebank spricht: *„Herr Staatsanwalt, wenn Sie* – Pause – *ein aktuelles Strafgesetzbuch besäßen* – Pause – *und wenn Sie des Lesens mächtig wären* – Pause – *und weiter, wenn Sie imstande wären, den richtigen Paragraphen zu finden* – Pause – *und wenn Sie diesen auch noch verstehen würden, dann müssten Sie eigentlich erkennen ...*" Spätestens an dieser Stelle kommt ein Palaver, das der Vorsitzende nur durch eine Unterbrechung der Verhandlung beenden kann.

Beim Palaver ist das Zusammenspiel von nonverbaler und verbaler Sprache bedeutsam. Beides wird im modernen Recht nach Jahrtausenden der Schriftlichkeit wieder unter den Überschriften „Mündlichkeitsprinzip" und „Unmittelbarkeitsprinzip" behandelt. Dabei erkennt man zunehmend die Bedeutung auch der ersten, ursprünglichen Sprache, der Körpersprache. Die Forscher haben herausgefunden, dass mehr als fünfzig Prozent aller Informationen körpersprachlich vermittelt werden. Und zwar handelt es sich um wichtige Informationen, nämlich um solche, die etwas über die Glaubwürdigkeit, den Ernst, die Überzeugung, das Engagement, die innere Einstellung eines Sprechers, etwa eines Zeugen, aussagen. So ist es fast unmöglich, auf kurze Distanz erfolgreich zu lügen. Das archaische Palaver basierte auf einem Mündlichkeitsprinzip, das eine Informationsvermittlung ermöglichte, wie sie in dieser Dichte nie wieder erreicht wurde. Hinzu kam ein Unmittelbarkeitsprinzip, das jede Vertretung durch Anwälte ausschloss. Für die Alten war es undenkbar, eine andere Person für einen Kläger oder Beklagten auftreten zu lassen. Wie konnte man denn erkennen, ob der Betroffene die Wahrheit für sich hatte oder nicht, wenn man ihn nicht persönlich erlebte? Für die Alten war dies keine Frage. Man konnte (und kann) es nicht.

In sozialer Hinsicht ist bemerkenswert, dass der Streitfall nicht nur die Sache der Parteien und der Richter war. Er ging vielmehr den ganzen Stamm an. Die Gemeinschaft nahm aktiv Anteil am Geschehen, wobei sich gewisse Regeln herausbilden, von denen die heutigen Talk-Shows übrigens noch weit entfernt sind. Beispielsweise galt die Regel, dass man auf Fragen Antworten gibt. Die üblichen Verdächtigen der modernen Talk-Shows haben sich das abgewöhnt. *„Warum haben Sie die Steuern entgegen Ihren Wahlversprechungen erhöht?“ „Lassen Sie mich zunächst ein Wort des Dankes an unsere Wählerinnen und Wähler …“*

Die archaische Schuldvermutung zulasten des Beklagten klingt heute zwar ungeheuerlich, aber sie ist so ungeheuerlich nicht, wenn man bedenkt, dass auch heute noch so gut wie niemand ohne handfeste Gründe in ein Gerichtsverfahren verwickelt wird. Die uns so selbstverständliche Unschuldsvermutung hindert im Übrigen auch nicht das Verfahren, sondern lediglich die Verurteilung ohne ausreichende Schuldbeweise. Und das beim Palaver praktizierte Mehrheitsprinzip wurde zur Grundlage der Demokratie. Letztlich handelte es sich um eine effektive Methode, unstrukturierte Daten zu bewältigen. Wenn heute ein Strafgericht ein Umfangsverfahren – ein sog. „Gürteltier“ – mit einem „Deal“ zwischen den Juristen ohne die Betroffenen im Hinterstübchen erledigt, ist das ein Rückfall hinter den in archaischen Zeiten bereits erreichten Stand.

Alles in allem kann man dem Palaver einen hohen informationellen Nutzen nicht absprechen. In unserer Zeit, in der die Stichworte „Diskurs“ und „Diskurstheorie“ die hohe Philosophie bewegen und die Niederungen des Fernsehens mit den erwähnten Talkshows gefüllt werden, in denen jeder zu allem etwas sagen darf, was die Zuschauer seltsamerweise als spannend empfinden, erkennen wir dies zunehmend. Während aber ein Diskurs oder eine Talkshow beispielsweise über die Eurokrise folgenlos bleibt, suchten und fanden die Alten praktische Ergebnisse. Das Wort „primitiv“ ist hier wahrlich fehl am Platz.

II. Die zweite juristische Erfindung: Das Gericht

Das Gericht wurde wie so vieles anderes auch, im antiken Griechenland erfunden.

In einer berühmten Szene der Ilias (II. 18. 497-508) schildert Homer einen Prozess, der in einer Folge von Bildern auf dem legendären Schild des Achill dargestellt ist. Dies sind die Worte des Dichters (in der Übersetzung von Wolfgang Schadewaldt):

> *„Das Volk aber war auf dem Markt versammelt. Dort hatte ein Streit sich erhoben: Zwei Männer stritten um das Wergeld für einen erschlagenen Mann. Der eine gelobte, dass er alles erstattet habe und tat es dem Volke dar, der andere leugnete: nichts habe er empfangen. Und beide begehrten, beim Schiedsmann einen Entscheid zu erlangen, und das Volk schrie beiden zu, hüben und drüben als Helfer. Und Herolde hielten das Volk zurück, die Ältesten aber saßen auf geglätteten Steinen im heiligen Ring. Und sie hielten die Stäbe von den Herolden, den luftdurchrufenden, in den Händen; mit denen sprangen sie dann auf und taten abwechselnd ihren Spruch. In ihrer Mitte aber lagen zwei Pfunde Goldes, um sie dem zu geben, der unter ihnen das Recht am geradesten spräche.“*

Die Stelle erlaubt es uns, einen flüchtigen Schimmer jenes Prozesses zu erhaschen, in welchem ein Volk den Schritt vom primitiven zu einem archaischen Rechtszustand tut. Offenbar hatte der Beklagte einen Verwandten des Klägers ermordet, und offenbar ging der Streit um die Erfüllung eines Paktes, mittels dessen sich die Parteien über das Recht des Klägers zur Rache verglichen hatten. Es gab also bereits eine „Compositio“, ein „Wergeld“, welches die primitive Blutfehde zu überwinden geeignet war. Und es gab offenbar schon ein Gericht.

Über den letztgenannten Punkt ist freilich viel gestritten worden. Man hat darauf verwiesen, die Worte *„beide begehrten, beim Schiedsmann einen Entscheid zu erlangen"*, deuteten auf ein Schiedsgericht hin, und ein Schiedsgericht sei schon immer eine vom staatlich autorisierten Gericht grundsätzlich verschiedene Erscheinung gewesen; jenes sei freiwillig und wolle vermitteln; dieses sei zwingend und verbindlich. Wie jedoch vor allem H. J. Wolff überzeugend herausgearbeitet hat, beschreibt Homer ein echtes Gericht. Wolff deutet die Szene so:

Der Kläger war noch auf Selbsthilfe angewiesen. Er musste den Schuldner festnehmen und konnte, wenn dieser das Wergeld nicht bezahlte, Blutrache nehmen, indem er den Schuldner umbrachte. Der Beklagte rief zum Schutz gegen diese Selbsthilfe die Obrigkeit an. Er fand bei den Ältesten Zuflucht und Schutz, bis seine Behauptung, das Wergeld sei gezahlt worden, geklärt war.

Es existierte also eine Obrigkeit, die mit der Macht ausgestattet war, in eine bereits angefangene private Vollstreckung einzugreifen. Die Existenz dieser Obrigkeit wird durch die Herolde belegt, die das Volk zurückhielten. Die Obrigkeit selbst – ein König? –spielte im Verfahren keine Rolle und wurde deshalb vom Dichter nicht erwähnt.

Als erster trug der Beklagte seine Sache vor *„und tat es dem Volke dar"*. Dann sprach der Kläger. Danach taten die Ältesten *„abwechselnd"* ihren Spruch, wobei sie die *„Stäbe von den Herolden"* in den Händen hielten. Das Volk hörte schweigend jeden Vorschlag an. Missfiel ihm ein Vorschlag, hielt das Schweigen auch nach dem Vortrag an; anderenfalls akklamierte es. Der Älteste, dessen Vorschlag den meisten Beifall fand, war der, der *„das Recht am geradesten"* sprach. Er erhielt die beiden Pfund Gold, welche die Parteien als Gebühr für den Spruch im Voraus hinterlegt hatten.

Damit, schreibt H. J. Wolff, ist das *„hinter den Vorgängen stehende Prinzip klar. Die öffentliche Gewalt sucht den internen Frieden zu garantieren – nicht so sehr dadurch, dass sie sich denen zur Verfügung stellt, die eine friedliche gerichtliche Bestätigung ihrer Ansprüche* *suchten, als vielmehr dadurch, dass sie einem angegriffenen Mitglied des Gemeinwesens Schutz gewährte, solange das Recht des Angreifenden auf den Zugriff nicht feststand. So primitiv und unvollkommen dieses Verfahren auch sein mochte, der erste und entscheidende Schritt in der Richtung der Verhütung des Auswachsens der Selbsthilfe zur wilden Fehde, die die Ordnung und den Frieden des Gemeinwesens in Frage gestellt hatten, war getan.“*

Das Gericht war erfunden – *„die erste, vielleicht auch die letzte große Erfindung auf dem Gebiet des Rechts“* (W. Seagle).

Das Gericht im heutigen Sinne wurde im 5. Jahrhundert v. Chr. erfunden. Im Jahre 456 vor Christus wurde in Sizilien der syrakusanisch-gelaische Doppelstaat der Deinomeniden durch die Vertreibung des Thrasybulos gestürzt. Die Tyrannen hatten eine gewaltsame Bevölkerungspolitik betrieben. Nach ihrer Vertreibung mussten im befreiten Sizilien die Verhältnisse neu geordnet werden. Zahlreiche Streitigkeiten waren die Folge. Vergleichbare Verhältnisse herrschten auch in anderen griechischen Städten, in denen ebenfalls Tyrannen vertrieben worden waren, insbesondere auch in Athen. Die Macht der Adligen schwand. Große Teile der Bevölkerung wurden durch Institutionen an der Macht beteiligt. Veränderte wirtschaftliche Verhältnisse und der Aufschwung des Handels nach dem Sieg über die Perser führten auch hier zu rechtlichen Konflikten insbesondere über Eigentumsfragen, die zwischen den Beteiligten ausgetragen werden mussten.

Wenn eine Tyrannis mit ihren verborgenen Machtmechanismen überwunden worden ist, ist es notwendig, Streitigkeiten öffentlich – vor aller Welt – auszutragen. So war es damals, so ist es heute. In Sizilien rief Korax seine Mitbürger zu einer Versammlung (Ekklesia) und hielt dort eine Rede in der Absicht, das entstandene Machtvakuum auszufüllen. Diese machte auf seine Mitbürger einen solchen Eindruck, dass Korax begann, die Redekunst zu lehren. Einer seiner Schüler, Teisias, verfasste das erste rhetorische Lehrbuch. Beide gelten als die Begründer der Rhetorik,

Korax als Begründer der politischen, Teisias als Begründer der juristischen Beredsamkeit. Wie wichtig den befreiten Bürgern die Redekunst war, zeigt eine breit und fast genussvoll ausgemalte Überlieferung, wonach die grausamen Tyrannen ihren Untertanten sogar das Reden verboten hätten, so dass diese sich nur noch körpersprachlich miteinander hätten verständigen können. Beredsamkeit, Öffentlichkeit und Demokratie – das gehörte und gehört untrennbar zusammen.

In Athen wurde die profane Gerichtsbarkeit dem Areopag entzogen und auf den Rat der Fünfhundert, die Ekklesia und die Volksgerichte, übertragen. Korruption und geheime Absprachen sollten verhindert werden. Deshalb wurden die Volksgerichte erst unmittelbar vor der Verhandlung durch Losentscheid gebildet. Der athenische Bürger, der einen Fall vor Gericht zu vertreten hatte, sah sich mit folgenden Bedingungen konfrontiert:

Er trat vor mindestens 201 bis zu 1501 Personen auf. Diese hatten alle den gleichen Rang als Richter. Sie waren keine Juristen und kannten den Fall nicht. Eine Beweisaufnahme fand ebenso wenig statt wie eine Erörterung des Falles durch das Gericht. Die Parteien mussten ihren Fall vielmehr persönlich in geschlossener Rede vortragen. Eine Vertretung, etwa durch Anwälte, war prinzipiell unzulässig. Den Parteien oblag es, den Sachverhalt darzulegen, die in Frage kommenden Gesetze heranzuziehen und auszulegen, den Fall darunter zu subsumieren und bestimmte Anträge zu stellen. Es gab keine Beratung des Gerichtes zum Zwecke der Urteilsfindung. Das Gericht entschied vielmehr spontan durch Abstimmung unter dem unmittelbaren Eindruck der Parteivorträge. Bei seiner Entscheidung konnte es nicht von den Anträgen der Parteien abweichen. Es hatte nur die Wahl, einem Antrag stattzugeben oder diesen zurückweisen. Eine Ausnahme hiervon galt nur für den Fall, dass eine Klage abgewiesen wurde. Dann konnte das Gericht dem Kläger zusätzlich eine Geldbuße („Epobelie") auferlegen.

Das geschilderte Verfahren trug dem Umstand Rechnung, dass ein aus zahlreichen Laien gebildetes Volksgericht weder zu einer genauen Sachverhaltserforschung noch zu juristisch differenzierten Erwägungen imstande war. Entscheidend war allein die überzeugende Rede. Hiervon hing alles ab. Die einzige Hilfe, die es für die Betroffenen gab, lag in der Möglichkeit, sich eine solche Rede von einem Experten ausarbeiten zu lassen und diese dann auswendig zu lernen. So entstand der Berufsstand der Logographen. Bekannte Rhetoren wie Isokrates (436–338), ein Schüler des Gorgias, und Lysias von Syrakus (etwa 450–etwa 380) übten diesen Beruf aus.

III. Die dritte juristische Erfindung: Der Antrag

Worin lag bei der Erfindung des Gerichts der „Fortschritt“, so es denn einen gab? Nicht in der Öffentlichkeit, nicht in der Mündlichkeit, nicht im Laienrichtertum, und auch nicht in der Gestaltung des Verfahrens als unblutiges Duell – all das gab es auch schon beim Palaver. Der Fortschritt lag in dem klaren und bestimmten Antrag, den die Parteien formulieren mussten, und an den das Gericht bei seiner Entscheidung gebunden war. War es die Redekunst, welche die Überzeugung des Gerichts von Recht und Unrecht begründete, so war es der Antrag, der die aufgrund dieser Überzeugung zu treffende Entscheidung programmierte. Der Antrag ist das rhetorische Erbe, welches das Schicksal des Rechts bis heute bestimmt hat. Er ist die dritte große Erfindung im Recht nach dem Palaver und dem Gericht.

Der Antrag hilft freilich nicht den Parteien, sondern in erster Linie den Juristen. Die klassischen römischen Juristen erkannten das als erste und nutzten es aus. Sie schufen ein sog. Aktionensystem, in dem nur bestimmte Klagen („Actiones“) zugelassen waren. Der Prätor machte bei seinem Amtsantritt auf einer weißen Holztafel („Album“) in einem Edikt („Edictum“) publik, welche Klagen vor ihm zulässig waren. Im Laufe der Zeit übernahmen seine Amtsnachfolger die Edikte früherer Prätoren („Edicta tralacitia“), bis sie im Jahre 130 n. Chr. durch Senatsbeschluss für unabänderlich erklärt wurden („Edictum perpetuum“). Wer sein Recht vor Gericht suchen wollte, musste eine dort zugelassene Klage erheben und den darin vorgesehenen Antrag stellen. Das Gericht hatte dann nur die Wahl, dem Antrag stattzugeben („Absolvo“) oder ihn abzulehnen („Condemno“). Fand der Betroffene keine zugelassene Klage, mochte seine Sache noch so schwerwiegend und belastend sein – der Gang zum Gericht war von vornherein aussichtslos. Eine etwaige Klage war unzulässig, und das hieß, das Gericht lehnte es ab, sich überhaupt mit ihr zu befassen.

Dieses in der abendländischen Antike erfundene und perfektionierte Antragsdenken beherrscht heutzutage die gesamte westliche Rechtsordnung. Wenn die Menschen zu einem Gericht oder zu einer Behörde gehen, müssen sie klar sagen, was sie wollen. Überall gibt es ein Denken in Ansprüchen, Forderungen, Eingriffsermächtigungen, Bescheiden, Verwaltungsakten, Straftatbeständen, Urteilen. Niemand kann mit einem Problem zu einem Gericht oder einer Behörde gehen. Immer und überall muss er Position beziehen und klar sagen, was er fordert. Statt Fragen zu stellen, muss er Antworten parat haben und für deren Verwirklichung kämpfen. Die in der Welt am meisten verbreitete Schrift eines deutschen Rechtsgelehrten (sie stammt von Rudolf von Ihering (1818–1892) trägt bezeichnenderweise den Titel *„Der Kampf ums Recht“*. Und auch in unserer Zeit wird diese Forderung immer wieder erhoben. Noch vor wenigen Jahren hat Willy Brandt die Menschen aufgefordert, um ihr Recht zu kämpfen. So ist es kein Wunder, dass wir heute in einer „Anspruchsgesellschaft“ leben, in der nicht nur der einzelne, unterstützt von Anwälten und Rechtsschutzversicherern, um sein „gutes Recht“ kämpft, sondern in der die verschiedenen gesellschaftlichen Gruppen bemüht sind, von der Gemeinschaft möglichst viel zu fordern und dieser im Gegenzug möglichst wenig zu geben.

Heute lernt der junge Jurist schon im ersten Semester in der Anfängervorlesung zum Bürgerlichen Recht, dass er auf die Suche nach Anspruchsgrundlagen zu gehen hat. Das Recht, von einem anderen ein Tun oder ein Unterlassen zu verlangen, wie § 194 des Bürgerlichen Gesetzbuches (BGB) an versteckter Stelle den Anspruch definiert, ist der Dreh- und Angelpunkt des Privatrechtes. Auch das Öffentliche Recht ist vom Positionsdenken beherrscht. Ob der Staat vom Bürger etwas fordern kann, beispielsweise die Bezahlung von Steuern oder die Duldung einer Enteignung, hängt davon ab, ob eine entsprechende gesetzliche Eingriffsermächtigung vorliegt, welche einen entsprechenden

„Antrag“ (er heißt hier Verwaltungsakt) rechtfertigt. Ebenso entscheidet das Vorliegen von Anspruchsnormen über das Schicksal von Anträgen des Bürgers an den Staat, etwa auf die Gewährung einer Subvention oder auf die Erteilung einer Baugenehmigung. Das Strafrecht schließlich orientiert sich im modernen Rechtsstaat daran, dass vor der Tat klare und bestimmte Straftatbestände formuliert werden müssen, deren Verwirklichung den staatlichen Strafanspruch gegen den Täter begründet – „Nulla poena sine lege“. Und der Strafprozess beginnt mit einer Anklage der Staatsanwaltschaft, in der die bestimmte Behauptung erhoben wird, der Angeklagte habe sich strafbar gemacht, obwohl doch der Prozess diese Frage erst klären soll. – Kurz, das Recht ist zu einer reinen Positionsveranstaltung geworden. Wer nicht klar und bestimmt angeben kann, was er fordert, wird zu keiner juristischen Veranstaltung zugelassen. § 253 der Zivilprozessordnung drückt dies für die Klage unmissverständlich aus. Danach muss die Klageschrift einen *„bestimmten Antrag“* enthalten. Ginge ein Bürger zum Amtsgericht und erklärte er dort beispielsweise: *„Ich habe ein Problem mit meinem Nachbarn, weil mich dieser nicht mehr grüßt“*, so würde er fortgeschickt werden. Seine Klage wäre unzulässig. Er dürfte erst dann wiederkommen, wenn er einen bestimmten Antrag stellen würde, etwa: *„Ich beantrage, meinen Nachbarn dazu zu verurteilen, mich zu grüßen.“* Diese Klage wäre zulässig. Das Amtsgericht würde sich mit ihr befassen. Es würde sich dabei freilich nicht mit dem Grußkonflikt zwischen Kläger und Beklagten befassen, sondern nach einer Anspruchsgrundlage für das Grüßen suchen. Dabei würde es nicht fündig werden und deshalb die Klage als unbegründet abweisen.

War all dies wirklich ein Fortschritt? Der methodische Ursprung dieser Veranstaltung ist heute in Vergessenheit geraten. Niemand macht sich mehr Gedanken darüber, dass der Antrag ursprünglich dazu diente, einem hoffnungslos überforderten Volksgericht die Entscheidungsfindung zu ermöglichen. Auch beim römischen

Prätor spielte dieser Gesichtspunkt der Arbeitserleichterung zugunsten des Entscheiders eine Hauptrolle. Die vom Prätor zugelassenen Klagen waren nicht diejenigen Klagen, die den römischen Bürgern am besten dienten, sondern diejenigen, die der Prätor kannte und beherrschte. Wurde etwa die Eigentumsklage („Actio rei vindicatio") erhoben, so wusste der Prätor, was er zu tun hatte. Er musste prüfen, ob der Kläger Eigentümer der Sache war, und ob der Beklagte deren Besitzer war, dem kein Recht zum Besitz zustand. Waren alle drei Voraussetzungen erfüllt, gab er der Klage statt, andernfalls wies er sie ab. Im Unterschied zum griechischen Volksgericht folgte er dabei (jedenfalls in der römischen Spätzeit) nicht mehr primär der Überzeugungskraft der Gerichtsrede, sondern der juristischen Kommentierung zum prätorischen Edikt. Nicht anders macht es der moderne Jurist, wenn er einen Anspruch aus § 985 BGB prüft.

Die Entwicklung vom Konflikt zum Antrag verlief keineswegs zwangsläufig auf die geschilderte Weise. In vielen Kulturen der Welt – von fernöstlichen Ländern über Indien und die islamische Welt bis hin zu Afrika – existierten und existieren traditionell andere, konsensorientierte Modelle der Konfliktbeilegung, Modelle also, bei denen keine Positionen eingenommen werden. Manche Staaten, die wie Japan im 19. Jahrhundert das deutsche Privatrecht übernommen haben, besinnen sich gegenwärtig zunehmend auf ihre eigenen konsensorientierten Traditionen und wenden sich vom Positionsdenken westlicher Provenienz ab. In Japan existiert neben dem außergerichtlichen Vergleich („Wakai") ein Schlichtungsverfahren („Chotei"), das beispielsweise im Familienrecht von großer Bedeutung ist. Etwa neunzig Prozent der Ehescheidungen erfolgen auf diese Weise in einem einverständlichen Verfahren („Kyogi-Rikon").

Aus der Sicht dieser Kulturen liegt der gravierendste Nachteil einer auf den Antrag fixierten Rechtsordnung darin, dass er die

Parteien dazu zwingt, ihren Konflikt als einen Streit um Positionen auszutragen. Damit verfehlen diese oftmals (natürlich nicht immer) ihre wahren Interessen. Wenn es nur darum geht, eine Geldforderung gegen einen säumigen Schuldner durchzusetzen, ist das Positionsdenken in Ordnung. Aber oftmals geht es nicht nur um das Geld, sondern um Interessen. Interessen sind etwas anderes als Positionen. Diese können zu jenen sogar im völligen Gegensatz Interessen stehen. Ein Beispiel aus der Versicherungspraxis mag dies verdeutlichen. Das Interesse eines verletzten Unfallopfers geht fraglos dahin, wieder gesund zu werden. Gesundheit kann er aber vom Versicherer des Schädigers nicht fordern. Er kann nur Geld fordern. Je kränker er ist, desto mehr Geld kann er fordern. Also lässt er sich von seinem Arzt Berufsunfähigkeit bescheinigen und fordert eine lebenslange Rente. Natürlich darf er jetzt keinesfalls wieder gesund werden. Rechtsposition und Interesse stehen im völligen Gegensatz zueinander.

Man kann daher füglich bezweifeln, dass die Erfindung des Antrags wirklich einen Fortschritt gebracht hat. Die Anhänger der Außergerichtlichen Konfliktlösung verneinen denn auch diese Frage. Sie sind davon überzeugt, dass den Parteien mit der auf dem Positionsdenken beruhenden juristischen Verfahrensweise oftmals schlecht gedient wird. Sie bemühen sich um ein besseres Verfahren, welches sich an den Interessen der in einem Konflikt befangenen Parteien bemüht (dazu mehr im Folgenden).

IV. Die vierte juristische Erfindung: Das Gesetz

Der Begriff Gesetz kommt von „Setzung“, und das, was „gesetzt“ wird, sind die in der Gesellschaft verpflichtend geltenden Regeln. Ein unter Juristen verbreiteter Irrtum besagt, dass das Gesetz die Ursache dafür sei, dass wir diese Regeln befolgen. Umgekehrt wird ein Schuh daraus. Dass beispielsweise Verträge einzuhalten sind („Pacta sunt servanda“) ist keine Folge des im Bürgerlichen Gesetzbuch (BGB) geregelten Vertragsrechts. Es ergibt sich vielmehr daraus, dass unser Zusammenleben ohne die Befolgung solcher Regeln nicht funktionieren würde. Wenn unser Urururahn Mumba zu seiner Gattin Unna sprach: *„Ich gehe jetzt ein Mammut erlegen. Wenn ich bei Sonnenuntergang mit oder ohne Mammut zurückkehre, steht jedenfalls die Suppe auf dem Tisch und sind die Kinder im Heu“* – dann klappte das. Andernfalls hätte Unna erlebt, was der Begriff *„ungebrannte Holzasche“* bedeutet. Und wenn wir heute beim Bäcker Semmeln kaufen, dann bezahlen wir sie, weil wir andernfalls Hausverbot kriegen würden und selbst backen müssen. Dass wir unter der Voraussetzung der Geschäftsfähigkeit, §§ 104 ff. BGB, eine Willenserklärung, §§ 116 ff. BGB, beinhaltend ein schuldrechtliches Vertragsangebot abgegeben haben, das durch Annahme zu einem Kaufvertrag, §§ 311; 433 ff BGB, geführt hat, den dann beide Seiten, dem Abstraktionsprinzip folgend, durch eine Vielzahl von dinglichen Übereignungsverträgen betreffend Semmeln, Geldscheine und Münzen, durch zahlreichen Eigentums- und Besitzübertragungen, §§ 925 ff. BGB, erfüllt haben, dies alles stets in der Hoffnung, nicht vorübergehend in Geisteskrankheit zu verfallen, ahnen wir nicht im entferntesten (ich könnte hier noch viele weitere Paragraphen zitieren). Das Leben war also zuerst da. Das Gesetz entstand später. Seine Erfindung fand in der Zeit der ersten Medienrevolution statt, als die Schrift erfunden wurde. Dies will ich etwas näher beleuchten.

Die Schrift entstand nur sehr langsam und in mühsamen kleinen Schritten. Die ältesten Schriftzeugnisse fand der südafrikanische Forscher Christopher Henshilwood in den Blombos-Höhlen unweit von Kapstadt. Es handelt sich um etwa achtzigtausend Jahre alte Objekte mit eingeritzten Linien. Was sie bedeuten, weiß man nicht. Im fünften Jahrtausend v. Chr. entstand in Mesopotamien die erste Schrift im heutigen Sinne, die Keilschrift. Sie war eine Bilderschrift. Man kann getrost annehmen, dass die Gesetzgebung dabei eine entscheidende Rolle gespielt hat. Die Literatur war es jedenfalls nicht. Frühe Dichtwerke wie das Gilgamesch-Epos oder – später – die Werke Homers konnten fahrende Künstler als „Gesänge" vortragen. Und auch für Rechtsgeschäfte benötigte man keine Schrift. Die juristischen Dinge wurden zunächst mündlich erledigt. Verträge hat man sicherlich per Handschlag besiegelt. Die Alten wussten, was wir heute auch wissen: Anständige Leute brauchen keine geschriebenen Verträge, und bei den anderen helfen sie nicht. Aber Gesetze konnte man weder vorsingen noch per Handschlag durchsetzen. Wenn der Landesfürst sicherstellen wollte, dass seine Untertanen Steuern zahlten oder Heeresdienst leisteten, musste er ihnen das buchstäblich „vorschreiben", am besten auf einer Stele aus Stein, die auf dem Marktplatz als allgemein lesbares Gebot aufgestellt wurde. Die Herrscher jener Zeit nutzten daher das neue Medium, um ihre Gesetze zu verkünden und zu verbreiten. Gesetze standen also fraglos am Beginn der Schriftentwicklung. Es ging dabei primär um die Gebote der Götter wie der Fürsten. Die Priester und die Ratgeber der Herrschenden entwickelten die Schrift, um diesen Geboten Geltung zu verschaffen. Erst in zweiter Linie spielte der Wunsch eine Rolle, Anleitungen für die Lösung von Konflikten zu geben. Es ist ein schon oft beschriebenes Phänomen, dass die Gesetze sich insoweit nicht anhand der Normalität der Einhaltung von Verhaltensregeln entwickelt haben, sondern aufgrund von Regelverstößen. Dabei ging es weniger um Fälle wie die heutigen Schulfälle, in denen etwa die Bäckersfrau (oder der Kunde) beim Semmelkauf zwischen Vertragsabschluss und Erfüllung unerkannt geisteskrank wird, sondern um handfestere Dinge – das verkaufte Korn war verfault, der Gaul lahmte, die vermietete Hütte war baufällig und der angeblich als Griechisch-Professor aus Athen gekaufte Hauslehrer für den Nachwuchs des Senators entpuppte sich als aramäischer Hausierer, der weder schreiben noch lesen konnte. So kam es dazu, dass die Gesetze schon frühzeitig auch Anleitungen für die Regelung von Streitigkeiten enthielten.

Eine der ältesten erhaltenen Gesetzessammlung in Keilschrift ist der Codex Hammurapi, (um 1800 v. Chr.). Im Jahre 1901 fanden Archäologen die mehr als zwei Meter hohe in Babylon, auf welche sie gemeißelt war. Sie wurde restauriert und steht heute im Louvre in Paris. Oben enthält sie ein Relief, welches symbolisch zeigt, wie der König die Gesetze aus der Hand des Sonnengottes Schamasch empfängt. Die Gesetze darunter bestehen aus einem Prolog, den eigentlichen Gesetzen und einem Epilog. Im Prolog verkündete der Herrscher seine Wohltaten und stellte sich als Beschützer seines Volkes dar: *„Damit der Starke den Schwachen nicht schädigt, um der Waise und der Witwe zu ihrem Recht zu verhelfen, … (und) um dem Geschädigten Recht zu verschaffen, (habe ich) meine überaus wertvollen Worte auf (m)eine Stele geschrieben und vor meiner Statue (namens) König der Gerechtigkeit aufgestellt“*.

Die Erfindung des Gesetzes war so erfolgreich, dass wir heute die „Legislative“ (von lat. lex = Gesetz und „latum“ = getragen) als eine der drei Staatsgewalten neben der „Exekutive“ und der „Judikative“ ansehen. Zaleucus, der Gesetzgeber der Lokrier im antiken Griechenland, war auf seine Gesetze so eifersüchtig, dass er, um schädlichen Neuerungen in denselben vorzubeugen, verfügte: *„Jeder, der ein neues Gesetz vorschlüge, und ein altes abgeschafft wissen wollte, solle mit einem Strick um den Hals erscheinen, mit welchem er sofort erwürgt werden sollte, sofern sein Gesetz nicht besser als* *das Alte des Zaleucus befunden würde.*" Dieses Prinzip hat sich im Deutschen Bundestag nicht durchgesetzt. Vielmehr haben wir es schon seit langem mit einer Gesetzesflut zu tun, die zu bändigen unmöglich ist. In den sechziger und siebziger Jahren des letzten Jahrhunderts trat jeder Bundesjustizminister mit dem Versprechen an, dies zu tun. Sie alle scheiterten. Damals existierte in Deutschland beispielsweise noch eine Vorschrift als geltendes Recht, wonach die Todesstrafe für die *„Veranstalter und Anführer"* eines *„zum Zwecke des Sklavenraubes unternommenen Streifzuges"* zu verhängen war, wenn der Streifzug den Tod eines seiner Opfer verursachen sollte. Das fiel nur deshalb niemandem auf, weil derartige Streifzüge heute nicht einmal mehr in Niederbayern unternommen wurden. Ob die Vorschrift inzwischen gestrichen wurde, weiß ich nicht.

Hinzu kommt die mangelnde Verständlichkeit vieler Gesetze. Selbst so zentrale Gesetze wie das BGB sind in einer Weise gebastelt, die zur Unverständlichkeit führt. Man spricht dann gerne von „Präzisionswerkzeugen" in der Hand des geschulten Juristen, den man als „Rechtsingenieur" bezeichnet. Kein technisches Gerät würde freilich funktionieren, betriebe man es mit derartigen „Präzisionswerkzeugen". Ich hatte eine Bekannte, die friedlich lebte, bis sie in einen Erbfall verwickelt wurde. Um ihn zu verstehen kaufte sie sich einen „Palandt", also den Standardkommentar zum BGB, und danach verfiel sie in Wahnsinn. Wenn ich sie von der Ferne sah, ging ich auf die andere Straßenseite. Nehmen Sie nur die Einstiegsparagraphen, also die Normen, mit denen es losgeht. Das sind im Zivilrecht die Anspruchsnormen. Sie sind verstreut und versteckt in verschiedenen Gesetzesstellen. Hat man sie gefunden, gibt es berüchtigte Anspruchsketten, bei denen man erst über ein System von Verweisungen zur Anspruchsgrundlage findet. Die erste Dissertation, die ich nach Übernahme meines Lehrstuhls ausgab, trug den Titel „Mangelnde Normenklarheit im Datenschutz-Strafrecht". Sie ergab, dass das Datenschutzrecht infolge seiner Komplexität die menschlichen Fähigkeiten weit überfordert. Besonders haben mich damals die im Kreisverkehr geschlossenen Paragraphenketten begeistert. Das Prinzip sieht dabei so aus: § 17 verweist auf § 21, dieser auf § 9 und dieser auf § 17. Das ergibt einen geschlossenen Kreislauf, in den keiner mehr eindringt. Auf einer Tagung zum Thema E-Justice referierte kürzlich ein Richter, der zum Datenschutzbeauftragten seines Gerichts bestellt worden war. Er teilte mit, allenfalls Dreiviertel der anzuwenden Normen zu verstehen.

Ein besonderes Schmuckstück moderner Gesetzgebungskunst ist die Neuregelung des Wahlrechts betreffend die sog. Überhangmandate bei Bundestagswahlen. Ein Professor, der sich über das Wahlrecht habilitiert hatte, bemerkte dazu in einem Zeitungsinterview, wenn der Interviewer diese Norm verstünde würde er ihm einen ausgeben. Ich möchte Ihnen dieses Beispiel nicht vorenthalten:

„§ 6 Wahl nach Landeslisten

(1) Für die Verteilung der nach Landeslisten zu besetzenden Sitze werden die für jede Landesliste abgegebenen Zweitstimmen zusammengezählt. Nicht berücksichtigt werden dabei die Zweitstimmen derjenigen Wähler, die ihre Erststimme für einen im Wahlkreis erfolgreichen Bewerber abgegeben haben, der gemäß § 20 Absatz 3 oder von einer Partei vorgeschlagen ist, die nach Absatz 3 bei der Sitzverteilung nicht berücksichtigt wird oder für die in dem betreffenden Land keine Landesliste zugelassen ist. Von der Gesamtzahl der Abgeordneten (§ 1 Absatz 1) wird die Zahl der erfolgreichen Wahlkreisbewerber abgezogen, die in Satz 2 genannt sind.

(2) In einer ersten Verteilung wird zunächst die Gesamtzahl der Sitze (§ 1 Absatz 1) in dem in Satz 2 bis 7 beschriebenen Berechnungsverfahren den Ländern nach deren Bevölkerungsanteil (§ 3 Absatz 1) und sodann in jedem Land die Zahl der

dort nach Absatz 1 Satz 3 verbleibenden Sitze auf der Grundlage der zu berücksichtigenden Zweitstimmen den Landeslisten zugeordnet. Jede Landesliste erhält so viele Sitze, wie sich nach Teilung der Summe ihrer erhaltenen Zweitstimmen durch einen Zuteilungsdivisor ergeben. Zahlenbruchteile unter 0,5 werden auf die darunter liegende ganze Zahl abgerundet, solche über 0,5 werden auf die darüber liegende ganze Zahl aufgerundet. Zahlenbruchteile, die gleich 0,5 sind, werden so aufgerundet oder abgerundet, dass die Zahl der zu vergebenden Sitze eingehalten wird; ergeben sich dabei mehrere mögliche Sitzzuteilungen, so entscheidet das vom Bundeswahlleiter zu ziehende Los. Der Zuteilungsdivisor ist so zu bestimmen, dass insgesamt so viele Sitze auf die Landeslisten entfallen, wie Sitze zu vergeben sind. Dazu wird zunächst die Gesamtzahl der Zweitstimmen aller zu berücksichtigenden Landeslisten durch die Zahl der jeweils nach Absatz 1 Satz 3 verbleibenden Sitze geteilt. Entfallen danach mehr Sitze auf die Landeslisten, als Sitze zu vergeben sind, ist der Zuteilungsdivisor so heraufzusetzen, dass sich bei der Berechnung die zu vergebende Sitzzahl ergibt; entfallen zu wenig Sitze auf die Landeslisten, ist der Zuteilungsdivisor entsprechend herunterzusetzen.

(3) Bei Verteilung der Sitze auf die Landeslisten werden nur Parteien berücksichtigt, die mindestens 5 Prozent der im Wahlgebiet abgegebenen gültigen Zweitstimmen erhalten oder in mindestens drei Wahlkreisen einen Sitz errungen haben. Satz 1 findet auf die von Parteien nationaler Minderheiten eingereichten Listen keine Anwendung.

(4) Von der für jede Landesliste so ermittelten Sitzzahl wird die Zahl der von der Partei in den Wahlkreisen des Landes errungenen Sitze (§ 5) abgerechnet. In den Wahlkreisen errungene Sitze verbleiben einer Partei auch dann, wenn sie die nach den Absätzen 2 und 3 ermittelte Zahl übersteigen.

(5) Die Zahl der nach Absatz 1 Satz 3 verbleibenden Sitze wird so lange erhöht, bis jede Partei bei der zweiten Verteilung der Sitze nach Absatz 6 Satz 1 mindestens die bei der ersten Verteilung nach den Absätzen 2 und 3 für sie ermittelten zuzüglich der in den Wahlkreisen errungenen Sitze erhält, die nicht nach Absatz 4 Satz 1 von der Zahl der für die Landesliste ermittelten Sitze abgerechnet werden können. Die Gesamtzahl der Sitze (§ 1 Absatz 1) erhöht sich um die Unterschiedszahl.

(6) Die nach Absatz 5 Satz 1 zu vergebenden Sitze werden in jedem Fall bundesweit nach der Zahl der zu berücksichtigenden Zweitstimmen in dem in Absatz 2 Satz 2 bis 7 beschriebenen Berechnungsverfahren auf die nach Absatz 3 zu berücksichtigenden Parteien verteilt. In den Parteien werden die Sitze nach der Zahl der zu berücksichtigenden Zweitstimmen in dem in Absatz 2 Satz 2 bis 7 beschriebenen Berechnungsverfahren auf die Landeslisten verteilt; dabei wird jeder Landesliste mindestens die Zahl der in den Wahlkreisen des Landes von der Partei errungenen Sitze zugeteilt. Von der für jede Landesliste ermittelten Sitzzahl wird die Zahl der von der Partei in den Wahlkreisen des Landes errungenen Sitze (§ 5) abgerechnet. Die restlichen Sitze werden aus der Landesliste in der dort festgelegten Reihenfolge besetzt. Bewerber, die in einem Wahlkreis gewählt sind, bleiben auf der Landesliste unberücksichtigt. Entfallen auf eine Landesliste mehr Sitze, als Bewerber benannt sind, so bleiben diese Sitze unbesetzt.

(7) Erhält bei der Verteilung der Sitze nach den Absätzen 2 bis 6 eine Partei, auf die mehr als die Hälfte der Gesamtzahl der Zweitstimmen aller zu berücksichtigenden Parteien entfallen ist, nicht mehr als die Hälfte der Sitze, werden ihr weitere

Sitze zugeteilt, bis auf sie ein Sitz mehr als die Hälfte der Sitze entfällt. Die Sitze werden in der Partei entsprechend Absatz 6 Satz 2 bis 6 verteilt. In einem solchen Falle erhöht sich die nach Absatz 5 ermittelte Gesamtzahl der Sitze (§ 1 Absatz 1) um die Unterschiedszahl."

Alles klar?

Die alten Römer begannen mit einem überschaubaren Zwölftafelgesetz. Das lag daran, dass die römische Zahlschrift mit Buchstaben operierte und für große Zahlen nicht geeignet war. Rom ist nicht zuletzt an diesem Unvermögen zugrunde gegangen. Die Araber erfanden dagegen im Mittelalter die Null, was den Römern nicht gelungen war, obwohl sie dicht dran gewesen waren. Die Römer kannten nämlich sprachliche Ausdrücke für „*nicht etwas*" („nullum") und „*nichts*" („nihil"). Sie verfügten aber nicht über ein entsprechendes Zahlzeichen, kannten also die Null nicht. Ihr Zahlensystem war ein additives System. Mit arabischen Ziffern kann man demgegenüber dank der Null auch eine große Zahl von Paragraphen bequem bewältigen. So kam es, dass beispielsweise das BGB nicht weniger als 2.385 Paragraphen erhielt. Darunter befinden sich etliche Kuriositäten. § 1618a BGB lautet beispielsweise: „*Eltern und Kinder sind einander Beistand und Rücksicht schuldig.*" Wer hätte das gedacht? So eifrig schafft heute das Parlament, dass Gesetze entstehen, die mangels erkennbarer Realität gewissermaßen im luftleeren Raum hängen. Ein Beispiel bietet der Computerbetrug, § 263a StGB. Danach ist u.a. strafbar, wer „*das Ergebnis eines Datenverarbeitungsvorgangs … durch unbefugte Einwirkung auf den Ablauf beeinflusst*". Ich habe nie herausgefunden, was das sein soll – vielleicht Hammerschläge auf das Gehäuse des Computers? Auch die Kommentatoren wissen es nicht. Aber jedenfalls ist es mit Freiheitsstrafe bis zu fünf Jahren oder mit Geldstrafe bedroht.

Dass Gesetze „ausgelegt" werden müssen, wobei die „herrschende Meinung" den Ausschlag gibt, gilt in allen juristischen

Methodenlehren – das vorliegende Buch ausgenommen – als eine Binsenweisheit. Dazu folgende Geschichte: Der Gott Pan forderte einmal seinen Kollegen Apollon zu einem musikalischen Wettstreit heraus. Pan spielte die Flöte, Apollon die Leier. Anschließend entschied die „herrschende Meinung", wer der Sieger sei, und natürlich war das Apollon. Der bocksfüßige Pan stand schließlich in der Hierarchie der Götter zu Apollon im selben Rangverhältnis wie etwa das Amtsgericht Quickborn zum Bundesgerichtshof. *„Allen gefällt die Entscheidung"* merkte Ovid hierzu an. Nur Midas, der König von Phrygien, war *„anderer Meinung"* und hielt Pan für den Sieger. Der erboste Apollon verwandelte daraufhin die Ohren des Midas in die eines Esels. Midas schämte sich außerordentlich und verbarg die Eselsohren unter einem Turban. Der einzige, der das Geheimnis notgedrungen kannte, war sein Barbier. Da er das Berufslaster der Schwatzhaftigkeit hatte und sich niemandem mitteilen durfte, war er nahe daran, zu platzen. In seiner Not grub der Barbier ein Loch in den Boden und flüsterte sein Geheimnis hinein. Aus dem Loch wuchsen jedoch Schilfrohre. Immer wenn der Wind durch sie streicht, flüstern sie seitdem: *„König Midas hat Eselsohren."* Die Stelle liegt am Berg Tmolos im türkischen Anatolien, genannt nach dem gleichnamigen Gott, welcher, nebenbei bemerkt, der Vater des armen Tantalus war. Sie ist nicht leicht zu finden, aber wenn Ihnen das gelingt, können Sie das Flüstern noch heute hören, vorausgesetzt, Sie verstehen Phrygisch.

Die Mindermeinung, die ich in diesem Buch ungeachtet der Tatsache vertrete, dass sie „minder" ist, besagt, dass Gesetze nicht „ausgelegt", sondern befolgt (oder nicht befolgt) und angewendet werden. Die Vorstellung, aus ihnen etwas herauszulesen, was nicht darin steht, ist Unfug. Die Angelsachsen haben das schon lange begriffen. Oliver Wendell Holmes, jr. (1841–1935), der Godfather der US-amerikanischen Juristen, hat dies klar ausgedrückt. Er war ein Hauptvertreter des sog. „Rechtsrealismus", der in den USA – ähnlich wie in Deutschland die Freirechtsbewegung –

dem Gesetz nur die Bedeutung eines Niederschlages der richterlichen Entscheidungen oder gar nur der Vermutung, wie die Richter künftig entscheiden würden, zugebilligt hatte. Die Aufgabe der Rechtswissenschaft erschöpfte sich für ihn darin, die tatsächlichen Entscheidungen der Gerichte erfolgreich vorherzusagen: *„The prophecies of what the courts will do in fact, an nothing more pretentious, are what I mean by the law."*

V. Die fünfte juristische Erfindung: Der Anwalt

Den antiken Griechen war die Vorstellung fremd gewesen, Kläger und Beklagter könnten ihre Sache anders als persönlich vertreten. Wie anders als durch persönlichen Auftritt sollte man beurteilen, ob eine Person im Recht war oder nicht? Nur Freunde oder Verwandte durften ihnen als „Fürsprech" („Synegoros") beistehen. Rhetoriklehrer – „Logographen") bereiteten die Parteien auf ihren Auftritt vor; wir würden sie heute Coaches nennen. Sie entwarfen die Plädoyers und durften dafür – anders als die Synegoren – Geld nehmen. Antiphon (ca. 480–411 v. Chr.) war einer der gesuchtesten Logographen. Er war auch politisch tätig und lieferte dabei einen Beleg für die alte Weisheit, dass der Anwalt, der sich selbst vertritt, einen Ochsen als Mandanten und einen Esel als Anwalt hatte. Er wurde nämlich wegen Hochverrats angeklagt und verteidigte sich in eigener Sache mit einer selbst entworfenen Rede, die der Historiker Thukydides zwar als die beste je vorgetragene Apologie bezeichnete. Das half aber nicht. Antiphon wurde verurteilt und hingerichtet.

Die Römer dachten in diesem Punkt anders als die Griechen. Ihre Gesellschaft wurde traditionell von einer Oberschicht, der Nobilität, beherrscht, die aus dreißig bis vierzig Familien, den Corneliern, Valeriern, Claudiern, Serviliern, Aemiliern, Fabiern und anderen bestand. Gemeinsam war ihnen, dass ein Ahne das höchste Amt der Republik, das Konsulat, bekleidet hatte. Ihre Häupter bildeten den Senat. Daneben gab es den Stand der Ritter („Eques"), eine durch wirtschaftliche Tätigkeit reich gewordene Mittelschicht. Nur vereinzelt schafften neue Männer wie M. Porcius Cato der Ältere (234–149 v.Chr.) als „Novi homines" durch eigene Tüchtigkeit den Aufstieg aus dem Ritterstand in den Senat. Die Unterschicht zählte daneben nicht. In dieser gesellschaftlichen Situation entwickelte sich das Patronat, die Grundlage des Anwaltsstandes.

Der Patron („Herr") war mit seinen Klienten (von lat. „C*liens*" = Schutzbefohlener), Angehörigen der Unterschicht und Freigelassenen, durch ein Treueverhältnis verbunden. Je bedeutender der Patron war, desto größer war seine Klientel. Ein eigener Haussklave, der „Nomenclator", führte das Verzeichnis der Klienten und sorgte dafür, dass der Überblick über diese Schar nicht verlorenging. Die Klienten mussten ihren Patron jeden Morgen in seinem Haus begrüßen. Sie waren ihm zu Dienstleistungen verpflichtet, was recht anstrengend war, weil die Klienten ihrerseits vorsichtshalber meist mehreren Patronen gleichzeitig dienten. Sie erledigten Botengänge, umringten ihren Herrn bei seinen öffentlichen Auftritten als Leibwächter und waren vor allem dazu verpflichtet, in den Volksversammlungen („Komitien") für den Patron zu stimmen, was zu Konflikten mit ihren Pflichten gegenüber anderen Patronen führen konnte. Der Patron trat im Gegenzug für seine Klienten als Schutzherr vor Gerichten und anderen Stellen ein.

In diesem gesellschaftlichen Umfeld entstand der Berufsstand des „Advocatus" (von lat. *„advocare"* = Rechtsbeistand holen). Er genoss hohes Ansehen, unterlag einer besonderen Standesmoral und unterschied sich von anderen Dienstleistern nicht zuletzt dadurch, dass er für seine Tätigkeit als „Honestior" keine „Merces" (lat. Dienstlohn), sondern ein „Honorarium" (Ehrensold) erhielt. Noch heute klingt im Begriff „Anwaltshonorar" die alte Vorstellung von einer im Grunde unentgeltlichen Ehrentätigkeit mit. Neben dem Anwalt erhält nur der Schriftsteller heute noch ein „Honorar", was manche Verlage ganz wörtlich nehmen. „Anwalt" und „Schriftsteller" waren neben dem Politiker und dem Militär die einzigen beiden Berufe, die ein Mann von Stand ausüben durfte.

Auch Städte und Provinzen konnten einem Patron verpflichtet sein. Cicero war beispielsweise Patron der Provinz Sizilien. Als diese Provinz durch den Statthalter Gaius Verres ausgeplündert wurde, erhob Cicero im Jahre 70 v. Chr. namens der Sizilianer

Anklage gegen Verres und vertrat deren Sache so wirkungsvoll, dass Verres in das Exil floh. Sogar römische Legionen wählten sich als Heeresclientel populare Feldherren zu Patronen, was letztlich unter Augustus zum Ende der römischen Republik führen sollte.

Markus Tullius Cicero (106–43 v. Chr.) stammte ebenso wie Cato aus dem Ritterstand. Er wurde in Arpinum geboren, einer Stadt, deren Bewohner das römische Bürgerrecht besaßen. Seine Laufbahn begann er als Anwalt. Das war bereits ein etablierter Berufsstand. Seine erste überlieferte Gerichtsrede *„Pro P. Quinctio“* (Für Publius Quinctius) hielt er im Jahre 81 v. Chr. Cicero vertrat den Kläger in einem Zivilprozess. Sein Gegenanwalt war der Senator Quintus Hortensius Hortalus, auf den er später noch des Öfteren vor Gericht treffen sollte. Hortalus war nicht nur ein berühmter Redner, sondern auch mit einem unübertroffenen Gedächtnis begabt. Er war imstande, sich den genauen Wortlaut der Argumentation seines Gegners zu merken, ohne sich Notizen zu machen. Nebenbei bemerkt ging auf ihn auch die kulinarischen Mode zurück, bei besonderen Anlässen Pfauenbrust zu servieren.

Im Jahre 80 v. Chr. trat Cicero in einem Mordprozess als Verteidiger auf. Der römische Bürger Sextus Roscius aus Ameria war wegen Vatermordes angeklagt worden. Die Sache war politisch heikel, da zu den wahren Tätern ein Günstling des kurz zuvor an die Macht gekommenen Diktators Lucius Cornelius Sulla (138–78 v.Chr.) gehörte, der mit seinen Proskriptionen (von lat. *„proscribere“* = ächten) Angst und Schrecken verbreitete. Keiner der etablierten Anwälte wollte den Fall übernehmen. Der junge Jurist Cicero ergriff diese Chance und verteidigte den Angeklagten. Sein Plädoyer *„Pro Sex. Roscio Amerino“* (Für Sextus Roscius aus Ameria) ist überliefert. Er begann mit den Worten:

„Ich möchte annehmen, ihr Richter, ihr seid erstaunt, weshalb gerade ich mich erhoben habe, da doch zahlreiche Redner von erstem Rang und Angehörige des höchsten Adels auf ihren Plätzen bleiben: ich,

der ich diesen Männern, was Alter, Können oder Ansehen betrifft, durchaus nicht gewachsen bin.“

Und er führte mit Blick auf die anwesenden Anwaltskollegen aus:

„Alle, deren Anwesenheit ihr bei diesem Prozesse bemerkt, glauben zwar, man müsse ein durch ein Verbrechen begangenes Unrecht abwehren; doch es selbst abzuwehren, wagen sie wegen der Ungunst der Zeiten nicht. So sind sie anwesend, weil sie ihrer Pflicht genügen wollen, schweigen aber, weil sie der Gefahr auszuweichen suchen.“

Mit großer Redegewandtheit zerpflückte Cicero die Anklage und überführte die wahren Schuldigen des Mordes. Verwandte hatten das Vermögen von Roscius' Vater an sich gebracht. Um ihre Tat zu verschleiern, hatten sie den legitimen Erben des Mordes bezichtigt. Roscius wurde freigesprochen. Mit seinem Auftritt hatte Cicero als Redner den Hortalus übertroffen. Vor der Rache Sullas brachte er sich durch einen Studienaufenthalt in Griechenland und Kleinasien in Sicherheit, der bis 77 v. Chr. dauerte (Sulla starb 78 v. Chr.). Wie jeder gebildete Römer sprach Cicero von Kindheit an Griechisch. Nun vertiefte er seine Kenntnisse der griechischen Philosophie und Rhetorik. Im Jahre 77 v. Chr. kehrte er nach Rom zurück und begann seine Karriere als Politiker, die ihn als „Homo novus“ in hohe Staatsämter führen sollte. Im Jahre 66 v. Chr. wurde er Prätor (von. lat. „preaire“ = vorangehen) und damit für die Gerichtsbarkeit in Rom zuständig.

Die Wirklichkeit des römischen Rechts war im Prozess begründet. Recht wurde in erster Linie als „actio“ verstanden. *„Nihil aliud est actio quam ius quod sibi debeatur, iudicio persequendi!“* (Die Actio ist nichts anderes als das Recht, was einem geschuldet wird, gerichtlich durchzusetzen) hatte der römische Jurist Celsus diesen Grundsatz formuliert. Dieses Recht wurde im Edikt des Prätors begründet. Es verhieß eine Reihe von Klagen für bestimmte Sachverhalte, etwa die *„actio doli“* auf Schadensersatz gegen den arglistig handelnden Schädiger.

Im Jahre 63 v. Chr. erreichte Cicero, der Aufsteiger aus dem Ritterstand (*„Ordo equester"*) das Amt des Konsuls und damit das höchste Staatsamt. Als Konsul trat er in berühmten Reden gegen die Verschwörung des Catilina auf. *„Quo usque tandem abutere, Catilina, patientia nostra?"*. Er rettete die Republik und erhielt den Titel „Pater patriae" (Vater des Vaterlandes). In den politischen Wirren nach Cäsars Ermordung trat Cicero für die Republik ein und wurde im Jahre 43 v. Chr. ermordet. Als vielseitiger Autor, der das klassische Latein schlechthin schrieb, ist er in Erinnerung geblieben.

Mit der Rezeption des römischen Rechts seit dem späten Mittelalter entstand auch in Deutschland der Berufsstand der Rechtsanwälte. Dabei gab es zum einem die Prokuratoren, die eine Partei in der Verhandlung vor dem Gericht, insbesondere vor dem Reichskammergericht, vertraten, zum anderen die Advokaten, die die Mandanten in außergerichtlichen Geschäften rechtlich betreuten. Dieses dualistische System existiert heute noch in England, Wales und anderen Ländern des britischen Commonwealth. Dort heißen die die Prokuratoren „Barrister" und die Advokaten „Solicitor". Gleiches gilt für Spanien, wo es den „Procurador" und den „Abogado" gibt. Im übrigen Kontinentaleuropa wurde diese Trennung dagegen durch die Rechtsreformen der napoleonischen Zeit beseitigt. Heute gibt es im deutschsprachigen Raum ein einheitliches Berufsbild des Rechtsanwaltes (in den schweizerischen Kantonen Basel-Stadt und Basel-Landschaft auch Advokat, im Kanton Bern Fürsprecher genannt).

Nach § 1 der Bundesrechtsanwaltsordnung ist der Rechtsanwalt heute ein unabhängiges Organ der Rechtspflege.

VI. Die sechste juristische Erfindung: Der Kommentar

Der Rechtskommentar ist heute ein unentbehrliches Hilfsmittel beim Umgang mit Gesetzen, ausgenommen solchen, die wie das Sozialgesetzbuch im 10-Sekunden-Takt geändert werden, mit welchem Tempo auch der eifrigste Kommentator nicht mitkommt.

Historisch ist der Kommentar ebenso wie das Gesetz eine Folge der Erfindung der Schrift. Gesetze sind stets mehr oder weniger abstrakt und damit lebensfern. So war es schon in der Antike. Sie bedurften der Erläuterung und Ergänzung. Die Römer entwickelten dazu die Methode der Beantwortung von Rechtsfragen durch Juristen in sog. „Responsa" (lat. = Antworten). Man schilderte ihnen einen Fall, und sie gaben die Antwort. Ein berühmtes Beispiel ist die Cautio Muciana. Ein reicher Mann war gestorben und hinterließ sein Vermögen seiner Frau unter der Bedingung, dass sie nicht wieder heiratete. Die Frau war jung, schön und dank der Erbschaft doppelt begehrenswert. Was sollte man tun? Warten, bis sie zu alt zum Heiraten war? Der Jurist Quintus Mutius Scaevola, der Lehrer Ciceros, fand um 100 v. Chr. die Lösung. Man sollte ihr die Erbschaft sofort geben, aber unter der Bedingung, dass sie es im Falle der Wiederverheiratung wieder herausgab; hierfür musste sie eine Kaution („Cautio") stellen. Er wandelte also die aufschiebende Bedingung in eine auflösende Bedingung um, und so steht es heute (ohne Kaution) in § 2075 BGB. Der römische Jurist begründete seine knapp mitgeteilte Antwort nicht. Die Eleganz der Lösung und sein Name war Begründung genug. Ach, wenn es heute noch so wäre. Aus den „Responsa" entwickelten sich die Kommentare und die sonstigen juristischen Schriften, die wir insgesamt heute der „Dogmatik" zurechnen (dazu unten mehr).

Der Kommentar, wie wir ihn heute kennen, ist ein Kind des Mittelalters und hat als Buch eine lange Vorgeschichte, die bis in die Antike reicht.

Im ersten Jahrhundert n. Chr. wurde in Rom der Kodex und damit das Buch in der heutigen Form erfunden. Er geht auf hölzerne Schreibtafeln zurück, wie sie in Ägypten bereits in pharaonischer Zeit in Gebrauch waren. Sie wurden mit Wachs bestrichen, das immer wieder geglättet wurde, so dass die Tafeln neu verwendet werden konnten. Auch in Griechenland sind schon seit dem 6. Jahrhundert v. Chr. solche Tafeln bezeugt. Daraus entwikkelte sich seit der Kaiserzeit neben der Schriftrolle als zweite Buchform der Kodex (lat. Codex = Baumstamm). Nach dem Vorbild der gestapelten Holz- oder Wachstafeln, die zur Beschriftung vorgesehen waren, wurden Papyrusblätter mit einem Faden zusammengeheftet und durch einen festen Einband geschützt. Im Laufe der Zeit wurde der empfindliche Papyrus dann durch das haltbarere Pergament abgelöst. Es war zwar teurer als Papyrus, aber man war damit nicht mehr auf Importe angewiesen.

Am Beginn der Entwicklung stand der einlagige Kodex. Mehrere Blätter wurden übereinander gelegt, nachdem sie in der Mitte gefaltet und wieder geöffnet worden waren. In der Falzlinie wurden sie mit einem Faden vernäht, wie das heute noch bei der Herstellung von Schulheften geschieht. Das setzte der Zahl der Blätter freilich Grenzen und funktionierte auch nur mit Papyrus. Deshalb entwickelte man den mehrlagigen Kodex, bei dem die Blätter einzeln aufeinander gelegt und vernäht wurden. Als Einband dienten rechteckige Platten aus Holz oder mit Papyruskartonage versteiftem Leder, die mit einem Lederstreifen als Buchrücken verbunden waren.

Vor dem Binden wurde der Kodex beschrieben. Dazu wurden die Seiten paginiert. In die Pergamentseiten wurden gleichmäßige Linien als Schreibhilfen geritzt. Um ein einheitliches Schriftbild zu erhalten, wurden die Blätter aufeinander gelegt und an den vier Ecken des Schriftspiegels durchstochen. Auch entstanden die ersten Kolumnen. Die Blätter wurden beidseitig beschrieben. Erste Ansätze zur Kalligraphie entstanden. Man macht sich heute keine Vorstellung mehr davon, dass mit der

„revolutionären Erfindung der Seite“ (Le Goff) die Benutzung der Handschriften wesentlich vereinfacht wurde. Die Codices hatten oft ein bescheidenes Format und konnten daher auf Reisen mitgenommen werden. Der kleinste bekannte Pergament-Kodex, der im 4.–6. Jahrhundert entstandene sog. Manikodex, weist bei 192 Seiten Umfang lediglich eine Höhe von 45 mm und eine Breite von 38 mm auf.

Trotz dieser Vorzüge dauerte es mehrere Jahrhunderte, bis im 4. Jahrhundert n. Chr. der Kodex die Schriftrolle endgültig verdrängte. Dazu trugen wesentlich die Christen bei, die den Kodex für ihre liturgischen Bücher verwendeten und sich auch dadurch von den „heidnischen“ Schriftrollen absetzten.

Neue Strukturelemente dienten der Gliederung der Codices. Anfang und Ende wurden jeweils mit „Incipit“ und „Explicit“ markiert. Schmuck- und Gliederungselemente wie Zierleisten und verzierte Initialen erleichterten die Orientierung. Da man den Kodex anders als die Schriftrolle in nur einer Hand halten konnte, hatte der Leser die andere Hand zum Schreiben frei. Es entwickelten sich verschiedene Schriftarten. Ende des 8. Jahrhunderts, zur Zeit Karls des Großen, wurde die karolingische Minuskel (Carolina) geschaffen, eine einheitliche Buch- und Verwaltungsschrift für das gesamte Reich. Ihre Vorzüge waren Klarheit und Einfachheit des Schriftbildes. Aus ihr entwickelten sich die heutigen Kleinbuchstaben der Schrift, die ursprünglich nur Großbuchstaben enthalten hatte.

Die Kunst des Schreibens und Lesens, die vordem nur in den Klöstern gepflegt worden war, verbreitete sich nun, und das Buch war ihr Werkzeug. Die Gründung der Universitäten ließ Lehrbücher mit breiten Seitenrändern für Kommentare entstehen. In Bologna, der ältesten Universität des Abendlandes, an der das Römische Recht wiederentdeckt wurde, erfand man eine neue Abschreibetechnik, pecia genannt, mit deren Hilfe das Abschreiben quasi industrialisiert wurde. Das teure Pergament wurde durch das dreizehnmal billigere Papier abgelöst. Im Unterschied zum Papyrus wurde es durch Zerstampfen und Kochen von Fasern verschiedener Pflanzenarten hergestellt.

In Sentenzenbüchern wurden im Mittelalter grundlegende Texte für die Schuldiskussion veröffentlicht. Die Glosse (von griech. „*Glossa*" = Zunge, Sprache) war eine weitere Neuerung. Sie lieferte Worterklärungen, die als „Glossa ordinaria" ohne Bindung an einen zu erklärenden Text verwendet werden konnten. Die Magister führten als weitere Neuerung die „Kommentare" und die „Summen" ein. Thomas von Aquin, genannt Divus Thomas (der göttliche Thomas), Doctor angelicus (der engelgleiche Lehrer) und Doctor communis (der allen gemeinsame Lehrer), (1224 oder 1225 bis 1274), verfasste als erstes Hauptwerk einen Sentenzenkommentar zu den Sentenzen des Petrus Lombardus. Sein großes Hauptwerk war die *„Summa theologiae"*, die er bei seinem Tod unvollendet hinterließ. Roger Bacon verfasste im Auftrag seines Freundes und Protektors Papst Clemens IV. (1265–1268) eine dreifache Summe: Opus maius, Opus minus und Opus tertium. Im Opus maius behandelte er die Mathematik, die Alchemie und die Herstellung von Schwarzpulver sowie die Position und Größe von Himmelskörpern. Er erkannte den Zusammenhang zwischen den Gezeiten und der Position des Mondes. Auch mit Optik befasste er sich. Er beschrieb die Gesetze der Spiegelung und der Lichtbrechung und wies die Ursache des Regenbogens auf. Sogar die Brille soll er erfunden haben. Weitere Erfindungen wie das Mikroskop, das Teleskop, fliegende Maschinen und Dampfschiffe soll er vorausgesagt haben. All dies lässt ihn als einen *„Leonardo da Vinci des 13. Jahrhunderts"* erscheinen (Le Goff).

Le Goff schreibt: *„Die mittelalterliche Scholastik hat „durch ihr Bestreben, die Gedanken zu ordnen und das Wissen mit seinem Für und Wider in größter Klarheit darzulegen, jene Neigung zu Ordnung und Klarheit geschaffen oder zumindest verstärkt, die man gewöhnlich Descartes zuschreibt, der allzu oft als die treibende Kraft einer modernen Revolution des europäischen Denkens präsentiert wird. Descartes hat Vorläufer gehabt, die Meister der Scholastik, und er selbst war ein* *brillantes Kind dieser mittelalterlichen Schule*". Und: „*Im 13. Jahrhundert bekamen die materiellen und technischen Revolutionen, die dem Buch ein neues Gesicht verliehen und seine Benutzung vereinfachten, ihren letzten Schliff. Die Interpunktion wurde verbessert, in die Handschriften wurden Titel und Rubriken eingeführt, die Bücher in Kapitel untergliedert und alphabetisch geordnete Sachregister angelegt. Revolutionärer noch erscheint die Umstellung vom lauten Vorlesen auf die stille individuelle Lektüre … Ein Europa des lesenden Individuums war geboren.*"

Im 11. Jahrhundert entdeckte man die klassischen römischen „Digesten" (von lat. „digesta" = „Geordnetes") bzw. „Pandekten" (von griech./lat. „pandectae" = „Allumfassendes") wieder. Das geschah in Bologna, wo eine Rechtsschule entstand, aus der sich eine der ersten europäischen Universitäten entwickelte. Die sog. Glossatoren versahen die Texte mit kurzen Anmerkungen, die sie Glossen nannten. Diese wurden immer umfangreicher. Aus dieser Praxis entwickelten sich die Kommentare. Sie enthielten ausführliche Erläuterungen, die den Quellentexten weniger eng folgten als die ursprünglichen Glossen. Die Kommentatoren arbeiteten mit Techniken, die verblüffend modern anmuten. So stellten sie einen klassischen Text auf die Mitte einer Seite und umgaben ihn mit Erläuterungen. Erst in unserer Zeit hat man diese Technik des „Mindmapping" auf Flipcharts wiederentdeckt (und automatisiert).

Die Gesetzgeber waren nicht immer glücklich über diese Tätigkeit. Im 18. Jahrhundert, zur Zeit der Aufklärung, in der dritten Naturrechtsepoche des Vernunftrechts, glaubte man allen Ernstes, vollständige und abschließende Gesetzbücher schaffen zu können. In diesem Glauben erließ man Kommentierungsverbote. Ein Beispiel bietet Friedrich der Große, der das Preußische Allgemeine Landrecht in Auftrag gab. Er wünschte sich ein Gesetzbuch, welches auf der Grundlage der reinen Vernunft geschaffen werden sollte. Es sollte einfach und klar sein und kurze Vorschriften enthalten. Der ganze Advokatenstand sollte durch das neue Gesetzbuch überflüssig werden. Die Richter wollte er an die kurze Leine legen. Seine Erfahrungen mit den Prozessen des Müllers Arnold hatten ihn geprägt. *„Ein Justizcollegium“*, so äußerte er sich einmal, *„das Ungerechtigkeiten ausübt, ist gefährlicher und schlimmer, wie eine Diebesbande, vor die kann man sich schützen, aber vor Schelme, die den Mantel der Justiz gebrauchen, um ihre üblen Passionen auszuführen, vor die kann sich kein Mensch hüten. Die sind Ärger wie die größten Spitzbuben, die in der Welt sind und meritiren eine doppelte Bestrafung.“* 1784 wurde ihm der Entwurf des Gesetzbuches vorgelegt. Seine Verfasser hatten erstmals mit einer Forderung ernst gemacht, welche Jeremy Bentham so formuliert hatte: *„Es genügt nicht, dass ein Gesetzbuch gut redigiert ist; es muss auch erschöpfend sein … Die oberste Regel ist: eine erschöpfende Darstellung des Rechts … Unter all den Gesetzbüchern, die die Gesetzgeber als vollständig und erschöpfend ansahen, ist bisher nicht eines, das diese Bedingung erfüllt.“* Nur durch eine vollständige Kodifikation schien Bentham das oberste Ziel der Gesetzgebung erreichbar – „das größtmögliche Glück der größtmöglichen Zahl“. Das Resultat war ein Gesetz, das mehr als sechzehntausend Vorschriften zum Privatrecht sowie zum Strafrecht und dem übrigen Öffentlichen Recht enthielt. Eine Vorschrift bestimmte, dass eine gesunde Mutter ihr Kind stillen müsse, und zwar so lange, wie ihr Ehemann es bestimmte. Eine andere Vorschrift verbot Müttern und Ammen, Kinder unter zwei Jahren nachts mit sich ins Bett zu nehmen oder es zu dulden, dass solche Kinder mit anderen Personen zusammen in einem Bett schliefen. In solch detaillierten Normen erblickte man damals durch die Vernunft erhelltes Naturrecht. Friedrich der Große war freilich erschrocken. Er notierte an den Rand des Entwurfs: *„Es ist aber sehr Dicke und Gesetze müssen kurz und nicht Weitläufig seindt.“* Um den Wust nicht weiter anschwellen zu lassen, erließ der König ein Kommentierungsverbot und verfügte, dass die Richter eine Kommission in Berlin konsultieren sollten, wenn sie – was ihm eigentlich unmöglich schien – auf ein Rechtsproblem stoßen sollten, das im Gesetz nicht geregelt war. Diese Kommission wurde auch tatsächlich konsultiert – ein einziges Mal, dann machten sich die Richter wieder an das gewohnte Geschäft der Interpretation des Gesetzes.

Nicht anders erging es Napoleon, der im Jahre 1800 als Erster Konsul die Gesetzgebungsarbeiten am Code Civil übernahm. Napoleon, damals 32 Jahre alt, nahm diese Aufgabe sehr ernst. Er studierte juristische Literatur und bereitete sich sorgfältig auf die Sitzungen vor. Später soll er im Exil über diese Tätigkeit gesagt haben: *„Mein Ruhm liegt nicht in meinen Siegen. Waterloo wird das Andenken an die gewonnenen Schlachten auslöschen. Aber nichts kann meinen Code Civil zerstören; dieser wird ewig leben."* Napoleon nahm besonders Einfluss auf die Vorschriften über die Scheidung aufgrund gegenseitiger Vereinbarung. Später profitierte er von den so geschaffenen Möglichkeiten. Er ließ sich von Josephine, die keine Kinder gebar, scheiden und heiratete Marie-Luise. *„Es ist"*, bemerkte William Seagle dazu, *„in der Tat ein großer Vorteil, Gesetzgeber zu sein."* Kaum war der Code im Jahre 1804 erschienen, veröffentlichte Maleville, der am Code mitgearbeitet hatte, einen Kommentar, mit dem er die Tradition der „Referentenkommentare" eröffnete. Napoleon soll angesichts dieses Kommentars ausgerufen habe: *„Mein Code ist verloren."*

Heute ist der Rechtskommentar das Standardwerkzeug der Juristen. Da die Gesetze immer wieder geändert werden und neue Rechtsprechung und Literatur veröffentlicht werden, muss er immer wieder – mitunter jährlich – neu aufgelegt werden. Das ist gut für Verlage und Autoren (die freilich eine Sisyphosarbeit leisten müssen), aber es ist schlecht für die Kunden. Diese müssen in kurzen Abständen immer wieder dasselbe Produkt kaufen und dafür stets den vollen Preis bezahlen, obwohl nur ein geringer Prozentsatz an Neuem darin enthalten ist. Als ich vor Jahren in einem großen Wirtschaftsunternehmen meine Berufstätigkeit als junger Jurist begann, gab es dort eine Hierarchie, die auch im Besitz des Palandt, des führenden Kommentars zum BGB, sichtbar wurde. Der Vorstand Recht besaß die neueste Auflage, der stellvertretende Vorstand Recht die Auflage vom Vorjahr, der Direktor die von vor zwei Jahren und so ging es die Karriereleiter weiter hinab bis zum Assessor Haft, der einen sieben Jahre alten Palandt erhielt, der aber zum Ausgleich der erste war, der das Werk aus seiner Hülle löste.

Beim Kommentar bleiben auch die Auswahlkriterin der Autoren im Dunkeln. Ich kannte einen Kollegen, der eine eigenwillige Theorie zum Strafrecht entwickelt hatte und seine kommentarschreibenden Kollegen immer wieder bedrängte, sich damit (lobend) auseinander zu setzen, was diese aber nicht taten. Bei den Strafrechtlertreffen mühte man sich, nicht in seiner Nähe zu sitzen.

Bei jedem Kommentar gibt es die Tendenz zum Anschwellen. Jeder Kurzkommentar wird über kurz oder lang zum Großkommentar mit zwanzig und mehr Bänden im Lexikon-Großformat. Alsbald nach Übernahme meines Lehrstuhls traf ich einen Kollegen auf dem Gang, der mir schwankend mit leicht glasigem Blick entgegen kam. *„Was ist geschehen?"* fragte ich ihn. *„Ich habe heute die Kommentierung zur zwanzigsten Auflage des X-Kommentars zur Zivilprozessordnung abgeschlossen"*, verriet er mir. Ich gratulierte ihm. *„Und was machen Sie jetzt?"* fragte ich ihn. *„Ich fange morgen mit der einundzwanzigsten Auflage an."* Wie gesagt – Sisyphos.

Der gedruckte Kommentar ist ein Produkt des Mittelalters. Seine Tage sind gezählt. Im Zeitalter des Internet gibt es technische Möglichkeiten, die eine neue, bessere Informationsarchitektur im Recht ermöglichen. Ich komme hierauf zurück.

VII. Die siebte juristische Erfindung: Die Akte

Das Wort „Akte“ stammt aus dem lateinischen „Acta“ (= Geschehenes, Ereignisse) und bezeichnet in dem hier interessierenden Zusammenhang die Aufzeichnungen, die bei einem Gerichtsverfahren anfallen. Historisch ist die Akte ebenso wie das Gesetz und der Kommentar eine Folge der Erfindung der Schrift. Das neue Medium führte zunächst einmal dazu, dass alle Vorteile verloren gingen, die in der Unmittelbarkeit und Mündlichkeit der archaischen Verfahren gelegen hatten. Im Tausch dafür wurden nur begrenzte Vorteile gewonnen: Man konnte Rechtsfälle auf einem Medium (heute Papier) fixieren und verbreiten, konnte sie schriftlich bearbeiten, konnte sie publizieren und – was nicht unwesentlich ist – man konnte sie archivieren. Im Prozess kam es so zur Erfindung der Akte, der siebten Erfindung im Recht.

Der Gemeine Prozess der frühen Neuzeit entwickelte sich zu einem reinen Aktenverfahren nach dem Grundsatz *„Quod non est in actis non est in mundo“* (lat. = was nicht in den Akten steht, existiert nicht). Die Rezeption des Römischen Rechts überforderte vielfach die örtlichen Untergerichte. Wenn ein Rechtsfall *„vber ihr verstendtnus“* ging, wandten sich die Richter an die Rechtsfakultäten der Universitäten und baten um Rechtsbelehrung. So entstand seit dem 15. Jahrhundert die Praxis der Aktenversendung. Dabei ging es entweder um die Entscheidung des gesamten Falles oder um die Beantwortung einzelner Fragen, etwa um die Frage, ob die Anwendung der Folter erlaubt war. Die Professoren taten, was sie heute noch gerne tun: Sie erstatteten Gutachten und besserten so ihr Einkommen auf. Zu Beginn standen die Fragen auf einem Blatt und erfolgte die Antwort auf dessen Rückseite. Es entstand das heute noch praktizierte Schema von Sachverhalt und Entscheidungsgründen. Bald reichte ein Blatt nicht mehr aus. Es entstanden dicke Aktenbündel und die juristischen Fakultäten rückten in die Position von Richtern auf – ein Fall von Autopoiesis (von altgriechisch αὐτός *„autos“* = selbst und ποιεῖν *„poiein“* = schaffen, bauen), also ein Fall der Selbsterschaffung und -erhaltung eines Systems. Nicht mehr der Mensch, sondern das Papier trat in das Zentrum des Verfahrens. Die Praxis der Aktenversendung führte dazu, dass beispielsweise im Strafverfahren über das Schicksal von Delinquenten entschieden wurde, die nie erfuhren, unter welchen gelehrten Perücken die Urteile gegen sie gefällt wurden. Aktentürme in babylonischen Dimensionen entstanden. *„Akten stapeln sich auf Schreibtischen“*, schrieb Cornelia Vismann in ihrem Buch *„Akten – Medientechnik und Recht“*. Sie *„häufen sich in Registraturen, füllen Dachböden und Kellergewölbe. Obwohl sie registriert werden, reißt ihre Ordnung immer wieder ein. Obwohl sie kassiert, reponiert, versendet, verkauft, geschreddert oder auf andere Weise vernichtet werden, wuchern sie weiter. Ihre unaufhaltsame Proliferation – scheinbar ein Naturphänomen.“* Und sie merkte an: *„Eine Definition von Akten muss ausbleiben. Als Variablen im Universum der Schrift entziehen sie sich einer allgemeinen gebrauchsunabhängigen Bestimmung.“* Es verhalte sich damit ebenso wie mit dem undefinierbaren Begriff „Recht“.

Die Nachteile der Aktenversendung wurden im 18. Jahrhundert erkannt. Friedrich der Große verbot sie 1746 mit einem Edikt, da auf diese Weise *„Processe weitläufig und kostbar gemacht werden, auch dass gottlos interessierte und korrumpierte Richter ihre unerlaubten Ränke und Verkaufung des Justiz frech und ungescheut exerzieren“*. Im 19. Jahrhundert wurden die Richter im römischen Recht ausgebildet, so dass die Aktenversendung nicht mehr notwendig war. Die Akte aber blieb mit ihrer Schriftlichkeit. Bemühungen um eine Wiederbelebung des Mündlichkeitsgrundsatzes scheiterten weitgehend.

Die Akte steht heute so selbstverständlich im Zentrum aller Justizverfahren, dass ein Anwalt sie einmal in einer Diskussion über den Computereinsatz im Recht als *„das Baby des Anwalts“*

bezeichnet hat. Beredt schilderte er die (fraglos vorhandenen) vielfältigen technischen Möglichkeiten, in fremde Datensysteme einzudringen und erzählte, er bearbeite seine Akten ausschließlich in Rechnern, die nicht an das Internet angeschlossen seien. Diese Angst vor dem Eindringen der Technik in die Akte hat auch den Gesetzgeber erfasst. Während man Papierakten relativ sorglos behandelte und auch die ersten technischen Neuerungen des Informationszeitalters – Kopien, Telegramme, Telexe, Teletelexe, Telebriefe, Telefaxe, PC-Telefaxe – lässig akzeptierte, löste die Einführung von Internet und E-Mail in den achtziger Jahren einen Sicherheitswahn aus, der in der Einführung der qualifizierten elektronischen Signatur gipfelte. Dass Prozessakten nur in den seltensten Fällen ein lohnendes Angriffsziel für Hacker bieten, und dass ihr Schutz schon in der Vergangenheit leicht zu überwinden war – es genügte, einen bestochenen Werkstudenten in die betreffende Anwaltskanzlei einzuschleusen – sah man nicht. Noch weniger sah man das wahre Problem der E-Mail, nämlich die Überfütterung durch eine E-Mail-Flut, deren Bewältigung immer mehr sinnlosen Aufwand fordert, und die schon längst eine grandiose Zeitvergeudung zur Folge hat. Der französische IT-Dienstleister Atos hat hieraus bereits die Konsequenzen gezogen und Anfang 2013 ein Programm „ZeroMail" angekündigt mit dem Ziel, die E-Mail aus dem Unternehmensalltag zu verbannen. Möge ihnen das gelingen! Wenn § 41a Abs.1 Satz 5 der Strafprozessordnung (StPO) demgegenüber im Strafverfahren anordnet, von einem elektronischen Dokument unverzüglich einen Aktenausdruck zu fertigen, sieht man, wie weit sich der Gesetzgeber von der Realität entfernt hat.

Die bisherige Entwicklung der „elektronischen Justiz" kreist durchweg um die „Akte". Da die herkömmliche Akte aus Papier besteht und alle vorhandenen rechtlichen Regelungen die Existenz einer Papierakte voraussetzen, konzentrierte man sich auf sog. Dokumenten-Management-Systeme (DMS), also Systeme, die ihrem Ursprung nach zur digitalen Erfassung und Bearbeitung von Papierakten geschaffen worden waren. Die Dokumente wurden gescannt und mit Texterkennungsverfahren („Optical Character Recognition – OCR“) maschinell lesbar gemacht. Marktführer wurde hierbei das von Adobe Systems seit 1993 entwickelte „Portable Document Format – PDF“. Es setzt eine lesbare Vorlage voraus und erzeugt quasi eine Fotografie, die auf Computern verschiedener Provenienz und Systemausstattung gespeichert, betrachtet und bearbeitet werden kann.

Die „digitale Justizakte“ wurde so zu einem fotografierten Abbild der Papierakte im Format „PDF“. Selbst Dokumente, die ihrerseits mit einem Textverarbeitungssystem erzeugt worden waren, wurden in PDF-Dokumente umgewandelt. E-Mails mussten ausgedruckt werden, um als PDF-Dokumente gespeichert werden zu können. Entsprechendes galt für Internetseiten. Audiodateien, die z. B. bei Zeugen- und Beschuldigtenvernehmungen entstanden waren, mussten abgeschrieben und in PDF-Dateien umgewandelt werden. Videodateien, die etwa von Überwachungskameras aufgenommen wurden und als Beweismittel in Frage kamen, fanden keinen Platz in der „digitalen Akte“ und waren damit nicht existent – Quod non est in actis …

Für den Zugriff auf die „digitale Justizakte“ standen zwei Wege offen. Zum einen dienten hierfür die sog. Metadaten, also Daten, welche formale Informationen über die Dokumente enthalten wie z. B. Aktenzeichen, Absender, Empfänger, Datum, Betreff, … usw. Es wurden eigene Programme zur automatisierten Erkennung solcher Metadaten entwickelt. Zum anderen setzte man die Volltextsuche ein und suchte nach Schlagwörtern und Begriffsverknüpfungen (sog. „Deskriptoren“). Beide Wege führen freilich oftmals nicht zum Ziel. Die Metadaten besagen nur wenig oder nichts über den Inhalt der Dokumente, und die Deskriptorensuche hilft nur dann, wenn man die richtigen Schlagwörter kennt und eingrenzt. Zwar kann man hier sog. „Fuzzy"-Techniken (von engl. „*fuzzy*" = unscharf) einsetzen, die Schreibfehler korrigieren können, aber wirklich verlässlich und vor allem schnell genug sind diese Methoden nicht. Wenn man einem Zeugen vor Gericht ein Dokument vorhalten will, muss man es aber in Sekunden finden, jedes „Später" ist hier ein „Zu-Spät". Das aber gewährleisten diese Techniken nicht.

Die entscheidenden Probleme des Anwenders blieben bei alledem ungelöst. Er sucht das Brot der Informationen und bekommt die Steine der Akte in Gestalt von Metadaten und OCR. Er muss Komplexität bewältigen und wird mit eindimensionalen Dokumenten bedient. Er steht unter Zeitdruck, aber die Geschwindigkeit der Computertechnik wird nicht zu seinem Vorteil genutzt. Alle diese – und weitere – Probleme resultieren daraus, dass man sich am Papiermedium der „Akte" orientiert.

Gibt es eine Alternative? Im IT-Zeitalter gibt es diese Alternative. Der entscheidende Schritt muss dabei von der Akte zur Information getan werden. Ich komme hierauf zurück.

VIII. Die achte juristische Erfindung: Die Dogmatik.

Als „Dogma" (von altgriech. δόγμα *„dógma"* = Lehrsatz, Meinung, Beschluss) bezeichnet man eine feststehende oder grundlegende Lehrmeinung. Im antiken Griechenland verwendete man diesen Begriff für allgemein geglaubte oder beschlossene Sätze, die in Diskussionen nicht mehr in Frage gestellt wurden, vielmehr deren Grundlage waren. In der römischen Philosophie hat sich vor allem die Stoa mit dem Dogmenbegriff beschäftigt. Sie verstand ein Dogma als Verstandesurteil, das eine Voraussetzung sittlichen Handelns war. Das frühe Christentum verstand unter einem Dogma einen Lehrsatz, der durch göttliche Offenbarung und das kirchliche Lehramt als wahr galt. Deren systematische Darstellung wurde als Dogmatik bezeichnet. Sie spielt in der Kirche seitdem eine Hauptrolle.

Vor diesem Hintergrund ist die Erfindung der Rechtsdogmatik zu sehen. Sie ist ein spezifisch deutsches Phänomen; in anderen Ländern gibt es so etwas nicht. Und sie gehört zu den jüngsten juristischen Erfindungen. Sie wurde erst im 19. Jahrhundert gemacht. Friedrich Carl von Savigny (1779-1861) der berühmteste deutsche Jurist der damaligen Zeit, hat die Dogmatik in einer Zeit der politischen Ohnmacht erfunden. Er hat dabei auf Bildung gesetzt, und er hat damit die Weltgeltung der deutschen Rechtswissenschaft begründet (dazu unten mehr). Seit ihm, durch ihn hat sich dieser Ausdruck überhaupt erst eingebürgert. Und ihre Grundlage ist das, was wir heute „Rechtsdogmatik" nennen.

Die Zeit: Das Jahr 1814. Die Befreiungskriege waren gewonnen, das Joch Napoleons abgeschüttelt. Eine patriotisch-nationalistische Woge ging durch die deutschen Länder. Man erhoffte sich die geeinte deutsche Nation. Auch das Recht sollte diesem Ziel dienen. Das überlieferte „Gemeine" (= Römische) Recht schien veraltet. Die naturrechtlichen Kodifikationen boten nur partikulare Lösungen. Der Code Napoleon war ein fremdes Gesetzbuch, das der Usurpator ins Land gebracht hatte. Etwas – so dachten viele – müsste geschehen.

In dieser Stimmung veröffentlichte der Heidelberger Professor Anton Friedrich Justus Thibaut *„recht aus der vollen Wärme seines Herzens“* eine Flugschrift mit dem Titel *„Über die Notwendigkeit eines allgemeinen bürgerlichen Rechts für Deutschland“*. Darin stellte er die Gründe für eine Kodifikation des gesamten bürgerlichen Rechts – worunter er auch das Straf- und Prozessrecht verstand – zusammen. Das Werk – schwungvoll geschrieben, leicht lesbar, in seiner Zielsetzung unmittelbar einleuchtend – fand großen Widerhall. Da erschien im selben Jahr Savignys Antischrift *„Vom Beruf unserer Zeit für Gesetzgebung und Rechtswissenschaft“*. In ihr sprach Savigny seiner Zeit, vielleicht sogar jeder Zeit, die Reife ab, ein nationales Bürgerliches Recht zu schaffen.

Savigny war damals Professor in Berlin und schon eine wissenschaftliche Berühmtheit. Er hatte auf ausgedehnten Reisen Bekanntschaft mit den Größen seiner Zeit – Goethe, Schiller, dem Brentanokreis (seine Frau Kunigunde war eine Schwester von Clemens und Bettina Brentano) – geschlossen. 1810 war er dem Ruf Wilhelm von Humboldts zur Mitwirkung an der Gründung der Berliner Universität gefolgt, deren zweiter Rektor er, nach Fichte, im Sturmjahr 1812/13 gewesen war. 1803 hatte er mit dem Werk *„Das Recht des Besitzes“* das Urbild der juristischen Monografie geschaffen. Vor Annahme des Rufes nach Berlin war er seit 1808 Professor des Römischen Rechts an der Universität Landshut (die sich heute in München befindet) gewesen.

Dieser Mann also sprach sich gegen das nationale Gesetzbuch aus. Er hielt den Weg der Kodifikation für falsch und gefährlich. Dem lag eine Überzeugung zugrunde, die alles Recht letztlich als Gewohnheitsrecht ansah.

Recht, so lehrte Savigny, ist immer schon da, wo sich die Menschen und Völker zu Staaten verbinden, genau wie die Sprache von Anbeginn an da ist. Recht wächst und entwickelt sich ebenso, wie sich die Völker entwickeln. In den Anfängen lebt es im Bewusstsein aller Volksteile. Durch symbolische Akte wird seine Abstraktion verständlich gemacht. Später, mit zunehmender gesellschaftlicher Differenzierung, wird das Recht den Juristen anvertraut. Sie bilden einen besonderen Berufsstand, der jetzt das Volk in dieser Funktion repräsentiert.

„Das Daseyn des Rechts ist von nun an künstlicher und verwickelter, indem es ein doppeltes Leben hat, einmal als Theil des ganzen Volkslebens, was es zu seyn nicht aufhört, dann als besondere Wissenschaft in den Händen der Juristen." So entsteht Recht erst durch Sitte und Volksglaube, dann durch Jurisprudenz, aber immer als Gewohnheitsrecht und *„überall also durch innere stillwirkende Kräfte, nicht durch die Willkür eines Gesetzgebers."*

Die mit dem Anspruch auf abschließende Vollständigkeit auftretende Kodifikation sah Savigny als ein Produkt des 18. Jahrhunderts an, in welchem sich ein *„völlig unerleuchteter Bildungstrieb"* geregt hätte. *„Sinn und Gefühl für die Größe und Eigentümlichkeit anderer Zeiten, so wie für die naturgemäße Entwicklung der Völker und Verfassungen, also alles, was die Geschichte heilsam und fruchtbar machen müsste, war verloren: an die Stelle getreten war eine gränzenlose Erwartung von der gegenwärtigen Zeit, die man keineswegs zu etwas geringerem berufen glaubte, als zur wirklichen Darstellung einer absoluten Vollkommenheit. Dieser Trieb äußerte sich nach allen Richtungen ... Auch im bürgerlichen Recht war er thätig. Man verlangte neue Gesetzbücher, die durch ihre Vollständigkeit der Rechtspflege eine mechanische Sicherheit gewähren sollten, indem der Richter, allen Urtheilens überhoben, blos auf die buchstäbliche Anwendung beschränkt wäre; zugleich sollten sie sich aller historischen Eigenthümlichkeit enthalten und in reiner Abstraktion für alle Völker und Zeiten gleiche Brauchbarkeit haben."*

Ein solcherart geplantes Rechtsbuch sollte *„da es als einzige Rechtsquelle zu seyn bestimmt ist, auch in der That für jeden vorkommenden Fall im Voraus die Entscheidung enthalten. Dieses hat man häufig so gedacht, als ob es möglich und gut wäre, die einzelnen Fälle* *als solche durch die Erfahrung vollständig kennenzulernen, und dann jeden durch eine entsprechende Stelle des Gesetzbuches zu entscheiden. Allein wer mit Aufmerksamkeit Rechtsfälle beobachtet hat, wird leicht einsehen, dass dieses Unternehmen deshalb fruchtlos bleiben muss, weil es für die Erzeugung der Verschiedenheiten wirklicher Fälle schlechthin keine Gränze giebt.*"

Savigny, so scheint es, setzte sich durch; das nationale Gesetzbuch wurde nicht geschaffen. Aber wenn deshalb Savigny vorgeworfen wird, diese Kodifikation verhindert zu haben, so darf nicht übersehen werden, dass es die politischen Umstände des Jahres 1814 waren, die ein in ganz Deutschland geltendes Gesetzbuch ausschlossen. Thibaut argumentierte politisch, Savigny methodisch, und so redeten beide im Grunde aneinander vorbei. Angesichts der politischen Realität des Jahres 1814 tat Savigny das einzig für einen Juristen damals Mögliche: er setzte auf die Erneuerung der Jurisprudenz durch Wissenschaft.

1815 gründete er zusammen mit Karl Friedrich Eichhorn (1781–1854) und Johann Friedrich Göschen (1778–1837) die „*Zeitschrift für geschichtliche Rechtswissenschaft*". Damit entstand die Historische Rechtsschule, die in kürzester Zeit dominierend wurde. In zwei großen Werken – „*Geschichte des Römischen Rechts im Mittelalter*" (6 Bde., 1815-1831) und „*System des heutigen Römischen Rechts*" (8 Bde., 1840-1849) – verwirklichte Savigny sein Programm. (Im „System" findet sich übrigens auch seine Auslegungslehre, mit der er die juristische „Methodenlehre" bis in die Gegenwart beeinflusst hat.)

Liest man diese Titel, so mutet es auf den ersten Blick seltsam an, dass sich Savigny, der geschworene Anhänger des Gewohnheitsrechts, der Künder der Lehre vom „*organischen*", aus dem „*Volksgeist*" hervorgehenden Recht ausgerechnet der Erforschung des fremden, des Römischen Rechts zugewandt und darüber das deutsche Recht so völlig vernachlässigt hat.

Die Lösung des Rätsels hat er selbst gegeben. Savigny war kein Nationalist, sondern er fühlte sich, ähnlich wie Goethe, mit dem er gelegentlich auch verglichen wird, als Weltbürger. Nach dem Römischen Recht griff er als nach dem besten historisch verfügbaren Vorbild. Er suchte die schöpferische Kraft, die Methode, die *„Kunst“* der römischen Juristen, die er im Besitz der *„leitenden Grundsätze“* sah. Bei ihnen seien Theorie und Praxis in Vollendung verbunden gewesen. *„In jedem Grundsatz sehen sie zugleich einen Fall der Anwendung, in jedem Rechtsfall zugleich die Regel, wodurch er bestimmt wird … Haben sie einen Rechtsfall zu beurtheilen, so gehen sie von der lebendigsten Anschauung desselben aus, und wir sehen vor unseren Augen das ganze Verhältnis Schritt vor Schritt entstehen und sich verändern. Es ist nun, als ob dieser Fall der Ausgangspunkt der ganzen Wissenschaft wäre, welche von hier aus erfunden werden sollte.“*

Man müsse sich daher, so schrieb er, in die Römer *„hinein lesen“* und ihnen *„ihre Weise ablernen“*. Und er schloss optimistisch: *„Dass dieses möglich ist, gehört zu meinen lebendigsten Überzeugungen.“* Dazu bedürfe es freilich einer Schule, eben der historischen Rechtsschule, *„so wie sämmtliche Römische Juristen … in der That eine große Schule gebildet haben.“* Und: *„Das Römische Recht können wir dann der Geschichte übergeben, und wir werden nicht blos eine schwache Nachahmung Römischer Bildung, sondern eine ganz eigene und neue Bildung haben.“*

Die Rechtsdogmatik strebt also nach einer ordnenden und stabilisierenden Rekonstruktion des geltenden Rechts mit wissenschaftlichen Mitteln und Methoden. Der Begriff bezeichnet zum einen eine Tätigkeit, zum anderen das Produkt dieser Tätigkeit, nämlich ein System von Sätzen, mit denen man das geltende Recht begrifflich und systematisch durchdringen und beeinflussen kann. Dogmatische Lehrsätze beschreiben allgemeine Rechtsgrundsätze, die aber im Unterschied zu den antiken und christlichen Dogmen durchaus in Frage gestellt und diskutiert werden können. So hat sich unter dem Einfluss von Savigny im deutschen Privatrecht des 19. Jahrhunderts das Abstraktionsprinzip „dogmatisch“ durchgesetzt. Es besagt, dass das schuldrechtliche Kausalgeschäft (z. B. der Kaufvertrag) und das sachenrechtliche Erfüllungsgeschäft (z. B. die Übereignung der verkauften Sache) zu trennen sind. Im Jahre 1900 wurde es in das Bürgerliche Gesetzbuch aufgenommen. Sein Sinn und Nutzen ist durchaus zweifelhaft. Es verlängert das Jurastudium in Deutschland ohne Not um mindestens ein Semester. Die meisten anderen Rechtsordnungen kennen es nicht. In der DDR war es abgeschafft gewesen. Seit der deutschen Vereinigung gilt es wieder in ganz Deutschland. In der Europäischen Union existiert es nur noch in Estland. Nicht ohne Grund bezeichnet man einen „dogmatischen" Menschen als einen unkritischen und unreflektierten Menschen, dem es an Offenheit fehlt und der nicht lernfähig ist.

Die Dogmatik hat bewunderungswürdige Leistungen hervorgebracht. Aber sie hat dazu geführt, dass bei uns der Umgang mit Gesetzen in einer Weise in den Vordergrund gerückt wird, die vor allem junge Juristen leicht vergessen lässt, dass es im Recht nicht um Begriffsakrobatik geht, sondern um soziale Konflikte, welche die Menschen bedrängen. Nehmen Sie als Beispiel ein IT-Entwicklungsprojekt, an dem mehrere Unternehmen zusammenwirken. Nach dem bekannten Gesetz von Murphy *„Whatever can go wrong will go wrong"* sind dabei Pannen und Fehlentwicklungen unvermeidlich. Das „Recht" kann hier nicht helfen. Zum einen dürfte kaum ein Jurist imstande sein, auch nur zu erahnen, was beispielsweise eine „relationale Datenbank" ist. Zum anderen dauern die Verfahren viel zu lange. Ich persönlich habe von diesem Manko jahrelang als Verhandlungstrainer gelebt, indem ich IT-Spezialisten zur außergerichtlichen Konfliktbeilegung geraten habe. Dabei habe ich Dinge wie den Unterschied zwischen Positionen und Interessen erklärt und eine Einführung in die (hochspannende) Kunst des Feilschens vermittelt. Wie wenig Juristen in dieser Kunst bewandert sind, die jeder Fellache in der Wüste im Schlaf beherrscht, merke ich immer (wieder), seit ich (auch) als Verkäufer meiner Normfall Software agiere. Wenn Kaufinteressen den Preis drücken wollen, indem sie beispielsweis die Software schlecht machen oder auf abenteuerliche Weise jammern *(„Ein Preis von 39,80 Euro im Monat ist für eine mittelständische Anwaltskanzlei schlechterdings nicht tragbar“)*, dann begreife ich, warum wir in einem Land der Festpreise leben.

IX. Die neunte juristische Erfindung: Die Hermeneutik

Die Hermeneutik (von griechisch *„hermeneuein"* = auslegen, erklären) ist die Lehre vom Verstehen. Der Begriff steht in etymologischem Zusammenhang mit dem griechischen Götterboten Hermes, der die Botschaften der Götter überbrachte und deutete. Ohne diese Deutung blieben sie unverständlich. Hermes galt den Griechen daher zugleich als Erfinder der Sprache und der Schrift. Er war ein Sohn des Zeus und der Pleiade Maia, einer Tochter des Atlas. Heute tragen ein großer Paketdienst und ein führender Kreditversicherer seinen Namen.

Alles begann mit den Orakeln, die in der Antike eine große Rolle spielten, wenn es um politische Entscheidungen ging. Am bekanntesten war das Orakel von Delphi, wo die Pythia dunkle Antworten gab, die nicht leicht zu verstehen waren. So fragte der sprichwörtlich reiche König Krösus von Lydien 546 v. Chr. dieses Orakel, ob er gegen das Perserreich des Perserkönigs Kyros II. in den Krieg ziehen sollte. Das Orakel verkündete ihm, wenn er den Fluss Halys überschritte, würde er ein großes Reich zerstören. Krösus bezog dies auf das Perserreich. Gemeint war aber sein eigenes Reich.

Um solche dunklen Götterbotschaften in den Orakelsprüchen zu erhellen, entstand die Methode der Hermeneutik. Ein allgemeines Bedürfnis nach einer solchen Verstehensmethode entsteht immer dann, wenn wichtige Texte vorhanden sind und der zunehmende zeitliche Abstand zu ihrer Entstehung das Verständnis des darin Mitgeteilten erschwert.

Das wohl wichtigste Beispiel eines „hermeneutisch" zu verstehenden Textes bietet wohl die Bibel. Lange Zeit nach der Entstehung der Urtexte und deren Übertragung in das Lateinische entstand im Mittelalter eine christliche Hermeneutik, der zufolge die Bibel von einem Mantel („Cortex") umhüllt sei, der einen Kern („Nucleus") berge. Der Cortex berge deren buchstäblichen („Sensus litteralis") und historischen Sinn („Sensus historicus"), der Nucleus ihre tiefere Bedeutung („Sententia"), nämlich die moralische Bedeutung („Sensus tropologicus") und die kirchliche Bedeutung (Ssensus allegoricus"). Die tiefste Bedeutung betreffe freilich die himmlischen Mysterien („Sensus anagogicus"). Diese Bedeutung sei im Diesseits nicht zu erfassen und werde erst im Jenseits offenbart.

Im 19. Jahrhundert wurde die Hermeneutik zur Grundlage der Geisteswissenschaften schlechthin. Diese galten damals als die eigentlichen Wissenschaften, die an den Universitäten gepflegt wurden. Der Philosoph Wilhelm Dilthey (1833–1911) mühte sich um das Verständnis der Eigengesetzlichkeit des menschlichen Geisteslebens. Der Theologe Friedrich Schleiermacher (1768–1834) wies der Hermeneutik ihren zentralen Platz in den Geisteswissenschaften zu. Die Naturwissenschaften nahmen demgegenüber einen niedrigeren Rang ein. Sie wurden an Gewerbeschulen und polytechnischen Schulen gelehrt, die erst allmählich zu Technische Hochschulen und Technische Universitäten akademisiert wurden. Heute hat sich dieses Verhältnis umgekehrt. Als „Science", für die es Nobelpreise gibt, gelten die Naturwissenschaften, zu denen sich dank mathematischer Elemente die Wirtschaftswissenschaften samt einem nicht ganz rassereinen Nobelpreis gesellt haben. Juristen haben durch Anwendung des Grundsatzes *„Iudex non calculat"* so etwas verpasst.

Zu den Geisteswissenschaften zählte man im 19. Jahrhundert auch die Rechtswissenschaft. Vor allem Savigny mühte sich hierum. So erklärt sich das Paradox, dass derselbe Savigny, der das Gesetz mit dem für Juristen wichtigsten Text strikt ablehnte, und der alles auf das Gewohnheitsrecht setzte, in seinem erwähnten

Hauptwerk, dem *„System des heutigen Römischen Rechts"*, eine Auslegungslehre für Gesetze entwickelt hat, die bis in die Gegenwart für die juristische Methodenlehre bestimmend geworden ist. Freilich wird das Paradox wieder verständlich, wenn man bedenkt, dass es Savigny nicht darum ging, den Anwendungsbereich der Gesetze zu erweitern, sondern darum, ihn einzuengen und zu zeigen, wie wenig Gesetze eigentlich zu leisten imstande seien.

Sobald das Stichwort „juristische Methodenlehre" fällt, werden Sie mit den Kategorien der grammatischen, der historischen, der systematischen und der teleologischen Auslegung (zu der in unserer Zeit noch die verfassungskonforme Auslegung hinzugekommen ist) traktiert. Dem liegt eine Worthermeneutik zugrunde, die dazu führen soll, dass Sie einzelne Wörter, die in Gesetzen vorkommen („Tatbestandsmerkmale") „verstehen" sollen. Dabei haben sich Standardformulierungen herausgebildet, die in etwa wie folgt lauten:

> *„Bei der Auslegung ist in aller Regel mit der Auslegung nach dem Wortlaut zu beginnen (grammatische Methode), weil das nach dem Wortlaut sprachlich Mögliche, also der mögliche Wortsinn, den Bereich bildet und die Grenzen absteckt, innerhalb deren ein vom Gesetz verwendeter Begriff überhaupt ausgelegt werden kann. Der Wortlaut bildet also einerseits den Ausgangspunkt für die richterliche Sinnermittlung. Andererseits steckt er die Grenzen der Auslegung ab. Eine Auslegung, die nicht mehr im Bereich des möglichen Wortsinns liegt, ist nicht mehr Auslegung, sondern Umdeutung.*
>
> *Ihre Ergänzung findet die grammatische Methode in der systematischen Methode. Der Sinn eines Rechtssatzes erschließt sich meist erst dann, wenn man ihn als Teil der Regelung betrachtet, der er zugehört. Zu fragen ist also nach dem Sinn der Norm unter Berücksichtigung des Systemzusammenhanges, in welchem sie steht.*

Wortsinn und Bedeutungszusammenhang des Gesetzes sind in der historischen Auslegung zu klären. Sie zieht zur Deutung des Gesetzes den allgemeinen geschichtlichen Zusammenhang heran, in dem das Gesetz steht sowie seine besondere Entstehungsgeschichte, über die insbesondere die Gesetzesmaterialien (Entwürfe, Begründungen, Parlamentsniederschriften) Aufschluss geben. Zu fragen ist nach den Regelungsabsichten, den Zwecken und Normvorstellungen des historischen Gesetzgebers.

Mit der Frage, was mit dem Gesetz gewollt war, ist zugleich die Frage nach den objektiv-teleologischen Kriterien gestellt. Hier geht es um die teleologische Methode, welche bemüht ist, die leitenden Zweck- und Wertgedanken des Gesetzes herauszuarbeiten, um dadurch den heute gültigen Sinn zu erkennen, der einer Vorschrift innewohnt. Es kommt bei ihnen nicht darauf an, dass sich der Gesetzgeber ihrer durchweg bewusst gewesen ist. Entscheidend ist, dass sich die gesetzgeberische Lösung als im Ganzen durch sie bedingt verstehen lässt. Zu fragen ist also nach den objektiven Zwecken des Gesetzes, wobei Wertungswidersprüche nach Möglichkeit vermieden werden müssen; diesem Ziel dient die Ausrichtung der Auslegung an den über die Einzelregelung hinausgreifenden rechtsethischen Prinzipien. Zugleich ist davon auszugehen, dass es dem Gesetz um eine sachgemäße Lösung geht.
Das so gewonnene Ergebnis ist anhand einer am Grundgesetz orientierten verfassungskonformen Auslegung zu überprüfen. Es ist anerkannt, dass die Prinzipien und Wertentscheidungen, wie sie namentlich im Grundrechtsteil der Verfassung Ausdruck gefunden haben, auch bei der Auslegung von Gesetzen unmittelbar zu beachten sind."

Ebenso wie die Dogmatik ist diese sogenannte „Methodenlehre“ eine spezifisch deutsche Erfindung. In anderen Ländern gibt es so etwas nicht. Und sie taugt nichts. Das behaupte nicht nur ich, der ich eine mindere Mindermeinung vertrete. Das haben auch juristische Schwergerwichte geschrieben. So hat bereits vor fast einem halben Jahrhundert ein damals führende „Rechtsdogmatiker“, Josef Esser, Ordinarius für Privatrecht an der Universität Tübingen, geschrieben, *„dass unsere akademische Methodenlehre dem Richter weder Hilfe noch Kontrolle“* bedeutet. In der Tat kann man leicht zeigen, dass diese Lehre nicht funktionieren kann. Nehmen Sie nur die grammatische Auslegung. Die Bedeutung eines Tatbestandsmerkmals verstehen Sie entweder fraglos. Dann brauchen Sie die grammatische Auslegung nicht. Oder sie wird zum Problem. Dann hilft Ihnen die grammatische Auslegung nicht. Wenn T die von ihm geschwängerte O tötet, um keinen Unterhalt für das erwartete Kind zahlen zu müssen, gibt der Wortlaut des Mordmerkmals *„Habgier“* im Tatbestand des Mordes, § 211 StGB, nichts für die Frage her, ob T dieses Merkmal verwirklicht hat. Er ist vielmehr im Gegenteil das Problem. So verhält es sich immer bei der „grammatischen Auslegung“ Der Bundesgerichtshof in Strafsachen hat in der Entscheidung BGH St 10, 339 zu diesem Fall ausgeführt:

> *„Habgier bedeutet nach allgemeinem Sprachgebrauch ein übertriebenes Streben nach wirtschaftlichen Vorteilen. Wer nicht einmal davor zurückschreckt, ein Menschenleben aus diesem Beweggrunde zu töten, der zeigt ein Gewinnstreben, das in seiner Rücksichtslosigkeit das gewöhnliche Maß weit übersteigt. So hat der Oberste Gerichtshof für die Britische Zone mit Recht die Habgier als das ‚Streben nach Geld um jeden Preis – auch um den Preis eines Menschenlebens‘ gekennzeichnet … Hierbei kann es nicht darauf ankommen, ob der Täter einen tatsächlichen Gewinn erzielen oder nur Aufwendungen vermeiden will … Denn in beiden Fällen geht er in der glei-*

chen rücksichts- und gewissenlosen Weise darauf aus, seine Vermögenslage zu verbessern. Das Schwurgericht hat deshalb mit Recht ein Handeln aus Habgier angenommen."

Wäre Latein noch unsere Sprache, hätte der BGH Recht. Im lateinischen Begriff *„avaritia"*, der eine der sieben Todsünden bezeichnet, werden sowohl *„Habgier"* als auch *„Geiz"* zusammengefasst. Im Deutschen bezeichnen beide Begriffe aber unterschiedliche Eigenschaften. Habgier steht für die Gier, etwas zu bekommen, was man noch nicht hat; Prototyp ist der Raubmörder. Geiz steht dagegen für das Streben, zu behalten, was man schon hat. Der Habgierige macht sich vielfach strafbar, wenn er seiner Gier nachgibt (Diebstahl, Raub, Erpressung usw.). Der Geizige ist dagegen zwar ein Unsympath, aber nicht strafbar. Man kann und sollte dem BGH im Ergebnis durchaus zustimmen, aber mit der „Auslegung nach dem Wortlaut" hat das nichts zu tun.

Das entscheidende Argument bleibt bei dieser Hermeneutik oftmals auf der Strecke. Ein entlarvendes Beispiel bietet der in BGH St 35, 390 behandelte Fall. Ein betrunkener Autofahrer hatte sich in der Absicht, zu fahren, an das Steuer seines Autos gesetzt. Ehe er starten konnte, griff die Polizei ein. Es ging um die Frage, ob der Autofahrer sich wegen Trunkenheit im Verkehr, § 316 StGB, strafbar gemacht hatte. Dies setzt das *„Führen"* eines Fahrzeugs voraus. Hatte er dieses Merkmal bereits verwirklicht? Der BGH setzte alle hermeneutischen Hebel in Bewegung, um dies zu verneinen. Das entscheidende Argument erwähnte er am Schluss in folgendem Satz:

„Bei dem aufgezeigten Verständnis der Vorschrift des § 316 StGB erhält die Verkehrspolizei nunmehr vermehrt die Möglichkeit, durch rechtzeitiges Eingreifen Straftaten zu verhindern."

Es ging also um die Abgrenzung zwischen den beiden Polizeiaufgaben der Verhütung von Straftaten (Aufrechterhaltung der Sicherheit und Ordnung) und der Verfolgung von Straftaten

(Polizei als Ermittlungsorgan der Staatsanwaltschaft). Der BGH wollte den ersteren Bereich ausweiten. Dem kann man zustimmen. Aber mit der „Auslegung“ hat das nichts zu tun.

Entsprechend verhält es sich mit den anderen „Auslegungsmethoden“. Sie enthalten Selbstverständlichkeiten, helfen aber nicht, wenn Sie vor einem Fall von der Art stehen, wie ihn einmal die Richter des schweizerischen Bundesgerichts in Lausanne mit den Worten gekennzeichnet haben: *„Dieser Fall wäre besser nicht vorgekommen.“*

Natürlich wurde schon Esser vor einem halben Jahrhundert nach der Alternative gefragt. Die Frage konnte er damals freilich mit dem Verweis auf das „Vorverständnis“ und die „Topik“ nur unzureichend beantworten. Heute, im Zeitalter der Informationstechnik, kann man diese Frage beantworten. Ich komme darauf zurück.

X. Die zehnte juristische Erfindung: Die Rechtswissenschaft

Die Wissenschaft vom Recht ist ebenso wie die Dogmatik eine Erfindung des 19. Jahrhunderts. Zwar denken die Menschen seit Jahrtausenden über das Wesen des Rechts nach, aber eine Rechts-„wissenschaft“ wurde erst im 19. Jahrhundert begründet. Zuvor hatte man nicht zufällig von „Jurisprudenz“ gesprochen, von Rechts-„klugheit“. Das Wort „Klugheit“ steht für etwas anderes als das Wort „Wissenschaft“. Ein kluger Mensch braucht kein Wissenschaftler zu sein, und ein Wissenschaftler ist nicht notwendig klug. Dass es eine Rechtswissenschaft gebe, ist denn auch immer wieder bezweifelt worden. Im Jahre 1847 hielt beispielsweise der Erste Staatsanwalt Julius von Kirchmann in der Juristischen Gesellschaft zu Berlin einen Vortrag mit dem Titel *„Die Werthlosigkeit der Jurisprudenz als Wissenschaft“*. Darin findet sich ein Satz, der bis heute immer wieder zitiert wird: *„Die Juristen sind ‚Würmer‘, die nur vom faulen Holz leben; von dem gesunden sich abwendend, ist es nur das Kranke, in dem sie nisten und weben. Indem die Wissenschaft das Zufällige zu ihrem Gegenstand macht, wird sie selbst zur Zufälligkeit; drei berichtigende Worte des Gesetzgebers, und ganze Bibliotheken werden zu Makulatur.“* Dieser Vortrag wirkte sich auf seine Karriere nur bedingt förderlich aus. Er wurde zum Vizepräsidenten des Oberlandesgerichts in Ratibor im damaligen Oberschlesien (heute Racibórz) „hinwegbefördert“.

Wie steht es also mit der Wissenschaft vom Recht? Die folgende Skizze mag die Entwicklung verdeutlichen.

Im archaischen Zeitalter, bis zum 7. Jh. v. Chr., fühlten sich die Menschen allen Geschehnissen hilflos ausgeliefert. Nur Phantasieschöpfungen in Form von Erzählungen, etwa Homers Ilias und Odyssee oder Hesiods Werke boten ihnen Erklärungen der Welt. Die Griechen nannten diese Erklärungen „Mythen“, welcher Ausdruck ursprünglich einfach „Worte“ bedeutete. Dann aber begann man, Gesetzmäßigkeiten in der physischen Natur zu entdecken. Mit dem Schritt vom „Mythos“ zum „Logos“ begann das Zeitalter der Rationalität. Forscher eröffneten diesen Weg. Thales von Milet (ca. 640–546 v. Chr.), Mathematiker, Ingenieur und Baumeister, einer der sieben Weisen im alten Griechenland, dem wir die noch heute gültige Weisheit *„Bürgschaft, – schon ist Unheil da“* verdanken, sagte beispielsweise die Sonnenfinsternis des Jahres 585 v. Chr. voraus. Die Erkenntnis von physischen Gesetzmäßigkeiten und Erklärungen führte zu der Frage, ob es auch jenseits der erfahrbaren Welt „metaphysische“ Gesetzmäßigkeiten der Religion, der Moral und des Rechts gebe. Anaximander von Milet (um 610-546 v. Chr.), Naturphilosoph und Schüler des Thales von Milet formulierte den „ältesten Rechtsgedanken des Abendlandes“: *„Alles, was ist, ist auch als Seiendes in Ordnung“.* Dieser Gedanke hat zur Folge, dass mit dem Dasein auch ein Recht auf das Dasein verbunden ist, und dass jedem anderen zu lassen ist, was er ist und wie er ist. Später sollte Cicero für diesen Gedanken die Formel vom *„suum cuique tribuere“* prägen. Heraklit von Ephesus (um 540-480 v. Chr.), der wegen seines schwer verständlichen Denkens „der Dunkle“ genannte Philosoph, schrieb im Fragment 114 den berühmten Satz: *„Alle menschlichen Gesetze nähren sich von dem einen, göttlichen“.* Mit diesem Satz beginnt die Geschichte des Naturrechts. Gesetz und Natur wurden als wesensmäßige Einheit gesehen, doch als unterscheidbar erkannt. Damit war ihr Auseinanderfallen für den denkenden Geist als Möglichkeit erkannt und vorbereitet worden.

Wenn die Fragen der Philosophen beantwortet werden, entsteht die methodengeleitete Praxis. Die Anfänge der westlichen Jurisprudenz fanden in Rom statt. Die Römer waren fraglos das juristisch begabteste Volk, das es je gegeben hat. Ursprünglich war bei ihnen die Rechtsprechung durch Geschworene, also durch Laien, ausgeübt worden. Diese hatten ihre Entscheidungen zwar getroffen, aber nicht begründet. Eine Rechtsordnung hatte daraus nicht entstehen können Die Gesetzgebung in Gestalt des bereits erwähnten Zwölftafelgesetzes, das um 450 v. Chr. aufgezeichnet wurde, hatte sich auf die Darstellung weniger Grundsätze beschränkt. Auch spätere Gesetze regelten nur einzelne, sehr spezielle Materien. Das Wort „Lex", das sich vielleicht von *„ligare"* (lat. = binden) ableitet, bezeichnete nicht eine abstrakte Ordnung, sondern war immer situationsgebunden und stand für die Bewältigung konkreter praktischer Aufgaben. Dieser sehr allgemeine Rahmen wurde durch die schon erwähnten „Responsa" ausgefüllt. Das waren schriftlich von Juristen erteilte Auskünfte zu bestimmten Rechtsfragen, die den Gerichten vorgelegt wurden. Diese Responsa enthielten die Rechtsauffassung des Gefragten ohne jede Begründung. Das persönliche Ansehen des Autors genügte als Begründung. Mancher möchte sich angesichts der heutigen Literaturflut in diese Zeit zurücksehnen.

Die in solchen Fällen zu Tage tretende „Klugheit" der Juristen bezeichneten die Römer als Jurisprudenz (von lat. *„iuris prudentia"* = Rechtsklugheit). Ulpian (um 170–223), einer der berühmten römischen Juristen, formulierte: *„Iuris prudentia est divinarum atque humanarum rerum notitia, iusti atque iniusti scientia"* (Jurisprudenz ist die Kenntnis der menschlichen und göttlichen Dinge, die Wissenschaft vom Gerechten und Ungerechten). Die Werke der römischen Juristen wuchsen im Laufe der Zeit zu einer ungeheuren Materialfülle an. Justinian I. (482–565), der letzte römische Kaiser in Konstantinopel, der für kurze Zeit den Glanz des römischen Weltreiches erneuerte, wollte auch den alten Ruhm des Römischen Rechts erneuern. Er beauftragte seinen Quaestor sacri palatii (Justizminister) Tribonianus, die *„Werke der alten Weisen zu sammeln"*, also die unübersehbare Zahl der Rechtsquellen zu sammeln, zu sichten und ein einheitliches Gesetzeswerk zu errichten. Auf diese Weise entstand das Corpus Juris Civilis. Es besteht aus vier Teilen, den „Institutionen", den schon erwähnten „Digesten" (oder „Pandekten", dem „Codex Justinianus" und den „Novellen".

Die „Institutionen" enthalten die allgemeinen Prinzipien des Römischen Rechts. Ein moderner Gesetzgeber würde sie „Allgemeiner Teil" nennen. Die Kommissionsmitglieder machten sich hier die Arbeit leicht. Sie verwendeten einfach eine Ausgabe der Institutionen des Gajus (um 160 n. Chr.), eines Buches, welches ausschließlich für Lehrzwecke geschrieben worden war. Über Gaius ist wenig bekannt. Er wirkte zur Zeit der Kaiser Hadrian, Antoninus Pius, Mark Aurel und Commodus und war einer der fünf „Zitierjuristen", deren Rechtsmeinungen nach dem von Kaiser Theodosius II. (401–450) im Jahre 426 erlassene Zitiergesetz die Gerichte zu folgen hatten (die anderen vier waren Papinian (etwa 150–212), Ulpian (etwa 170–228), Julius Paulus (Ende 2. Jht/ Anfang 3. Jht) und Herennius Modestinus (Mitte des 3. Jahrhunderts). Im Gegensatz zu seinen berühmten Kollegen, die durchweg hohe Staatsämter inne hatten und regelmäßig im Amt ermordet wurden, spielte Gaius im öffentlichen Leben Roms keine Rolle. Man kann ihn in gewisser Weise als den ersten Repetitor und zugleich als den ersten Datenbankbetreiber im Recht bezeichnen. Denn er bot erstmals Lösungen für die Probleme der Rechtslehre und des „Information Retrieval" im Recht – Probleme, die heute noch aktuell sind. Ich komme darauf zurück.

Im Unterschied zu den klassischen römischen Juristen, die ebenso wie ihre heutigen Common-Law-Kollegen, keine ausgearbeitete Systematik vorgelegt, vielmehr Fallrecht praktiziert hatten, schuf Gaius für Lehrzwecke eine Systematisierung des Rechts. Dabei knüpfte er auf die an klassisch-griechische Wissenschaftstheorie, Logik und Definitionslehre an und durchdrang den Stoff begrifflich durch Festlegung von leitenden Begriffen und die Unterscheidung von Arten und Unterarten (genera, species). Die Definitionslehre sollte den Weg hierzu eröffnen. Eine Definition im klassischen Sinne (von lat. *„de"* = ab und *„finis"* = Grenze, also Abgrenzung) besteht aus dem zu Definierenden (*„Definiendum"*) und dem Definierenden (*„Definiens"*). Die Anleitung hierzu lautet *„omnis definitio fit per genus proximum et differentiam specificam"* (Jede Definition geschieht über die nächste Gattung und den artbildenden Unterschied). Als heute noch verwendetes Schulbeispiel mag die Definition des Schimmels dienen, der als „Pferd" (Gattung) bezeichnet wird, welches „weiß" ist (artbildender Unterschied). (Natürlich gab es schon frühzeitig Zweifler, die vorschlugen, den Schimmel als etwas Weißes (Gattung) zu definieren, welches als Pferd daherkommt (artbildender Unterschied).

Damit löste Gaius zugleich das Retrievalproblem, das damals schon bestand. Die von ihm geschaffene Systematik eröffnete einen Weg zu den unzähligen Responsa, in denen das juristische Wissen seiner Zeit repräsentiert war. Im Prinzip sind wir bis heute nicht über dieses Stadium hinausgekommen. Die Genialität, mit der Gaius das Komplexitätsproblem im Recht löste, können Sie heute noch erkennen, wenn Sie das Inhaltsverzeichnis des BGB anschauen. Es ist „reinster Gaius". Erst die moderne Informationstechnik erweitert diese Möglichkeiten; ich komme darauf zurück.

Die „Digesten" oder „Pandekten" sind eine Sammlung von Auszügen aus den Werken von etwa vierzig juristischen Schriftstellern, vorwiegend aus der klassischen Zeit des Römischen Rechts (1. bis 3. Jahrhundert n. Chr.). Zur Sichtung der ungeheuren Materialmasse – etwa 2000 Bücher mit drei Millionen Zeilen – bildete die Kommission drei Unterkommissionen. Eine befasste sich mit dem „Jus civile", eine andere mit den „Kommentaren" zu den „Edikten", der sogenannten Edikt-Masse, und die dritte mit dem Studium der kasuistischen Arbeiten insbesondere Papinians (142–212 – daher die Papinianische Masse genannt). Die drei Millionen Zeilen wurden auf 150 000 Zeilen konzentriert und als 9142 Exzerpte in den Digesten festgehalten. Da diese aus verschiedenen Zeiten stammen und somit unterschiedliche Rechtszustände wiedergaben, wurden sie durch als solche nicht gekennzeichnete Änderungen – sog. Interpolationen – harmonisiert. Etwa zwei Drittel der Digesten stammen aus den Werken der Klassiker Papinian, Paulus, Ulpian, Gajus und Modestinus. Die Digesten bestehen aus fünfzig Büchern, unterteilt in Titel und fortlaufend nummerierte Auszüge („leges"), die ihrerseits (seit dem Mittelalter) jeweils in einleitende Bemerkung („principium") und Paragraphen unterteilt sind. Noch zur Zeit meines Studiums mussten Jurastudenten eine Digestenexegese (von griech. „exegesis" = Erklärung) erstellen, wozu sie das Kleine Latinum nachweisen mussten. Lang ist's her.

Der dritte Teil des Corpus Juris, der „Codex Justinianus", ist eine Sammlung von Gesetzen der Kaiser Hadrian bis Justinian. Ihm liegen ältere derartige Sammlungen zugrunde, nämlich die Codices Gregorianus, Hermogenianus und Theodosianus. Eine Erstfassung trat 529 in Kraft. Sie ist nicht mehr erhalten. Die endgültige Fassung („Codex repetitae praelectionis") stammt von 534. Sie ist ebenfalls interpoliert. Der Codex besteht aus 12 Büchern. Diese sind in Titel, chronologisch angeordnete Konstitutionen und Paragraphen eingeteilt.

Die nach Abschluss der Arbeiten im Jahre 535 noch ergangenen Gesetze wurden später als „Novellen" im vierten Teil des Corpus Juris zusammengefasst. Es handelt sich um insgesamt 168 noch bekannte „neue" Gesetze („novellae leges"). Diese waren größtenteils in griechischer Sprache verfasst. Eine amtliche Sammlung erfolgte zur Zeit Justinians freilich nicht mehr. Es gab nur private Sammlungen unterschiedlichen Umfangs, z. B. die „Epitome Juliani". Im Mittelalter war eine andere Sammlung verbreitet, die man für amtlich hielt und darum „Authenticum" nannte. In den heutigen Ausgaben des Corpus Juris befindet sich eine moderne Sammlung.

Der Begriff „Novelle" wurde seit Boccaccios' um 1350 entstandenen Decamerone (ital. „Zehntagewerk") in der Literatur auf kurze Erzählungen in Prosaform übertragen. „Das Merkmal des „Neuen" ist es, was die Novelle als Form der erzählenden Dichtung (sie entstand im späten Mittelalter) mit diesen Gesetzesnovellen gemein hat, freilich in einem analogen Sinne: Die verkürzende und verdichtende Darstellungsweise lässt den für die

Novelle charakteristischen Wendepunkt als etwas Unerwartetes, kausal nicht Ableitbares, ja als etwas „Unerhörtes“ erscheinen. *Goethe* hat dafür ein treffende Formulierung gefunden (in den „Unterhaltungen deutscher Ausgewanderten“ von 1794/95): *„Was gibt einer Gegebenheit den Reiz? Nicht ihre Wichtigkeit, nicht der Einfluß, den sie hat, sondern die Neuheit. Nur das Neue scheint gewöhnlich wichtig, weil es ohne Zusammenhang Verwunderung erregt und unsere Einbildungskraft einen Augenblick in Bewegung setzt ...“* (zit. nach Arthur Kaufmann).

Mit dem Inkrafttreten des Corpus Juris im Jahre 554, insbesondere der Digesten, verloren die alten originalen Quellen ihre Bedeutung. Sie sind seitdem fast alle verschollen. Nach dem Untergang des weströmischen Reiches geriet das Corpus Juris in Vergessenheit.

Im Mittelalter wurden an den aufblühenden Universitäten die Sieben freien Künste (lat. „Septem artes liberales“) als die ‚einem freien Mann‘ zukommende Bildung gelehrt. Sie bestanden aus dem Trivium (= Dreiweg) der sprachlich und logisch-argumentativ ausgerichteten Fächer Grammatik, Rhetorik und Dialektik und dem Quadrivium (= Vierweg) der mathematischen Fächer Arithmetik, Geometrie, Musik und Astronomie. Ihr Studium galt als Vorbereitung auf die eigentlichen Disziplinen Theologie, Jurisprudenz und Medizin. Auf diese Trennung zwischen methodischen Fertigkeiten und inhaltlichem Wissen besinnen wir uns gegenwärtig wieder, leider aber nicht im erforderlichen Ausmaß.

Gegen Ende des 11. Jahrhunderts wurde in Oberitalien der Text des Corpus Juris wiederentdeckt. Dies geschah an der ältesten Rechtsschule des Abendlandes, der Universität Bologna (gegr. 1119). Dort begründete Irnerius die sog. Glossatorenschule. Die älteren Glossatoren, die „Quatuor Doctores“ Martinus, Bulgarus, Hugo und Jacobus studierten und erläuterten in „Glossen“ den Text des Corpus Juris. Accursius faßte diese Arbeiten zu einem großen Sammelwerk, der Glossa Ordinaria, zusammen. Die Postglossatoren oder Kommentatoren kamen im 13. Jahrhundert von der reinen Sammler- und Auslegungstätigkeit ab. Sie brachten neue Rechtsgedanken durch Anpassung des klassischen römischen Rechts an die aktuelle Gerichtspraxis ein, für welche sie Rechtsgutachten erstellten. Die bedeutendsten Vertreter dieser Schule waren Bartolus und Baldus. Aus den west- und mitteleuropäischen Ländern kamen Studenten nach Bologna, um dort die neue Lehre vom Römischen Recht zu studieren. Sie nahmen diese in ihre Heimatländer mit. So kam es im 15. und 16. Jahrhundert auch in Deutschland zu einer Rezeption des Römischen Rechts. Dieses wurde als Gewohnheitsrecht, freilich nur subsidiär (hilfsweise) zu lokalem und regionalem Recht geltendes „Gemeines (= allgemeines) Recht“.

Der Ausdruck Rechtswissenschaft entstand, wie schon gesagt, erst im 19. Jahrhundert. Auf die Rolle, die Friedrich Carl von Savigny (1779-1861), der berühmteste deutsche Jurist jener Zeit, dabei gespielt hat, habe ich bereits hingewiesen. Seit 1810 lehrte er an der Berliner Universität. Dass in Preußen wenige Jahre zuvor eine der großen Kodifikationen der Aufklärung – das Preußische Allgemeine Landrecht von 1794 – in Kraft getreten war, kümmerte ihn nicht. Er war, wie schon gesagt, ein geschworener Anhänger des Gewohnheitsrechts.

Im 19. Jahrhundert entstand die sog. Begriffsjurisprudenz. Georg Friedrich Puchta (1798-1846), der Nachfolger Savignys auf dem Berliner Lehrstuhl, schuf die „begriffsjuristische“ Methode. Er schrieb: *„Es ist nun die Aufgabe der Wissenschaft, die Rechtssätze in ihrem systematischen Zusammenhang, als einander bedingende und voneinander abstammende, zu erkennen, um die Genealogie der einzelnen bis zu ihrem Prinzip hinauf zu verfolgen und ebenso von den Prinzipien bis zu ihren äußersten Sprossen herabsteigen zu können. Bei diesem Geschäft werden Rechtssätze zum Bewusstsein gebracht und zu Tage gefördert werden, die in dem Geist des nationalen Rechts verborgen, weder in der unmittelbaren Überzeugung der Volksglieder und in ihren Handlungen, noch in den Aussprüchen des Gesetzgebers zur Erscheinung gekommen sind, die also erst als Produkt einer wissen-*

schaftlichen Deduktion sichtbar entstehen. So tritt die Wissenschaft als dritte Rechtsquelle zu den ersten beiden; das Recht, welches durch sie entsteht, ist Recht der Wissenschaft, oder, da es durch die Tätigkeit der Juristen ans Licht gebracht wird, Juristenrecht."

So kam es zu einer „wissenschaftlichen" Bearbeitung des Römischen Rechts durch die sog. Pandektenwissenschaft (von griech./lat. „pandectae" = Allumfassendes, womit die Werke der römischen Juristen gemeint waren) deren Haupt Bernhard Windscheid (1917–1892) war. Sein Geist lebt bis heute weiter. Windscheid hatte der ersten Kommission zum Entwurf des Bürgerlichen Gesetzbuches (BGB) angehört und dessen systematische Strukturen so geprägt, dass man auch die überarbeitete Endfassung des BGB noch mit einigem Recht als in Paragraphen gebrachtes Windscheid'sches Pandektenlehrbuch bezeichnet hat.

Die Begriffsjurisprudenz gilt zwar heute als überwunden. Rudolf von Jhering (1818–1892), der zu seiner Zeit wohl bekannteste deutsche Jurist, war ihr Vollender und – nach einem Damaskuserlebnis – ihr Überwinder. Als Praktiker wurde er im Wege der damals noch üblichen Aktenversendung von Gerichten an Rechtsfakultäten mit einem Fall konfrontiert, an dem er die Unhaltbarkeit einer früher von ihm selbst vertretenen theoretischen Lehrmeinung handgreiflich erfuhr. Das Oberamtsgericht Rostock hatte es im Winter 1858/59 mit dem Fall einer Sache, eines Schiffes, zu tun, die zweimal verkauft worden und danach (buchstäblich) untergegangen war. Der Verkäufer hatte den Kaufpreis zweimal eingeklagt, welches Ergebnis Jhering in einer früheren Arbeit unter Berufung auf die römischen Quellen für rechtens erklärt hatte. Nun erkannte er die Unhaltbarkeit dieser Auffassung, konnte dies aber *„trotz wochenlangen Nachdenkens"* nicht in einer rechtlichen Konstruktion begründen. Er brach die Arbeit an der Begriffsjurisprudenz ab und verspottete in anonymen *„Vertraulichen Briefen über die heutige Jurisprudenz"* die *„civilistische Konstruktion"*. Mit großem Widerhall in der Praxis begründete er die sog. Zweckjurisprudenz, aus der später Philipp Heck

(1858–1943) die Interessenjurisprudenz ableiten sollte, die heute als Wertungsjurisprudent u.ä. gefeiert wird. Jhering schrieb: *„Der Zweck ist der Schöpfer des ganzen Rechts."* Was das genau bedeutete, war ihm und seinen Lesern nicht recht klar. Letztlich ging es ihm um das Rechtsgefühl. *„Leihen Sie der Stimme Ihres Rechtsgefühls Gehör", sagte Jhering zu seinen Studenten. „Dann erst lassen Sie die theoretische Begründung folgen … Führt diese zu einem abweichenden Ergebnis, so ist sie nichts wert."*

Mit Interessen hat die sogenannte „Interessenjurisprudenz" freilich nichts zu tun. Heute hat die Forschung zur außergerichtlichen Konfliktbeilegung (Alternative Dispute Resolution – ADR) gezeigt, dass Interessen den Gegensatz zu Positionen darstellen. Eine Position beschreibt, was man will, ein Interesse, warum man es will.

Die angeblich überwundene Begriffsjurisprudenz wird trotz alledem in der heutigen Praxis fröhlich weiter praktiziert. Sie erklärt, warum Sie es heute im Recht mit drei Rechtsquellen zu tun haben, nämlich dem Gesetz, den Gerichtsentscheidungen (der Rechtsprechung) und der wissenschaftlichen Dogmatik des Schrifttums. Während die Geltung des Gesetzes im allgemeinen – von kühnen „Auslegungen" abgesehen – nicht in Frage gestellt wird, sind Rechtsprechung und Schrifttum mehr oder weniger umstritten. Hiermit haben Sie es zu tun. Man erwartet von Ihnen, dass Sie „Rechtsprobleme" in Auseinandersetzung mit den vorhandenen Regelungen, Entscheidungen und Stellungnahmen „wissenschaftlich" bearbeiten.

Wie steht es nun also heute mit der Rechtswissenschaft? In der Internetenzyklopädie Wikipedia lesen wir unter diesem Stichwort: *„Die Rechtswissenschaft … befasst sich mit der Auslegung, der systematischen und begrifflichen Durchdringung gegenwärtiger und geschichtlicher juristischer Texte und sonstiger rechtlicher Quellen. Eine sachgerechte Deutung juristischer Texte schließt eine wissenschaftliche Beschäftigung mit der Entstehung und der Anwendung von Rechtsquellen und Normen ein …"* Das dürfte der nahezu allgemeinen

Auffassung entsprechen, ist aber falsch. Juristische Texte unterscheiden sich, wie schon gesagt, grundlegend von religiösen, literarischen oder philosophischen Texten. Sie erfüllen praktische Aufgaben in der Gesellschaft. Sie wollen nicht ausgelegt, sondern entsprechend diesen Aufgaben angewendet werden. Der Gesetzgeber als der wichtigste Autor hat (fast) immer eine Realität vor Augen, die er in einer bestimmten Weise regeln will. Gleiches gilt für die Rechtsprechung und auch für das Schrifttum, sofern es nicht gerade mit Festschriften zum Thema „Das Recht als solches zwischen Gestern und Morgen" beschäftigt ist. Diese Realität zu erkennen, fällt in der komplex gewordenen Welt immer schwerer. Hierum muss es der Rechtswissenschaft gehen. Normalfalldenken und Strukturdenken kennzeichnen die Denkweisen, die anstelle der „Auslegung" von Texten dazu erforderlich sind. Ich komme auch hierauf zurück.

XI. Die elfte juristische Erfindung: Das Jurastudium

Der „Erfinder" des Jurastudiums ist der bereits erwähnte römische Jurist Gaius, der Autor der *„Institutionen"*, des ersten juristischen Lehrbuches (um 160 n. Chr.). Bereits zu seiner Zeit gab es in Rom eine „Informationskrise des Rechts", die also keine moderne Erscheinung ist. Tausende und Abertausende der schon erwähnten „Responsa" zu den verschiedensten Rechtsfragen existierten in Schriftrollen – wie sollte man da etwas finden? Und, noch gewichtiger, wie sollte man den Rechtsunterricht gestalten? Gaius fand auf beide Fragen eine Antwort. Sie lässt sich kurz und bündig wie folgt zusammenfassen: Erst kommt die Methode, dann das Wissen.

Die Methode war schon in der Sprache angelegt. Bereits in der griechischen Antike hatte man entdeckte, dass Begriffe einen Inhalt und einen Umfang haben. Beide verhalten sich umgekehrt proportional zueinander. Je mehr Gegenstände von einem Begriff erfasst werden, desto geringer ist sein Inhalt, und umgekehrt. Sie können sich dies durch einen Vergleich der Begriffe Platon, Mensch, Sinneswesen, Lebewesen usw. verdeutlichen. Es gab (und gibt) unzählige Lebewesen, aber es gab nur einen Platon (und es wird auch keinen mehr geben). Auf dieser Grundlage schuf man sogenannte Begriffsbäume, mit deren Hilfe man damals Erkenntnisse über das Wesen der Dinge gewinnen wollte. Der wohl bekannteste Begriffsbaum wurde von Petrus Hispanus (1210–1277, seit 1276 Papst Johannes XXI.) im Anschluss an das Werk des neuplatonischen Philosophen Porphyrius (*234 n. Chr. in Tyros) geschaffen und heißt Arbor Porphyriana. Vom allgemeinsten Begriff „Substanz" ausgehend gelangt man durch schrittweise Konkretisierung zu einer ständigen Vergrößerung des Inhalts nebst korrespondierender Verkleinerung des Umfangs der Begriffe, bis man beim individuellen Gegenstand angelangt ist. Dabei unterschieden die alten Denker zwischen Gattung und Art. So sind *„Substanz“*, *„Körper“*, *„Lebewesen“* und *„Sinneswesen“* Gattungsbegriffe, die durch Hinzutreten der artbildenden Unterschiede *„körperlich / unkörperlich“*, *„belebt / unbelebt“*, *„sinnlich /unsinnlich“* und *„vernünftig / unvernünftig“* zum Begriff *„Mensch“* führen. In diesem untersten Gattungsbegriff sahen die Alten das Wesen der Dinge. (Heute würde man eher auf das Individuum *„Platon“* abstellen.) So entstand die Metapher vom *„Baum des Wissens“*.

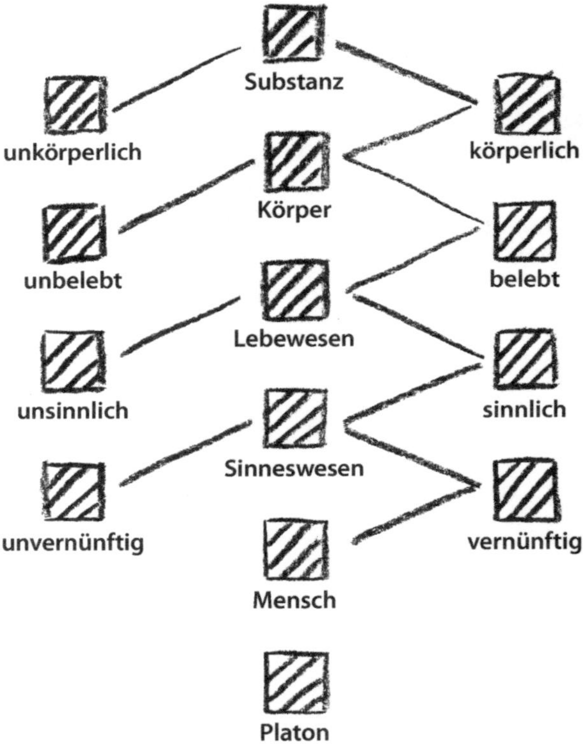

Die Arbor Porphyriana

Nur über Hierarchien können wir die unbegrenzte Menge und Vielfalt der Gegenstände in der Welt sprachlich erfassen. Unser Gehirn ist entsprechend organisiert. Ein bekanntes Experiment mag dies verdeutlichen. So haben Messungen ergeben, dass die Frage *„Ist der Kanarienvogel gelb?"* schneller beantwortet wird als die Frage *„Fliegt der Kanarienvogel"* und beide wiederum schneller als die Frage *„Frisst der Kanarienvogel?"* Dies liegt daran, dass das

Prädikat *„gelb"* im Gehirn unmittelbar beim Begriff „Kanarienvogel" abgespeichert wird, weshalb es direkt darauf zugreifen kann, während die Prädikate *„fliegen"* und *„fressen"* über die beiden Stufen der Begriffshierarchie *„Vögel"* und *„Tiere"* abgerufen werden, was Zeit kostet. Informationen wandern offensichtlich über sensorische Areale im Cortex hinauf *(„Bottom-Up")* und hinunter *(„Top-Down")*, ein Prozess, der noch längst nicht wirklich erforscht ist. Dabei liegen den gespeicherten Begriffen Konzepte zugrunde, die nicht verbal ausformuliert sind. Ein weites Feld ...

Die Methode, die den Institutionen des Gaius zugrunde liegt, besteht in der Übertragungung der sprachlichen Fertigkeit, in einem beweglichen Verbund von Hierarchien navigieren zu können, auf das Recht. Ein Beispiel aus dem heutigen Strafrecht mag dies verdeutlichen. Die elementarste hierarchische Unterteilung des obersten Begriffes *„Straftat"* liegt in der Zweiteilung *„Unrecht"* und *„Schuld"*, wobei das Unrecht vorrangig zu prüfen ist. Es gibt Unrecht ohne Schuld, aber es gibt keine Schuld ohne Unrecht. Diese (um es neudeutsch auszudrücken) „Top-Down-Betrachtung" wurde anhand von konkreten Fällen gewonnen, die in einer „Botton-Up-Betrachtung" strukturiert wurden. Wenn ein wildes Tier einen Menschen verletzt, liegt kein „Unrecht" vor, da nur Menschen Unrecht in die Welt setzen können (im Mittelalter sah man das anders und verurteilte auch Tiere). Wenn dagegen ein kleines Kind einen Menschen verletzt, liegt zwar „Unrecht" vor, doch fehlt es an der Schuld.

Solche hierarchischen Strukturen können Sie punktuell zu „lernen" versuchen. Sie werden aber rasch an der Vielfalt der möglichen Fallgestaltung scheitern. Strukturen kann man nicht „lernen". Man kann sie nur durch Training einüben. Hier liegt das Geheimnis des Spracherwerbs. Jeder, der ein Kind hat, erlebt die Überraschung, dass das Kind sehr früh „versteht", was man ihm sagt, lange ehe es selbst die ersten Sätze sprechen kann. Auf einer Reise hörte ich einmal, wie ein Mitreisender seinem Begleiter erzählte, er sei mit einer Chinesin verheiratet und sein einjähriger Sohn verstehe bereits Chinesisch. Das ist eine Folge des intuitiven

Trainings, auf das unser Gehirn eingestellt ist. Wenn man dann später eine Fremdsprache „lernen“ will, indem man Vokabeln und Grammatik „paukt“, kann man Jahre damit verbringen, ohne wirklich ans Ziel zu kommen. Ich kenne jemanden, der seit Jahrzehnten in Volkshochschulkursen auf diese Weise Spanisch zu „lernen“ versucht. Er kann immerhin schon *„Buenos dias“* sagen und im Restaurant das Tagesmenü fließend bestellen.

Mark Twain hat die Schwierigkeiten der deutschen Sprache in seinem erwähnten Beitrag beschrieben. *“Surely there is not another language that is so slip-shod and systemless, and so slippery and elusive tot he grasp. One is washed about in it, hither and hither, in the most helpless way; and when at last he thinks he has captured a rule which offers firm ground to take a rest on amid the general rage and turmoil oft he ten parts of speech, he turns over the page and reads, ‘Let the pupil make careful note oft he following exceptions.’ He runs his eye down and finds that there are more exceptions to the rule than instances to fit. So overboard he goes again, to hunt for another Ararat and find another quicksand. Such has been, and continues to be, my experience.”*

Wollte man einem Einjährigen irgendetwas in dieser Art beibringen, würde man scheitern. Aber das tägliche Training in konkreten Situationen – am Fall – das bringt es. Und wenn er dann mit sechs Jahren in die Schule kommt, beherrscht er die wesentlichen Wörter und die Grundregeln der deutschen Sprache.

Auf das Recht übertragen, bedeutet dies: Es ist möglich, anhand einer begrenzten Zahl von Fällen die Fertigkeit zu trainieren, hierarchische Strukturen (samt den jeweils daran hängenden Unterstrukturen) so abzuarbeiten, dass Sie jeweils nur dann „in die Tiefe“ gehen, wenn es wirklich nötig ist, weil etwas problematisch – d. h. nicht normal – ist (Stichwort „Normalfalldenken“). Beim kriminellen Menschen brauchen Sie über das Unrecht nicht nachzudenken, gleichgültig, wie alt er ist, ob er geisteskrank ist oder betrunken oder bekloppt. Bei der Schuld müssen Sie dagegen über die genannten Umstände nachdenken, die dann wiederum in einer Unterstruktur gegliedert werden (Schuldfähigkeit,

Entschuldigung usw.). Nur auf diese Weise können Sie sich für neue, unbekannte Fälle rüsten.

An einer begrenzten Zahl von Fällen erwirbt man als Jurist die Fertigkeit, eine unbegrenzte Vielzahl und Vielfalt von Fällen sachgerecht zu bearbeiten. Das war schon immer so. Gaius hat es nur bewusst gemacht, aber bis heute hat man nicht verstanden, was er eigentlich geleistet hat. Er war eben nur ein Repetitor und kein Prätorianerpräfekt, der am Hof des Kaisers bedeutsam nickte, wenn dieser vom bevorstehenden Krieg gegen die Parther schwadronierte.

Das Mittelalter war in methodischer Hinsicht moderner als unsere Zeit. Es war ganz und gar nicht finster. Es war methodenbewusst. An den damals entstehenden Universitäten stand am Beginn der Ausbildung die Lehre der bereits genannten Sieben freien Künste (lat. *„Septem artes liberales"*) als die *„einem freien Mann"*, d.h. einem Mann, der nicht für seinen Broterwerb arbeiten musste, zukommende Bildung. Sie standen im Gegensatz zu den praktischen Künsten *(„Artes mechanicae")* und führten zu Verhaltensfertigkeiten. Ihr Studium galt als Vorbereitung auf die inhaltsbezogenen Disziplinen Theologie, Jurisprudenz und Medizin. Alle diese Fächer sind Verhaltensfächer. Sie existieren nur insoweit als der Lernende etwas tut, etwas einübt, etwas trainiert. Natürlich erfordern sie auch Wissen, aber dieses ist nur die Grundlage eines Verhaltens.

Der Unterricht in den Artes liberales war im Mittelalter ein Propädeutikum, das in der sog. Artistenfakultät absolviert wurde. Es schloss an die Schule an, in der die Grunddisziplinen Lesen, Schreiben, Rechnen, Latein und Singen gelehrt wurde, und er bereitete auf das Studium der genannten drei Fächer vor, wobei die Theologie an erster Stelle stand. Als akademische Grade erwarben die Absolventen die Titel Baccalaureus Artium und Magister Artium. Aus letzterem entwickelte sich der Titel Doctor philosophiae. Zur Zeit der Renaissance lebten die *„Artes"* nochmals auf, dann starben sie ab und existieren heute bei uns nicht mehr. Als *„liberal arts"* existieren sie dagegen noch in den USA, wo sie der berufsvorbereitenden Ausbildung vorgelagert sind.

Nichts von diesem Methodenbewusstsein ist uns in Deutschland geblieben. In der Schule kommen die Grunddisziplinen Schreiben, Lesen und Rechnen eindeutig zu kurz.

Dem Zeitgeist folgend ist man gegenwärtig dabei, die Schreibschrift (in der Schweiz „*Schnürlischrift*" genannt) abzuschaffen und durch die Druckschrift zu ersetzen, weil ja künftig nur noch eine Tastatur bedient werde und Rechtschreibprogramme eingesetzt würden. An Liebesbriefe, an Gedichte und auch an juristische Examensklausuren hat man dabei nicht gedacht, und auch nicht daran, dass ein Wort wie „StPO" nicht automatisch in „Stopp" verwandelt werden sollte.

Das Lesen ist trotz aller gut gemeinten Anstrengungen von Einrichtungen wie der „Stiftung Lesen" eine aussterbende Fertigkeit. Laut PISA-Studien und OECD-Berichten steht es um die Lesekompetenz deutscher Kinder schlecht. Jeder fünfte 15-Jährige liest nur auf rudimentärem Level. Rund 7,5 Millionen Erwachsene sind in Deutschland funktionale Analphabeten. Nur jeder Fünfte liest regelmäßig ein Buch. Ich kenne Familien, in denen die Eltern das sind, was man früher „Akademiker" nannte (Lehrerin, Anwalt u. dgl. mehr), in deren Wohnung man kein einziges richtiges Buch findet, und in der auch keine (richtige) Zeitung mehr abonniert ist; morgends ist man ja in Eile, und abends ist man müde. Die Kinder zwar werden mit kindgerechten Bilderbüchern ruhiggestellt, in denen sich süße kleine Raupen durch die Blätter fressen, um sich dann als Schmetterlinge zu entpuppen, aber an der Wandstelle, an der früher ein Regal mit Karl May, Friedrich Gerstäcker, Sven Hedin richtigen Lesestoff anbot, steht heute ein Fernseher mit gebogenem Großbildschirm. Ich habe tausende juristische Examensklausuren gelesen und mich immer wieder gefragt, was die Kandidaten wohl während ihrer Schulzeit getan haben. Wozu demgegenüber vor hundert Jahren Abiturienten fähig waren, kann man bei Stefan Zweig nachlesen („Die Welt von gestern"). Hugo von Hoffmansthal (1874–1929) schrieb als Abiturient Verse wie

„Wie abgerißne Wiesenblumen
Ein dunkles Wasser mit sich reißt
So glitten mir die jungen Jahre.
Und ich hab nie gewußt,
daß das schon Leben heißt."

Von vergleichbaren Leistungen heutiger Abiturienten hat man nichts gehört. Meine Generation hat mit Karl May lesen gelernt. Nachts unter der Bettdecke lasen wir mit der Taschenlampe, wie Winnetou starb:

„Als der letzte Ton verklungen war, wollte er sprechen – es ging nicht mehr. Ich brachte mein Ohr ganz nahe an seinen Mund, und mit der letzten Anstrengung der schwindenden Kräfte flüsterte er:
‚Schar-lih, ich glaube an den Heiland. Winnetou ist ein Christ. Lebe wohl!'

Es ging ein konvulsivisches Zittern durch seinen Körper; ein Blutstrom quoll aus seinem Munde; der Häuptling der Apachen drückte nochmals meine Hände und streckte seine Glieder. Dann lösten sich seine Finger langsam von den meinigen – er war tot!
Was soll ich weiter erzählen? Die wahre Trauer liebt die Worte nicht! Käme doch bald die Zeit, in der man solche blutige Geschichten nur noch als alte Sagen kennt!

Wir hatten dem bleichen Tode oft von Angesicht zu Angesicht gegenübergestanden; der wilde Westen gebietet, an jedem Augenblicke auf ein plötzliches Ende gefaßt zu sein. Und doch, als der beste, der treueste Freund, den ich je besessen habe, nun als Leiche vor mir lag, wollte mir das Herz brechen; ich befand mich in einem Seelenzustande, welcher sich nicht beschreiben läßt. Welch ein herrlicher Mensch war er gewesen!

> *Und nun so plötzlich ‚ausgelöscht, ausgelöscht!' Grad so wird binnen kurzem seine ganze Rasse ausgelöscht sein, deren edelster Sohn er gewesen ist …"*

Wer so etwas las, kriegte mit, dass ein deutscher Satz aus Subjekti, Prädikat und Objekt besteht, dass es verschiedene Zeitformen gibt, dass auch komplizierte Sätze spannend und interessant sein können, dass die Sprache einen unerhörten Reichtum bietet. Er entwickelte Lesefertigkeiten, die unweigerlich zu Schreibfertigkeiten führten. Donald Duck und seine Entenfamilie, Asterix und Obelix, Tim und Struppi werden dagegen nicht gelesen, sie werden angeschaut. Das gilt auch für die verbalen Partien – *„KEUCH", „ÄCHZ", „STÖHN"*. Da bleibt doch einfach weder Lust noch Zeit mehr für ein Buch, gar für ein solches mit mehr als hundert Seiten.

Um das Rechnen steht es noch schlechter. Hier hat der digitale Rechner eine Kulturfertigkeit ausgelöscht, die in Jahrtausenden entstanden und sogar sprichwörtlich geworden ist *(„… nach Adam Riese");* sogar auf Google kann man heute rechnen.

Alles in allem ist uns bei den elementaren Verhaltensfertigkeiten das abhanden gekommen, was man neudeutsch die „Basics" der Bildung nennt.

Zurück zum Recht! Das Geschehen an den Rechtsfakultäten hat mit der Einübung von Verhaltensfertigkeiten wenig oder gar nichts zu tun. Die juristischen „Lehrbücher" teilen den Lesern nicht mit, was sie wie lernen sollen. Zum Ausgleich bringen sie Unmengen an Fußnoten, die nach allgemeiner Überzeugung ein Ausweis von Wissenschaftlichkeit sein sollen. Die „Vorlesungen", die ihren Ursprung im Mittelalter haben, und die vor der Erfindung der Buchdruckerkunst die einzige Möglichkeit boten, durch Mitschreiben auf finanziell erträgliche Weise zu einem Buch zu kommen, sind seit Gutenbergs Erfindung, also seit mehr als einem halben Jahrtausend, überflüssig geworden. Die sogenannten „Übungen" sind alles Mögliche, aber keine Übungen und tragen ihren Namen durchaus zu Unrecht. Das Klausurenschreiben setzt Fertigkeiten voraus, die nicht gelehrt und nicht gelernt werden. Es bringt daher nichts. Die Randhinweise der Korrekturassistenten geben den Teilnehmern selbst dann, wenn sie mit Sorgfalt und Sachkunde geschrieben wurden (was nur selten der Fall ist), nur einen winzigen Bruchteil der Hinweise, die man Ihnen eigentlich geben müsste. So befestigen sich fehlerhafte Verhaltensweisen und schleifen sich ein, statt ausgemerzt zu werden. Auch achten die Korrekturassistenten viel zu sehr auf die jeweilige materielle Seite des Falles, auf die „Rechtsprobleme" (dazu unten) statt ihn als Test für den Besitz von methodischen Fertigkeiten zu begreifen. Die Studenten vergeuden ihre Zeit mit dem untauglichen Versuch, „Rechtsprobleme" zu „lernen", statt diese Probleme nur als Übungsmaterial für das Vorhandensein oder Fehlen methodischer Fertigkeiten zu verwenden. Ebenso verfehlt ist das „Lernen" von juristischen „Definitionen" auf Karteikarten (Vorderseite „Sache", Rückseite „körperlicher Gegenstand"), das sogar in Computerprogrammen angeboten wird. In den „Seminaren" wird der Vortrag in Gestalt des Vorlesens von Referaten gefordert, ohne dass man den Studenten verrät, wie sie das in methodischer Hinsicht tun können. Der Repetitor (von lat. *„repetere"* = wiederholen) treibt an praktisch allen Rechtsfakultäten sein Unwesen und liefert damit lediglich den Nachweis, dass der akademische Unterricht nichts taugt. Aber er macht nichts besser. Und die ständigen Reformen haben die Dinge auch nicht verbessert. Es bringt nichts, wenn man beispielsweise einen bunten Strauß von sog. „Schlüsselqualifikationen" in das Richtergesetz schreibt, ohne zu wissen, wie man die gute Absicht in die Tat umsetzen kann.

Alles in allem kann man das Urteil über die derzeitige Juristenausbildung in der Sprache der Dozenten mit einem Wort ausdrücken: *„Ungenügend"*.

XII. Die zwölfte juristische Erfindung: Die außergerichtliche Konfliktbeilegung

Zu den jüngsten Erfindungen im Recht gehötrt die „Alternative Konfliktbeilegung – AKB“ (englisch „Alternative Dispute Resolution – ADR)“. Auf diese Weise bezeichnet man eine Bewegung, die seit den siebziger Jahren des vergangenen Jahrhunderts in den westlichen Industrieländern, insbesondere in den USA, Kanada, Australien, aber auch in den europäischen Ländern existiert. In den USA führten und führen große Forschungseinrichtungen wie das „Harvard Negotiation Project“ und das „Stanford Center on Konflikt and Negotiation“ umfangreiche Forschungsprojekte zu „ADR“ durch. Die Ergebnisse dieser Untersuchungen werden in seriösen Veröffentlichungen bekanntgemacht und diskutiert. Etliche angesehene Fachzeitschriften behandeln dort ausschließlich diese Thematik. Auch in Deutschland wird auf diesem Gebiet gearbeitet. An der Universität Tübingen habe ich beispielsweise nach Vorarbeiten an der Universität München schon im Jahre 1982 das „Tübinger Verhandlungsseminar“ ins Leben gerufen.

In den Anfangsjahren stand das Thema „Verhandeln“ („Negotiation“) im Vordergrund. Später rückte die „Mediation“ in den Vordergrund. Dabei spielten berufspolitische Überlegungen eine Rolle. Während „Verhandeln“ eine individuelle Fertigkeit meint, über die man verfügt oder nicht verfügt, eröffnet „Mediation“ neue berufliche Perspektiven. Inzwischen gibt es international eine breite Bewegung zur „Mediation“. Neuerdings gibt es in Deutschland sogar ein Mediationsgesetz. Rechtsanwälte, Psychologen und Angehörige weiterer Berufe konkurrieren hier schon um einen attraktiven Markt.

Vordergründig geht es bei alledem um die Überwindung („Alternative“) von gewissen Mängeln des staatlichen Gerichtsverfahrens. Dabei sind die Erfahrungen anderer Länder nicht ohne weiteres auf Deutschland übertragbar. Insbesondere die in den USA viel beklagten Mängel, die dort wesentlich zur Ausbreitung von „ADR“ geführt haben (Geschworenengerichte auch in Zivilsachen mit den damit verbundenen Unwägbarkeiten und der Möglichkeit der Verhängung hoher Geldstrafen *(„punitive damages“)* sowie fehlende Kostenerstattungspflicht der unterlegenen Partei) sind in Deutschland nicht vorhanden. Die deutsche Justiz arbeitet professionell und im allgemeinen auch effektiv, und der Gewinner erhält in Zivilstreitigkeiten vom Verlierer einen (freilich meist zu geringen) Ersatz seiner Kosten. Aber natürlich gibt es auch in Deutschland Mängel. Manche Prozesse dauern lange. Ihr Ausgang ist nicht selten offen. Untersuchungen haben gezeigt, dass vor allem im Mittelstand viele Prozesse wegen des Kostenrisikos nicht geführt werden. In kleineren Streitigkeiten, etwa in Verbraucherseiten, scheuen die Betroffenen den Gang zum Gericht; für Anwälte lohnen sich diese Sachen nicht. Aber diese Mängel haben bei uns nicht zur Verbreitung der Mediation geführt. Die Ursachen liegen tiefer. Es sind im wesentlichen vier Ursachen, die zur Entstehung und Verbreitung von ADR geführt haben.

Hier sind zunächst die gegenseitigen Verhärtungen aufgrund von Prozessen zu nennen. Gerichtsverfahren zerstören leicht menschliche und geschäftliche Beziehungen. Der auf diese Weise entstehende Schaden kann weit größer sein als der durch einen Sieg vor Gericht erzielte materielle Gewinn. Nehmen Sie als Beispiel nur die privaten Nachbarschaftsprozesse, bei denen es oftmals nicht einen, sondern zwei Verlierer gibt.

Sodann ist zu bedenken, dass die Parteien in Prozessen die Verfahrensautonomie aus der Hand geben. Nicht sie, sondern das Gericht bestimmt den Gang des Verfahrens. Zwar soll das Gericht nach § 279 der Zivilprozessordnung (ZPO) in jeder Lage des Verfahrens auf eine gütliche Beilegung des Rechtsstreits oder einzelner Streitpunkte bedacht sein. (Dies ist übrigens die einzige Vorschrift der ZPO, die den Frieden regelt. Der Rest, mehr als 1.000 Paragraphen, regelt den Krieg.) Doch finden Vergleichsverhandlungen im Prozess erst dann statt, wenn der Konflikt durch die vorgeschriebene schriftlich fixierte Einnahme von Positionen verhärtet ist. Das Fehlen richterlicher Befugnisse zur Durchsetzung eines Vergleichsvorschlages begründet daher die Gefahr der Verwendung äußerer und innerer Machtmittel (Drohungen, Manipulationen).

Weiter ist zu bedenken, dass die Gerichte Urteile regelmäßig nach dem Grundsatz „Alles oder nichts" fällen. Spieltheoretisch gesehen sind solche Prozesse Nullsummenspiele. Der Gewinn des einen ist der Verlust des anderen. Das Ergebnis ist immer Null. Ein ökonomischer Wert wird auf diese Weise nicht geschaffen. Kreative Lösungen jenseits der „reinen Rechtslage" können in einem Urteil nicht (und in einem gerichtlich Vergleich nur schwer) gefunden werden. Der Prozess kann prinzipiell nicht in ein Nicht-Nullsummenspiel verwandelt werden.

Vor allem aber sollten Sie den bereits aufgezeigten Ursprung der Herrschaft des Positionsdenkens sehen. Es bietet eine bequem zu handhabende Vereinfachungstechnik angesichts der menschlichen Überforderung beim Umgang mit einem komplexen Gegenstand – und jeder Konflikt ist komplex. Das war so bei den antiken Volksgerichten, und das ist noch heute so. Es ist immer sehr leicht, Forderungen zu erheben, und es ist für Dritte vergleichsweise einfach, über die „Berechtigung" solcher Forderungen zu entscheiden. Dagegen ist es mitunter sehr schwer, herauszufinden, welch komplexe Interessenlagen sich eigentlich hinter solchen Forderungen verbergen, worum es den Menschen also in Wahrheit geht. Oft genug wissen sie das selbst nicht. Will man das herausfinden und Lösungen finden, welche diesen Interessen Rechnung tragen, muss man sich vom Positionsdenken samt der damit verbundenen ehrwürdigen Rechtstradition verabschieden. In aller Kürze kann man sagen: Eine Position beschreibt, was jemand will, ein Interesse erklärt, warum er es will. Von dieser simplen Erkenntnis waren (und sind) die Vertreter der im 19. Jahrhundert entstandenen sogenannten Interessenjurisprudenz weit entfernt.

Bei der „Alternativen Konfliktbeilegung“ müht man sich um solche interessengerechte Lösungen. Vereinfacht gesagt ruht diese Alternative auf drei Säulen (mit zahlreichen Zwischenformen): „Arbitration“ (Schiedsgerichtsbarkeit), „Mediation“ (dieser Wort hat sich auch in der deutschen Sprache eingebürgert – der Übersetzungsversuch „Vermittlung“ hat sich nicht durchgesetzt) und Negotiation (Verhandlung).

Über die Schiedsgerichtsbarkeit ist hier nicht zu reden; sie gehört in das Paradigma des klassischen Prozesses und wird schon seit langem praktiziert. Sie ist im internationalen Geschäftsverkehr sinnvoll. In Deutschland sollten Sie sie vermeiden. Hier bieten Schiedsverfahren nur Nachteile. Sie sind um ein Vielfaches teurer als staatliche Verfahren und die Schiedsrichter sind oftmals wesentlich schlechter als staatliche Richter. Bei den üblichen Dreipersonen – Schiedsgerichten sind die beiden von den Parteien benannten Schiedsrichter nicht wirklich neutral, was dem Vorsitzenden eine Machtfülle gibt, die er besser nicht hätte. Auch der Vorsitzende wird dabei mitunter von sachfremden Interessen geleitet; er wird auch auf sein „Geschäft“ achten und hat eine natürliche Neigung zugunsten der Parteien, von denen künftig weiteres „Geschäft“ in Gestalt neuer Schiedsklagen zu erwarten ist.

Im Zentrum von ADR steht das Thema Verhandlung. „Negotiation“ ist das Kernelement der Mediation. Mediation ist nichts anderes als Hilfe zum Verhandeln. Beim „rationalen Verhandeln“ wird der Horizont des Rechts überschritten. Es wird nicht (nur) nach (gerichtlich durchsetzbaren oder abzuwehrenden) Anspruchsgrundlagen gesucht, sondern es werden (auch und vor allem) die hinter den Positionen verborgenen Interessen der Betroffenen herausgearbeitet und Lösungen erarbeitet, welche diesen Interessen möglichst gerecht werden. Diese Lösungen stehen nicht im Gegensatz zu den Lösungen, wie Gesetz, Rechtsprechung und Rechtsdogmatik sie für bestimmte Konflikte erarbeitet haben. Der in der Rechtsordnung vorhandene reiche Schatz an praktischer Lebensklugheit soll nicht ungehoben bleiben. Aber es geschieht mehr. Es wird auch nach Lösungen gesucht, die das Recht nicht kennt, vielleicht sogar nicht kennen darf, und die dennoch im konkreten Fall nützlich sein können. So kann etwa der Schlüssel zu einer Konfliktlösung in einer einfachen Entschuldigung liegen. In der Rechtsdogmatik existiert dieses Thema nicht (wie sollte es auch – ist ein Anspruch auf Entschuldigung vorstellbar?). In der Verhandlungsliteratur spielt es dagegen eine Rolle. F. Knebel und G. Clay merken in ihrem Aufsatz *„Before You Sue“* hierzu an: *“The first lesson of dispute resolution that many of us learn as children is the importance of apologizing. This is, however, a lesson that is soon forgotten … Many mediatiors have had one or more experiences … in which an apology was the key to a settlement that might otherwise not have been attainable”.* Mancher mag sich an dieser Stelle an seine eigene Kindheit erinnern. Eine Entschuldigung besänftigte den wütenden Nachbarn, dessen Fensterscheibe beim Fußballspielen eingeworfen wurde. Der Nachbar belohnte den reuigen Sünder mit einem Stück Schokolade, und wer weiß, vielleicht wurde demnächst wieder eine Fensterscheibe eingeworfen, nur, um ein Stück Schokolade zu bekommen …

Um zu solchen Lösungen zu finden, muss der Verhandler strategisch vorgehen können. Er muss imstande sein, Komplexität zu bewältigen. Er muss die Psychologie des Verhandelns beherrschen. Und er muss mit der Phasenstruktur der Verhandlung arbeiten können. Im Einzelnen:

Strategisches Vorgehen: Der Verhandler muss ein Gesamtkonzept verfolgen können. Er muss imstande sein, zu kooperieren und verschiedene Interessen zu koordinieren. Er muss eine flexible Taktik anwenden können. Er muss wissen, dass es keine Musterlösung für eine Verhandlung gibt, und dass je nach Personen und Umständen verschiedene Mittel angebracht sein können. Und wie jeder Stratege muss der Verhandler kreativ sein. Er muss die Methode des „Brainstorming" beherrschen, bei der strikt zwischen dem Finden möglicher Lösungsmodelle und deren Bewertung unterschieden wird.

Bewältigung von Komplexität: Der Verhandler muss über die Fertigkeit verfügen, komplexe Gegenstände in der verbalen Sprache zu beherrschen, soweit das irgend möglich ist. Dabei kann er auf juristische Erfahrungen beim Umgang mit Komplexität zurückgreifen, die gewonnen wurden, seit in der Antike die ersten Rechtssysteme – komplexe Systeme zur Bewältigung einer komplexen Realität – geschaffen wurden. Die Römer haben es uns vorgemacht. Der Verhandler muss sein Verhandlungs-Knowhow dazu nutzen können, den Konflikt zu strukturieren. Er muss imstande sei, einen großen Konflikt in Teilkonflikte mit unterschiedlichen Konfliktpotentialen aufzulösen. Er muss fähig sein, auf diese Weise den Boden für Teillösungen vorzubereiten, aus denen sich dann die Gesamtlösung des Konfliktes ableiten lässt.

Psychologie des Verhandelns: Der Verhandler muss wissen, wann er sich kooperativ (so beim Umgang mit den Sachproblemen) und wann kompetitiv (so bei der Abwehr ungeeigneter Spielregeln) verhalten muss. Er muss Gemeinsames groß, Trennendes klein schreiben können. Er muss Manipulationen (sog. Machiavellismus) ebenso abwehren können wie Unfairness. Er muss den Umgang mit (negativen und positiven) Emotionen beherrschen und imstande sein, „good communication" zu produzieren. Er muss zwischen der Sache und der Person unterscheiden können. Er muss Verstrickungsgefahren begegnen können. Und er muss wissen, wie er mit (fremder wie eigener) Verhandlungsmacht umzugehen hat.

Phasenstruktur der Verhandlung: Der Verhandler muss schließlich wissen, in welche Phasen eine Verhandlung zerfällt. Ihm muss klar sein, dass es bei Verhandlungen ein „Zu früh" ebenso gibt wie ein „Zu spät". Er muss imstande sein, das Richtige zur richtigen Zeit zu tun. Er muss die Technik beherrschen, Fahrpläne aufzustellen und Verhandlungsverträge abzuschließen, durch welche die Parteien sich an bestimmte Verfahrensregeln binden. Er muss imstande sein, Ordnung in die Veranstaltung zu bringen, so dass das schrittweise Abarbeiten von Detailproblemen an die Stelle fruchtloser gegenseitiger Plädoyers treten kann.

Im Idealfall tragen die Parteien selbst ihren Konflikt in einer Verhandlung aus. Dieser Fall ist deshalb ideal, weil die Parteien natürlich am besten wissen, was ihren Interessen dient. Aber dieser Idealfall kommt nicht immer vor. Unter den Gründen, die ihn verhindern, steht das bereits erwähnte Positionsdenken an erster Stelle. Dieses Denken beherrscht ja nicht nur die Rechtsordnung, sondern auch den Alltag der Menschen. Positionen sind nichts anderes als Wunschträume in Richtung einet erhofften Zukunft. Da nur eine Zukunft Wirklichkeit werden kann, sind Positionen miteinander unvereinbar. Sie programmieren das Scheitern der Verhandlung vor. Dann bedarf es der Hilfe eines neutralen Dritten, der ohne Entscheidungsgewalt und ohne Zwangsmittel den Streitparteien hilft, eine Einigung zu finden. Dieser Dritte ist der Mediator.

Mediation wird oft mit Schlichtung gleichgesetzt, wie sie etwa in Tarifstreitigkeiten häufig vorkommt. Doch besteht ein fundamentaler Unterschied. Der Schlichter ist eine Autorität. Die Parteien bemühen sich, ihn von der Berechtigung ihrer Position zu überzeugen. Am Ende des Verfahrens macht der Schlichter einen Vorschlag, der sich von einem Urteil oder der Entscheidung eines Schiedsgerichts nur dadurch unterscheidet, dass er nicht von vornherein rechtsverbindlich ist. Kraft der Autorität des Schlichters geht von seinem Spruch gleichwohl ein faktischer Zwang zu dessen Annahme aus.

Der Mediator ist dagegen keine Autorität in diesem Sinne. Er ist weniger und mehr zugleich: Er ist ein Dienstleister. Es ist deshalb vollkommen sinnlos, wenn die Parteien versuchen, ihn von irgendetwas zu überzeugen. Die Entscheidung des Konfliktes verbleibt bei den Parteien. Der Mediator hilft ihnen lediglich, einen Ausgleich ihrer Interessen zu finden.

Diese weit gefasste Begriffsbestimmung umfasst einen weiten Handlungs- und Gestaltungsspielraum. Die Pole reichen dabei von der Verhandlungsstrategie, wie sie für die Wirtschaftsmediation kennzeichnend ist, bis hin zur therapeutischen Strategie, wie sie vor allem in der Familienmediation befolgt wird (obwohl es das auch in der Wirtschaftv gibt). Dabei haben sich bereits praktische Schwerpunkte gebildet. Sie betreffen vor allem das Strafrecht (Täter-Opfer-Ausgleich), das Familienrecht (Scheidungsmediation – hier ist die Mediation wohl am weitesten entwickelt), das Wirtschaftsrecht, das Recht des gewerblichen Rechtsschutzes und das Verwaltungsrecht (insbesondere bei der Umweltmediation).

Angesichts fehlender Machtmittel bedarf es der professionellen Autorität des Mediators, insbesondere auf rechtlichem Gebiet. Er muss auf strikte Neutralität achten und das Vertrauen beider Parteien gewinnen. Von seiner Erfahrung und seiner Persönlichkeit hängt der Erfolg der Mediation wesentlich ab. Der Mediator hat dabei die Wahl zwischen unterschiedlich intensiven Eingriffsmöglichkeiten. Er kann eine rein passive Rolle als Katalysator übernehmen oder als „Chairman“ die Verhandlung aktiv führen. Durch Hinweise auf Fakten, Regeln und Normen kann er als „Enunciator“ die Informations- und damit Argumentationsbasis der Parteien erweitern. Er kann auch eigene Meinungen und Bewertungen als „Evaluator“ beitragen; dazu gehört das Aufdecken von unrealistischen Erwartungen der Parteien als „Agent of Reality“. Er kann eigene Entscheidungsvorschläge als „Leader“ unterbreiten. Eine besondere Handlungsmöglichkeit besteht darin, nach vorher verabredeten Regeln als Informationsvermittler bzw. Bote („Go-between“) zu wirken.

Welche dieser Möglichkeiten er jeweils wählt, hängt vom Konflikt und von seinem Rollenverständnis ab. Weitgehend besteht Einigkeit unter den Mediatoren, dass grundsätzlich die geringstmögliche Eingriffsstufe zu wählen ist; es gibt aber auch Autoren, die das Gegenteil vertreten. Der Erfolgsdruck kann jedenfalls bewirken, dass eine stärkere Stufe gewählt wird. In der Wirtschaftsmediation, in der rationale Argumente im Vordergrund stehen (was zwar von manchen Managern bestritten wird, aber in der Summe zutrifft), wird der Mediator stärkere Eingriffsmöglichkeiten wählen als etwa in der Familienmediation, wo regelmäßig emotionale Hindernisse im Vordergrund stehen.

Die Entscheidung des Konfliktes erfolgt durch die Parteien selbst. Der Mediator kann den Parteien allenfalls einen Entscheidungsvorschlag unterbreiten. Kraft seiner Autorität und der von ihm erreichten „formalen Führung" sind dabei die Chancen groß, dass dieser Vorschlag auch angenommen wird.

Der Mediator ist also keine Obrigkeit. Der Versuch, ihn von der Richtigkeit des eigenen Standpunktes überzeugen zu wollen, ist vollkommen sinnlos. Die Parteien sind aufgerufen, ihren Streit mit seiner Hilfe autonom zu lösen. Damit kommt ein demokratisches Element in die Streitbeilegung.

Die in Deutschland oftmals zu beobachtende Gleichsetzung der Mediation mit der Schlichtung hat sicher etwas mit der bei uns besonders ausgeprägten autoritären Tradition beim Umgang mit Konflikten zu tun. Es ist typisch für die deutsche Mentalität, dass man sich eine Konfliktbeilegung nur mit Hilfe einer Obrigkeit vorstellen kann. Der Mediator bricht erstmals mit dieser Tradition. Letztlich geht es bei alledem darum, dass Menschen im Gemeinwesen ihre Konflikte ohne obrigkeitliche Hilfe austragen. Es ist merkwürdig, dass der das Privatrecht beherrschende Grundsatz der Privatautonomie bislang ausschließlich bei der Konfliktvorbeugung durch freie Vertragsgestaltung diskutiert wird. Dieser Grundsatz sollte auch dann gelten, wenn das Kind trotz aller rechtsgeschäftlichen Vorsorge in den Brunnen gefallen ist. Erst durch Verhandeln – ob ohne oder ob mit Hilfe der Mediation – kann der Grundsatz der Privatautonomie vollendet werden.

Die Beschäftigung mit ADR hat zu einer Fülle an kreativen neuen Ideen geführt. Exemplarisch nenne ich hier die Idee der Adjudikation (von engl. *„adjudication"* = Gerichtsentscheidung,

Rechtsspruch). Die Parteien vereinbaren ein schnelles summarisches und vorläufig verbindliches Schiedsgutachtenverfahren zur Beilegung aller Streitigkeiten. Die Entscheidung des Adjudikators ist bindend, aber durch ein (Schieds-) Gerichtsverfahren auflösend bedingt. So etwas Kreatives ist den Vätern des BGB im 19. Jahrhundert nicht eingefallen. Ein Arbeitskreis des Deutschen Baugerichtstages e.V. hat bereits Empfehlungen für ein gesetzliches Adjudikations-Verfahren formuliert. Der Schiedsgutachter (Adjudikator) soll danach ein Nichtjurist sein, der über baurechtliche Kenntnisse verfügt, oder ein Jurist, der über baufachtechnische Kenntnisse verfügt. Er soll die Streitigkeit „in tatsächlicher und rechtlicher Hinsicht" entscheiden.

Bei allem Idealismus dürfen Sie nicht übersehen, dass bei jeder Verhandlung und jeder Mediation letztlich auch „gefeilscht" wird. Peter Grilli, ein prominenter US-amerikanischer Mediator, erzählte einmal, für die Mediation bräuchte er vor allem gutes Schuhwerk. Mindestens siebenmal müsse er die Basarangebote der Parteien beim „Go-between" von einem Raum zum anderen überbringen, ehe die Einigung zwischen den Ausgangszahlen erreicht sei. Die Psychologen können uns erklären, was im Basar geschieht. In meinem Buch „Verhandlungsmanager" habe ich das beschrieben. Hier nur ein Spruch, der alles Gesagtes in nuce zusammenfasst: *„Sagt er 12 meint er 10 will er haben 8 wird es wert sein 6 möchte ich geben 4 werd' ich sagen 2."*

XIII. Die dreizehnte juristische Erfindung: Die „digitale Justiz“

Die „dreizehnte“ Erfindung ist noch nicht abgeschlossen; sie wird gerade gemacht. Dabei gehen die Meinungen ebenso wie bei der Zahl dreizehn, die den einen eine Glückszahl, den anderen eine Unglückszahl ist, weit auseinander. Die Zahl 13 ist die sechste Primzahl, also eine Zahl, die nur durch sich selbst und durch 1 teilbar ist. Sie ist eine zentrierte Quadratzahl, also eine Zahl, welche die Summe zweier aufeinander folgender Quadratzahlen ist ($13 = 4 + 9 = 2^2 + 3^2$). Und sie ist die kleinste Mirpzahl (aus *„prim“* wird rückwärts gelesen *„mirp“*), also eine Zahl, die rückwärts geschrieben eine andere Primzahl ergibt, nämlich 31. Im alten Duodezimalsystem (Zwölfersystem) der Römer, das Sie heute noch auf jeder Uhr finden, ist die 13 als die erste neue Zahl herausgehoben. Für manche gilt die 13 daher als Glückszahl. Bei Einführung der Lotto-Ziehungen „6 aus 49“ war die 13 die erste Zahl, die gezogen wurde, und seitdem tippt die Lottogemeinde unentwegt die 13. Aber sie war in der Folgezeit im Lotto die seltenste Zahl, und das bestätigt die Mehrheit derer, welche die 13 für eine Unglückszahl halten. Die Furcht vor der 13 hat sogar einen eigenen Namen: „Triskaidekaphobie“. In vielen Hotels, Flugzeugen, Krankenhäusern werden Zimmer, Stockwerke Sitzplätze mit der 13 ausgelassen. Im Tarot ist die 13 dem Tod zugeordnet. Sie ist auch ein Synonym für den Teufel. Und wenn sie gar noch mit einem Freitag verbunden erscheint, kann man nur sagen: *„Jetzt schlägt‘s dreizehn!“* Soviel zur „dreizehnten“ Erfindung.

IT in der Justiz – das war und ist für viele eine Horrorvorstellung. Die Ablehnung des angeblich „seelenlosen“, „inhumanen“, „mechanischen“ Computereinsatzes in Recht hat dazu geführt, dass die Rechtsinformatik als methodenorientierte Disziplin in Deutschland ausgestorben ist, im Unterschied zu allen anderen Industriestaaten. Das ist ein wissenschaftliches und ökonomisches Disaster und ein Standortnachteil für Deutschland. Ich komme darauf zurück.

Im Jahre 2013 sahen sich die juristischen Zweifler durch die Enthüllung der NSA-Spionage bestätigt. Diese hat eine weltweite Diskussion ausgelöst. Kaum jemand bezweifelt, dass diese Praktiken verdammenswert sind. Die Uno-Vollversammlung hat am 18.12.2013 auf Initiative von Deutschland und Brasilien eine – freilich nicht bindende – Resolution gegen Spähaktionen verabschiedet. Darin heißt es: *„Die gleichen Rechte, die Menschen offline haben, müssen auch online geschützt werden – vor allem das Recht auf Privatheit"*. Die *„ungesetzliche und willkürliche Überwachung" von Kommunikationsdaten"* verletze die Privatsphäre und führe zur Einschränkungen der Meinungsfreiheit. Die USA und andere westliche Staaten haben eine Abschwächung des Dokuments bewirkt. Weder sie noch die NSA werden in dem Papier namentlich genannt. Menschenrechtsorganisationen wie Amnesty International und Human Rights Watch haben dies kritisiert. Dennoch ist die Resolution wichtig für den Schutz der der Menschenrechte im Computerzeitalter. Das Thema blieb auch auf der Tagesordnung der UNO. Die Menschenrechtskommissarin Navi Pillay wurde beauftragt, noch im Jahr 2014 einen Bericht über geheimdienstliche Überwachungsprogramme und den Schutz der Privatsphäre vorzulegen, über den die Vollversammlung ab September 2014 beraten wollte.

In Deutschland haben 207 Wissenschaftler gegen die Online-Spähattacken der Geheimdienste protestiert und ein Ende der Grundrechtsverstöße gefordert. Zuvor hatten 560 prominente Schriftsteller weltweit eine Resolution gegen die Massenüberwachung der Zivilbevölkerung veröffentlicht. Zu den Unterzeichnern gehörten Nobelpreisträger wie Günter Grass, Elfriede Jelinek, Orhan Pamuk und J.M. Coetzee sowie Umberto Eco, Margaret Atwood, Joao Ribeiro, Henning Mankell, Richard Ford und David Grossmann.

Die deutsche Bundesregierung zeigte sich hoffnungsvoll, eine vertragliche Lösung mit den USA zu finden. Aber die Ernüchterung folgte rasch. Am 14.1.2014 meldete die Süddeutsche Zeitung, das geplante No-Spy-Abkommen mit den USA stehe vor dem Scheitern. In einem Kommentar schrieb Heribert Prantl: *„Nichts ist trauriger als der Tod einer Illusion. Es war offenbar eine Illusion zu glauben, dass die USA ihre Spähaktionen in Deutschland, gegen Deutschland und gegen Deutsche aufgeben oder zumindest stark einschränken werden. Dem Totalzugriff des US-Geheimdienstes NSA auf die Kommunikationsdaten entspricht die Totalweigerung der US-Politik, sich wenigstens zur Mäßigung zu verpflichten."*

Gibt es ein Mittel gegen diese Praktiken? Die Antwort auf diese Frage erfordert zunächst einen historischen Rückblick. Er muss freilich kurz bleiben und sich auf wenige Erscheinungen beschränken. Denn Spionage gibt es schon seit sehr langer Zeit. Genauer: seit etwa 3.000 Jahren. Sie ist zwar nicht das älteste Gewerbe der Welt, aber doch ein sehr altes Gewerbe. Bereits in der Antike mühten sich die Machthaber, Informationen über ihre Feinde und, vielleicht noch wichtiger, über ihre Untertanen zu gewinnen. Meder, Perser, Griechen, Römer – sie alle pflegten mit Hingabe dieses Gewerbe. Der griechische Geschichtsschreiber Herodot (um 485–ca. 424 v. Chr.) berichtete, dass Xerxes auf seinem Zug gegen die Griechen in Sardeis drei enttarnte griechische Spione begnadigt habe, damit sie den Griechen von der Größe seines Heeres und seiner Flotte berichten konnten. Er hoffte, die Griechen würden dann ihren Widerstand aufgeben und sich unterwerfen – eine irrige Hoffnung, wie so häufig in der Geschichte der Spionage. So berichtete ZEIT Online am 13.1.2014, laut einer Studie der New America Foundation, einer US-amerikanischen Denkfabrik, habe die Datensammlung der NSA bislang nur wenig dazu beigetragen, Terroranschläge zu verhindern. Die traditionelle Strafverfolgung sei wesentlich effektiver. Nur in einem einzigen Fall habe das NSA-Programm Hinweise für Terrorermittlungen gegeben. Dabei sei es um einen Taxifahrer in San Diego gegangen. Dieser sei daraufhin verurteilt worden, weil er einer Terrorgruppe in Somalia Geld geschickt habe. Drei Komplizen seien ebenfalls verurteilt worden. Um einen drohenden Anschlag gegen die USA sei es nicht gegangen. Die NSA befindet sich insoweit also durchaus in der Gesellschaft des Perserkönigs Xerxes, der auch sonst nicht gerade mit Intelligenz geschlagen war; so ließ er nach einem fehlgeschlagenen Versuch, eine Schiffsbrücke über die Dardanellen zu errichten, das Meer auspeitschen.

Für Cäsar war die Spionage (von lat. *„spicare“* = ausspähen) ein wichtiger Bestandteil der Kriegsführung. Bereits vor ihm, seit dem Ende des Zweiten Punischen Kriegs (218–201 v. Chr.) gehörten jeder römischen Legion zehn „speculatores“ an. Das waren zu Spionagezwecken ausgebildete Soldaten, die hinter den feindlichen Linien operierten und die gegnerischen Truppen observierten. Auch die Abwehr der Spionage war für Cäsar schon ein Thema. Der römische Schriftsteller Sueton (ca. 70–ca. 122 n. Chr) schrieb, er habe ein nach ihm benanntes Verschlüsselungsverfahren verwendet, welches mit einer Verschiebung des Alphabets um drei Buchstaben gearbeitet habe.

Im Mittelalter kam die Wirtschaftsspionage hinzu. Es ging darum, herauszufinden, wie andere Länder bestimmte Produkte erzeugten. Solche Geheimnisse wurden sorgfältig geschützt. Ein Beispiel bietet Chinas Geheimnis der Seidenherstellung. Die Kaiserin Xi Ling Shi, Ehefrau von Huang Di, soll vor etwa 4.600 Jahren die Kunst der Seidenspinnerei erfunden haben. Sie zupfte Raupen von den Blättern der Maulbeerbäume. Eine davon fiel in ihren Tee. Beim Herausfischen spulte sie einen hauchdünnen Seidenfaden ab So entstanden die begehrte Stoffe. Für mehrere tausend Jahre hüteten die Chinesen dieses Geheimnis. Über die berühmte Seidenstraße gelangte die Seide nach Ägypten und Rom. Durch Wirtschaftsspionage wurde das Geheimnis dann im frühen Mittelalter in Europa aufgedeckt.

An der Abwehrfront machten zu Beginn der Neuzeit die Verschlüsselungsmethoden Fortschritte. Um 1500 entstand das Voynich-Manuskript, ein 224 Seiten starkes Buch, dessen Verschlüsselung bis heute nicht entziffert werden konnte. Ein anderes Beispiel bietet die Beale-Chiffre, eine Schrift aus dem Jahre 1885, die angeblich beschreibt, wo ein gewisser Thomas J. Beale in den Jahren 1820/22 einen Goldschatz versteckt habe. Er konnte nur teilweise entschlüsselt werden. Die entscheidende Botschaft – der Ort des Verstecks – wurde bis heute nicht gefunden.

Als 1618 der Westfälische Frieden ausgehandelt wurde und Kaiser Ferdinand nach vernichtenden Niederlagen seine Bereitschaft zum Friedensschluss nach Münster mitteilte, war der Chiffreschlüssel verlorengegangen, so dass das Dokument nicht entziffert werden konnte. Der Krieg wurde noch einige Wochen fortgesetzt, bis der Schlüssel eintraf und der Vertrag endlich unterschrieben werden konnte.

Im Frankreich der Revolutionszeit zeigte Joseph Fouché (1759–1820), dass Wissen eine Macht war, gegen die selbst ein Napoleon nichts ausrichten konnte. Fouché gehörte dem Konvent an und war Drahtzieher der Opposition gegen Robespierre, die dessen Sturz und Hinrichtung er bewirkte. 1779 ernannte ihn das Direktorium zum Polizeiminister. Dies ermöglichte es ihm, ein ausgedehntes Spionagesystem über alle Klassen der Gesellschaft einschließlich der Familie des Ersten Konsuls zu organisieren. Napoleon versuchte vergeblich, ihn loszuwerden. Der Mann wusste zu viel. Der Diktator war Geisel des allwissenden, alles registrierenden, alles ahnenden Polizeichefs. Nach Napoleons Sturz schloss er sich den Bourbonen an. Napoleon ernannte ihn nach den 100 Tagen erneut zum Polizeiminister. Nach dem erneuten Sturz des Kaisers wurde Fouché wiederum Polizeiminister der Monarchisten. Als reicher Mann starb er in Triest. Eine vergleichbare Karriere gelang Talleyrand, der jedoch im Gegensatz zu Fouché sagen konnte, er habe stets Frankreich gedient, während Fouché immer nur der Mehrheit gedient habe. Als einmal bei einer kaiserlichen Redoute Fouché und der hinkende Talleyrand gemeinsam den Raum betraten, bemerkte Chateaubriand: *„Das Laster, gestützt auf den Verrat"*.

Im 19. und 20. Jahrhundert begann dann die Epoche der maschi-nengestützten Verschlüsselung. Eine eigene Disziplin namens Kryptographie entstand. Im Zweiten Weltkrieg wurde auf deutscher Seite die Enigma (von griech. „*ainigma*" = Rätsel") eingesetzt. Diese Schlüsselmaschine galt als „unknackbar", wurde jedoch in England von dem polnischen Mathematiker Marian Rejewski und dem Informatiker Alan Turing geknackt. Die so gewonnenen Informationen trugen wesentlich zum Sieg der Alliierten über Nazi-Deutschland bei.

In den siebziger Jahren begann dann die Epoche der Verschlüsselung mit dem Computer. Jedem Fortschritt auf der Verschlüsselungsseite folgte ein entsprechender Schritt bei den Hakkern. Im Januar 2014 veröffentlichte die Washington Post die Nachricht, die NSA strebe den Bau eines Quantencomputers an, der imstande sein sollte, alle vorhandenen Verschlüsselungs- und Signaturverfahren zu brechen. Bislang ist das nur ein theoretisches Modell, doch ist nach aller Erfahrung mit seiner Realisierung in naher Zukunft zu rechnen. Und natürlich wird dann jemand kommen und einen „unknackbaren" Quantencomputer bauen ...

Als Fazit bleibt festzuhalten: Der Wettlauf zwischen Verschlüsselern und Hackern gleicht dem Wettlauf zwischen Hase und Igel. Eine technische Lösung des Problems ist nicht zu erwarten. Sonderfälle wie das Voynich-Manuskript und der Beale-Chiffre widerlegen diese Feststellung nicht, zumal beim Voynich Manuskript durchaus die Möglichkeit besteht, dass es überhaupt keinen sinnvollen Text enthält. Es wäre nicht das erste Buch, von dem man dies sagen kann.

Gibt es eine rechtliche Lösung des Problems? Die bisherigen Erfahrungen stimmen skeptisch. Die Rechtsfragen des Computerzeitalters werden seit der Mitte des 20. Jahrhunderts diskutiert. Schon zu einer Zeit, als nur Rechner mit geringer Leistungsfähigkeit im Einsatz waren und Internet und digitale Kommunikation noch in ferner Zukunft lagen, wurde über „*Privacy*" diskutiert, und wurde das Schreckensbild des „*gläsernen Menschen*" gemalt. In Deutschland wurde bereits in den siebziger Jahren das Wort „Datenschutz" zu einem Begriff jener Gattung, die in den USA mit *„Motherhood, Applepie and the Flag"* bezeichnet wird. Dabei war und ist schon im Ansatz unklar, worum es eigentlich geht. Geht es um den Schutz des Menschen vor missbräuchlicher Datenverarbeitung? Geht es um das vom Bundesverfassungsgericht entwickelte Recht auf informationelle Selbstbestimmung? Geht es um den Schutz des allgemeinen Persönlichkeitsrechts? Geht es um den Schutz der Privatsphäre? Geht es um die Meinungsfreiheit? Geht es um die Abwehr des Überwachungsstaats? Geht es um die Freiheit der Kommunikation? Geht es um die Entscheidungsfreiheit des Einzelnen?

Wie auch immer – der deutsche Gesetzgeber reagierte rasch und gründlich. Das Bundesdatenschutzgesetz wurde bereits im Jahre 1977 verkündet. Parallel dazu erließen die Länder ihre Daten-schutzgesetze. Diese Gesetze sind extrem kompliziert und verwenden eine unübersichtliche Verweisungstechnik, die ihr Verständnis schwer, wenn nicht unmöglich machen. Hierauf habe ich schon hingewiesen. Es gab damals ein allgemeines Unbehagen, das einen gesetzgeberischen Aktionismus auslöste, der zu Datenschutzbeauftragten in Bund, Ländern und Unternehmen führte, ohne dass geklärt war, worum es eigentlich ging.

Das Zusammentreffen des Gesetzgebers mit einer modernen und in der Entwicklung befindlichen Technik ist auch sonst nicht immer glücklich verlaufen. So erwartete in Deutschland vor einem halben Jahrhundert ein komplett ausgearbeitetes Atomgesetz voller Spannung das Kritischwerden des ersten Mailers. Was dann wirklich geschehen würde – Stichwort „Fukushima" -, ahnte niemand. Und im Computerstrafrecht wurde in den achtziger Jahren mit einem neuen Tatbestand der Computerbetrug (S 263a StGB) verpönt und als Beeinflussung des *„Ergebnisses eines Datenverarbeitungsvorgangs durch unrichtige Gestaltung des Programms, durch Verwendung unrichtiger oder unvollständiger Daten, durch unbefugte Verwendung von Daten oder sonst durch unbefugte Einwir-*

kung auf den Ablauf" beschrieben . Das ist alles höchst unklar und die Schlussvariante der *„unbefugten Einwirkung auf den Ablauf"* eines Datenverarbeitungsvorganges bietet den bemerkenswerten Fall, dass der Strafgesetzgeber nicht die leiseste Ahnung hatte, was das sein sollte – Fußtritte gegen das Gehäuse? Herausziehen des Steckers? Einleitung von Starkstrom? Was immer auch gemeint war, es wird jedenfalls mit Freiheitsstrafe bis zu fünf Jahren oder mit Geldstrafe bestraft.

Ähnlich verhält es sich heute. Alle guten Menschen sind sich in der Verdammung der NSA-Praktiken einig, aber was da eigentlich geschieht, wie es geschieht, und welche konkreten Gefahren und Nachteile drohen, denen womöglich auch positive Folgen gegenüberstehen, wird kaum geprüft. Rechtliche Regelungen, die wirklich greifen, sind da nicht zu erwarten. Es kommt hinzu, dass die Datenspionage international betrieben wird, was nationalen Gesetzgebern und Strafverfolgern Grenzen setzt. Bei Straftaten mit Auslandsbezug gibt es für den nationalen Gesetzgeber zwei prinzipielle Möglichkeiten: Er kann an die Staatsangehörigkeit des Täters anknüpfen (Personalprinzip) oder an den Begehungsort (Territorialitätsprinzip). Im deutschen Strafrecht gilt das letztere. Maßgeblich ist, ob die Straftat in Deutschland *„begangen"* wurde. Dies ist der Fall, wenn der Täter hier *„gehandelt"* hat oder wenn der zum Tatbestand gehörende *„Erfolg"* hier eingetreten ist. Die in Deutschland relevanten Straftatbestäde (Ausspähen von Daten und Abfangen von Daten, §§ 202a; 202b StGB)sind als Erfolgsdelikte ausgestaltet, bei denen das *„Sich- oder einem anderen-Verschaffen"* von Daten der Erfolg ist. Im Falle NSA sitzen sowohl der Spähende als auch der andere aber in den USA, so dass eine Anwendbarkeit des deutschen Strafrechts ausscheidet. Derartige Friktionen sind unvermeidlich, wenn der Gesetzgeber aus der Hüfte schießt ohne die Realität zu kennen, die er regeln möchte.

Es bleiben noch die internationalen Verträge, aber es wäre naiv, hiervon eine Bändigung der weltweiten Datenspionage zu erwarten. Auch vom Recht ist daher keine Lösung des Problems zu erwarten.

Wenn man mit etwas leben muss, was man nicht ändern kann, ist es sinnvoll, dieses „Etwas" genauer zu betrachten. Natürlich sind die Computerprogramme von NSA & Co streng geheim, aber die Aufgaben, die sie lösen müssen, sind nicht geheim, und die prinzipiell vorhandenen Lösungswege sind es auch nicht. Betrachten wir diese einmal näher.

Auf der einen Seite steht die digitale Kommunikation. Das sind geschriebene oder gesprochene Texte sowie Grafiken (Fotos, Pläne, Zeichnungen usw.) Sie werden elektronisch über E-Mails, Internet, Handys usw. übermittelt und können dabei abgefangen und gespeichert werden. Auf der anderen Seite stehen Fragestellungen, die in entsprechender Weise formuliert werden müssen. Soll beispielsweise ein terroristischer Anschlag erkannt werden, muss dieser in einer Frage beschrieben werden. Die vorhandenen Daten müssen dann anhand dieser Frage durchsucht werden. Es muss geprüft werden, ob zwischen der Frage und den erfassten Daten Relevanz besteht. Allgemeiner gesprochen: Man hat auf der einen Seite Inhaltsdaten, auf der anderen Seite Fragedaten, und man muss prüfen, ob die Inhaltsdaten Antworten auf die Fragen enthalten. Dies muss wegen der Menge der Inhaltsdaten computergestützt geschehen. Die Zeiten, da Geheimdienstleute Briefe öffneten und lasen, sind vorüber.

Wäre es möglich, den Vorgang des Verstehens formal zu repräsentieren, wäre es vorstellbar, diese Prüfung maschinell vorzunehmen. Davon kann aber keine Rede sein. Das Verstehen ist ein Vorgang, mit dem sich die Hermeneutik seit der Antike beschäftigt. Im 19. Jahrhundert war sie die zentrale Disziplin der Geisteswissenschaften. Nach Wilhelm Dilthey (1833–1911) bedeutete Verstehen, aus äußerlich gegebenen, sinnlich wahrnehmbaren Zeichen ein *„Inneres"*, Psychisches zu erkennen. Alle Versuche, im Computer diesen Vorgang abzubilden, sind bislang gescheitert. Wenn heute in diesem Zusammenhang von „Künstlicher Intelligenz“ die Rede ist, liegt bereits begrifflich ein Missverständnis vor. Es handelt sich um eine Übersetzung von „artificial intelligence“, wobei „intelligence“ im Sinne von „Information“, „Nachricht“ zu verstehen ist. So ist die US-amerikanische Central In-telligence Agency (CIA) nicht etwa eine Intelligenz-Agentur, sondern ein Nachrichtendienst. Bei der sog. „Künstlichen Intelligenz“ geht es nur darum, ein menschenähnliches Verhalten zu simulieren. Ein Beispiel bietet das in den 1960er Jahren von Joseph Weizenbaum (1923–2008) am MIT entwickelte Programm ELIZA, welches den Dialog eines Psychiaters mit einem Patienten simulierte. Die Wirkung des Programms war damals überwältigend, aber wenn man die Regel bedenkt, dass Psychiater niemals Fragen beantworten und auf jede Antwort mit einer Frage reagieren, legt sich die Überwältigung wieder.

Ich selbst habe in den 1980er Jahren an einem Forschungsprojekt LEX mitgearbeitet, bei dem es darum ging, juristisch relevante Sachverhalte im Computer so zu bearbeiten, dass Fragen richtig beantwortet wurden, die in natürlicher Sprache, und zwar gesprochen, gestellt wurden. Diese Forschung war lehrreich, um die dabei zu lösenden Probleme zu erkennen. Wir bildeten drei Wissensbasen. Die erste war eine juristische Wissensbasis; sie war am leichtesten nachzubauen, weil es im kontinentaleuropäischen Recht eine seit Jahrhunderten gut durchstrukturierte sog. Dogmatik gibt, auf der wir aufsetzen konnten. Die zweite war eine linguistische Wissensbasis. Hier waren einige Fortschritte möglich, wie man heute an den Arbeiten zur maschinellen Sprachübersetzung erkennen kann; wirklich überzeugend ist diese aber noch nicht gelungen. Als unlösbar erwies sich das Problem der dritten Wissensbasis. Sie sollte das Common-Sense-Wissen enthalten, über welches wir alle verfügen, ohne uns dies bewusst zu machen. Wenn ich z. B. sage: *„Ich bin gestern von München nach Frankfurt gefahren“*, dann weiß jedermann, dass ich gestern zuerst in München und später in Frankfurt war, obwohl ich dies nicht gesagt habe. Ich habe lediglich eine Fahrt beschrieben. Inzwischen gibt es hierzu Datenbanken, z. B. Cycorp, in der sich zahlreiche Regeln befinden wie die, dass Wasser nass ist. Aber von einer Lösung dieses Problems sind wir noch weit entfernt.

So what? Aktuell gibt es zahlreiche Systeme, um unstrukturierte Daten zu durchforsten. Ein Beispiel bietet das IBM-System Watson. Es hat seinen Namen nicht etwa von Dr. Watson, dem leicht beschränkten Fragepartner von Sherlock Holmes, sondern von Thomas J. Watson Sr. (1874–1956), dem Gründungsvater der IBM. Watson steht in der Tradition der IBM Rechners Deep Blue, eines Großrechners, dem es 1997 erstmals gelang, in einem Mensch-gegen-Maschine-Wettbewerb zu gewinnen. Deep Blue konnte 200 Millionen mögliche Schachzüge pro Sekunde zu berechnen und besiegte in einem Schachwettbewerb den damaligen Weltmeister Garry Kasparov. Watson verfügt heute über deutlich mehr Rechenkapazität und beruht auch auf einem neuen Ansatz: Watson soll die menschliche Sprache (konkret Englisch) „verstehen" und deren Wörter und Kontext so zu analysieren, dass der Rechner Antworten auf Fragen in natürlicher Sprache geben kann. Das Ziel besteht darin, lernende Computersysteme für verschiedene Einsatzbereiche zu schaffen. In einem spektakulären Einsatz, vergleichbar dem Schachspiel von Deep Blue, hat Watson 2011 in einer Fernseh-Quiz-Show namens „Jeopardy" (engl. = Gefahr) gegen zwei menschliche Champions ein Preisgeld von 1 Mio. US-Dollar gewonnen (und gemeinnützigen Zwecken zugeführt). Bei Jeopardy geht es darum, zu einer gegebenen Antwort die passende Frage zu finden. Die Stimme von Watson ähnelte dabei frappierend der des Supercomputers „HAL" in Stanley Kubricks Film „2001". Diese seltsame Show findet in den USA großen Anklang. In Deutschland war sie im Fernsehen nicht übermäßig erfolgreich.

Der Computer soll also imstande sein, selbstständig Informationen aus Daten zu gewinnen und Schlüsse zu ziehen. Damit soll er sich den kognitiven Fähigkeiten des Menschen annähern. Am 9. Januar 2014 teilte IBM mit, man werde $ 1 Milliarde in einen neuen Geschäftsbereich namens Watson Group investieren. Binnen einer Dekade soll ein $ 10 Milliarden Geschäft entstehen. Dieses Vorhaben zeigt, wie weit man noch von einer Lösung des Problems entfernt ist, kognitive menschliche Fähigkeiten formal zu repräsentieren. Die Washington Post zitierte in dem erwähnten Artikel über das Telefondaten-Sammeln der NSA die Forschungsstudie mit den Worten: *„Im Großen und Ganzen liegt das Problem der Anti-Terror-Beamten nicht darin, dass sie größere Mengen Information aus den massenhaften Überwachungsprogrammen bräuchten, sondern darin, dass sie die Informationen, die sie bereits besitzen und die mit herkömmlichen Techniken gewonnen wurden, nicht ausreichend verstehen oder teilen"*.

Als vorläufiges Fazit kann man sagen: Die weltweite Empörung hält einer nüchternen Betrachtung nicht stand. Wer in seinen Telefonaten nicht etwa schlechte Scherze macht und evidente Reizwörter benutzt, kann sich so sicher fühlen wie ein Fisch in einem Schwarm, den ein Raubfisch angreift.

Die vielen Aufschreie kontrastieren zudem eigenartig mit der Tatsache, dass nicht nur unzählige Privatpersonen, sondern auch viele Politiker nichts besseres zu tun haben, als private und berufliche Informationen in sozialen Netzen preiszugeben und dabei eine Unmenge an Spuren im Internet zu hinterlassen. Solche Daten liegen schon längst nicht mehr auf einem Server, den es zu schützen gilt. Das „Netzwerk" ist das System. Dass wir irgendwann „gläsern" werden, ja, es vielfach heute schon sind, ist nicht mehr zu vermeiden. Amazon zeigt es uns bei jeder Bestellung. Hier kann aber allenfalls persönlicher Schaden entstehen. Dramatischer wäre es, wenn das Internet von irgendwelchen Schurkenstaaten „übernommen" würde. Es ist kaum vorstellbar, was geschieht, wenn die Kommunikationswege des Internets manipuliert oder sogar blockiert würden. Ganze Staaten könnten gezielt handlungsunfähig gemacht werden. An dieser Stelle erscheint gezielte Spionage – oder anders gesagt: professionelle Überwachung – als das kleiner Übel.

Vor allem aber wäre es notwendig, die Rechtsinformatik als wissenschaftliche Disziplin wieder zu beleben und das statt dessen betriebene „Informationsrecht" zu vergessen. Recht hat es immer und ausschließlich mit Informationen zu tun; ein eigenes Rechtsgebiet zu diesem Thema zu kreieren, war und ist ein Unding. Was dagegen not tut, sind Informatik-Kenntnisse. Gelegentlich bekomme ich zu hören, dies sei ein Generationenproblem. Die jungen Leute würden das erforderliche Rüstzeug mitbringen. Das ist Unsinn. Die Schule hat bei uns auf diesem Gebiet bislang versagt. Außer Facebook, Ebay, Computerspielen und ähnlichem Unsinn bringen die jungen Leute nichts an Kenntnissen mit. Und im Jurastudium wird diese Unwissenheit noch in Ablehnung verklärt. Die Unwissenheit der Juristen (nicht nur bei der Justiz) hinsichtlich des gesamten IT-Bereiches, verbunden mit einer beispiellosen IT-Feindseligkeit, ist so gravierend, dass ich hierin sogar, wie schon erwähnt, einen Standortnachteil für Deutschland sehe. Als ich noch Verhandlungsseminare durchführte, habe ich gemeinsam mit einem IT-Dienstleister Seminare für IT-Spezialisten durchgeführt. Die Teilnehmer sollten instand gesetzt werden, Auseinandersetzungen bei IT-Entwicklungsprojekten, an denen mehrere Dienstleister beteiligt sind, ohne Hilfe der Gerichte führen zu können. Wenn es in einem solchen Projekt zu einem Rechtsstreit kommen würde, kann man nämlich ziemlich sicher sein, dass die Unwissenheit der Juristen vernünftige Entscheidungen verhindert, vom unerträglichen Zeitverlust ganz abgesehen. Es würden Sachverständige gerufen, und die sind bekanntlich gekaufte Knechte.

C. Unlösbare Rechtsfälle

I. Die Fragestellung

Zum Selbstverständnis der Juristen gehört der Glaube, für jeden Rechtsfall halte das Recht eine Lösung bereit. Im Land der geschriebenen Gesetze, in welchem wir leben, wird dies dahin konkretisiert, die Lösung sei dem Gesetz zu entnehmen. Der Prozess der Rechtsfindung wird als Erkenntnisprozess angesehen. Die Frage, ob es Rechtsfälle gibt, die schlicht unlösbar sind, scheint unsinnig zu sein. Im deutschen Recht gibt es keine Regelung, die diesen Fall für möglich hält. „Auslegung" und „Analogieschlüsse" scheinen alles abzudecken. Das Schweizerische Zivilgesetzbuch von 1907 spricht immerhin die Frage an. Dessen Art. I lautet:

> *1 Das Gesetz findet auf alle Rechtsfragen Anwendung, für die es nach Wortlaut oder Auslegung eine Bestimmung enthält.*
> *2 Kann dem Gesetz keine Vorschrift entnommen werden, so soll das Gericht nach Gewohnheitsrecht und, wo auch ein solches fehlt, nach der Regel entscheiden, die es als Gesetzgeber aufstellen würde.*
> *3 Es folgt dabei bewährter Lehre und Überlieferung.*

Schöpfer des Gesetzes war der berühmte Jurist Eugen Huber (1849–1923). Man spürt den Geist von Kants kategorischem Imperativ in der Regelung des Abs. 2.

Die Schweizer erkennen also die Möglichkeit an, dass es ungeregelte Fälle gibt, und wenn Sie einen Schritt weitergehen, landen Sie bei den unlösbaren Fällen. Diese sind häufiger, als Sie glauben mögen. Sie werden zwar entschieden – nach dem Grundsatz, den ein Anwalt einmal seinem Mandanten erläuterte: *„Sie* *wollen Gerechtigkeit? Sie bekommen ein Urteil!*" Aber Entscheidung und Lösung sind zwei paar Stiefel. Ich zeige Ihnen im Folgenden auf, dass es tatsächlich unlösbare Fälle gibt.

II. Die Lehrbuchfälle

Unser Schrifttum ist voll von Fällen, die erdacht wurden, um verzwickte Rechtsfragen behandeln zu können. Ein schönes Beispiel hat Christian Fahl in seinem Buch *„Jura für Nichtjuristen“* mitgeteilt. Kurz nach Inkrafttreten des BGB, um 1905, begann die Diskussion um die „Perle in der Auster“. Karl Gareis (1844–1923), Verfasser eines Werkes mit dem Titel *„Enzyklopädie und Methodologie der Rechtswissenschaft“* hatte diese Geschichte in der Juristenzeitung mitgeteilt und augenzwinkernd bemerkt, er habe sie in einer Tageszeitung gelesen. Der Fall ist rasch erzählt: Im Restaurant des R bestellt Herr H für seine Begleiterin B Austern. Bei deren Verzehr findet B in einer Auster eine wertvolle Perle. Wem gehört die Perle? Die Folge war eine Diskussion, an der sich die juristische Berühmtheiten der damaligen Zeit beteiligt. Vertreten wurden alle nur denkbaren Möglichkeiten: Die Perle sollte der B gehören, und zwar auch dann, wenn H sie eingeladen hatte. Die Perle sollte B und H je zur Hälfte gehören. Die Perle sollte dem Fischer F gehören, der die Auster gefangen hatte. In Betracht kamen natürlich auch noch R und etwaige Zwischenhändler, durch deren Hände die Auster gegangen war. Fahs benötigt siebzehn Seiten, um diese Diskussion zu beschreiben. Eine „richtige“ Lösung gibt es bis heute nicht.

Im Strafrecht veröffentlichte der Kriminologe Herbert Jäger im Jahre 1973 eine Glosse über Lehrbuchkriminalität, jene *„höchst merkwürdigen Verbrechen, die nicht von Tätern begangen, sondern von Strafrechtslehrern erdacht werden“*. Klassische Beispiele boten der Bauer, der seine Frau bei einem Gewitter auf das Feld schickt, wo sie erwartungsgemäß (Vorsatz) vom Blitz getroffen wird. Bereits um 1900 erfand der Strafrechtsprofessor Graf zu Dohna den Bösewicht, der in Europa auf den Boden stampfte, um in Australien die Antipoden in die Luft zu sprengen. Weitere Beispiele: Zwei Wilderer erschießen im selben Sekundenbruchteil unabhängig voneinander denselben Förster, der eine durch einen Schuss in den Kopf, der andere durch einen Herzschuss. Eltern entschließen sich, einen Mörder zu zeugen; Jahrzehnte später erfüllt der Sprössling diese Erwartung. Der Erbneffe überredet seinen Erbonkel zu einer Flugreise in der Hoffnung (Vorsatz), das Flugzeug werde abstürzen, was aus strafrechtsdogmatischen Gründen dann auch tut. Ein verschmähter Liebhaber verkleidet sich als Polizist und meldet seiner früheren Freundin den angeblichen Tod seines glücklichen Konkurrenten bei einem Verkehrsunfall, worauf sie wie geplant Selbstmord begeht. Jägers Vorschlag, diese Sonderform von Delikten nicht mehr zur Kenntnis zu nehmen, hat sich nicht durchgesetzt. Die Lehrbuchkriminalität lebt und erfreut sich an den juristischen Fakultäten bester Gesundheit.

Im Jahr 1971 veröffentlichte Karl Alfred Hall ein Buch mit dem Titel „Verrückte Strafrechtsfälle". Einer der Fälle trägt den Titel *„Die Wildsau"*. Ein Wilderer schießt in schneller Folge einmal auf ein Wildschwein und dann auf den Förster. Die Wildsau kann entkommen, der Förster schafft dies nicht und stirbt. Es bleibt offen, welcher der beiden Schüsse den Förster getroffen hat. Hall fordert den Leser auf: *„Die denkbaren tatsächlichen Situationen des Sachverhaltes sind darzustellen und strafrechtlich zu beurteilen."* Finden Sie die Lösung?

III. Fälle aus dem wirklichen Leben

1. Übersicht

Ich habe bereits auf Hamlet hingewiesen, der zu Horatio gesagt hat: *„Es gibt mehr Ding' im Himmel und auf Erden, als Eure Schulweisheit sich träumen lässt."* Die folgenden Fälle habe ich während meiner Zeit als Strafverteidiger wirklich erlebt. Sie betreffen sowohl das materielle Recht als auch das Verfahrensrecht, und sie sind garantiert unlösbar. Sollten Sie wieder Erwarten doch Lösungen finden, nehme ich Zuschriften gerne entgegen.

2. Die „Strohmänner" im Vertragsarztrecht

Doktor D ist Facharzt für X-Medizin. Im Fachgebiet X kann man mit computergesteuerten Robotern bestimmte Untersuchungen von Körperproben in großen Mengen billig durchführen. Die Vergütungsbestimmungen, die noch aus einer Zeit stammen, als die Ärzte mit Reagenzgläsern und Mikroskopen hantierten, sehen mengenmäßige Begrenzungen vor, um die Ärzte von unziemlicher Hast abzuhalten. Wer eine bestimmte Zahl von Untersuchungen pro Tag überschreitet, muss Honorarkürzungen hinnehmen. Um diese Begrenzung auszuhebeln, heuert D approbierte Fachärzte der X-Medizin an, die aus Alters- oder sonstigen Gründen (Krankheit, Demenz, Faulheit) als „Strohmänner" nichts anderes tun, als ihren Namen für seine auf Robotereinsatz basierenden Abrechnungen herzugeben. Auf diese Weise vermeidet er Honorarkürzungen in Millionenhöhe. Die Sache fliegt auf und D wird wegen Abrechnungsbetruges angeklagt. Die Ärzte seien doch lediglich „Strohmänner" gewesen. Nun kann aber niemand sagen, was ein Arzt wann, wo, wie und für welche Dauer tun müsste, um kein Strohmann zu sein. Die Anklage behauptet aber, jedenfalls sei völlige Untätigkeit nicht zulässig. Ist der Fall lösbar?

3. Doppelt bewiesen

Troll T (das ist ein Anwalt, der Patente blockweise aufkauft, um Klagen wegen angeblicher Patentverletzungen anzustrengen) verklagt Unternehmer U vor dem Landgericht. Das Gericht setzt einen mündlichen Termin an und lädt den für U tätigen Patentanwalt P ebenfalls zu diesem Termin. P hat an diesem Tag seit längerem eine Auslandsreise zu einem Mandanten verabredet, trägt dies bei Gericht vor und beantragt Verschiebung des Termins. T wendet sich dagegen und behauptet, P wolle das Verfahren verschleppen. P gibt daraufhin eine (in der Zivilprozessordnung – ZPO – vorgesehene) eidesstattliche Versicherung über die geplante Reise ab. Zu seinem Unglück fügt er einen Beleg seines von R geleiteten Reisebüros über einen angeblich an dem fraglichen Termin schon gebuchten Flug bei. Diesen Beleg hat R gefälscht, um dem P einen Gefallen zu tun. T findet das heraus und erstattet Strafanzeige gegen P wegen Abgabe einen falschen eidesstattlichen Versicherung.

Eine wahre eidesstattliche Versicherung, die als Beweismittel an sich völlig ausreichen würde, wird zusätzlich mit einem gefälschten Beweismittel untermauert. Ist der Fall lösbar?

4. Wege zum Künstlerruhm

Der schwerreiche Unternehmer U hat es sich in den Kopf gesetzt, als Kunstmaler anerkannt zu werden, was ihm trotz seines Geldes und eines gewaltigen Verbrauches an Leinwänden und Farben so wenig gelingen will wie es vor Jahren seinem Kollegen Kaiser Nero gelungen ist, sich Nachruhm als Künstler statt als Kaiser und Scheusal zu erwerben. Der Unternehmer will die Aussichtslosigkeit seines Strebens nicht einsehen und strebt unverdrossen weiter nach Ruhm. Zu diesem Zweck heuert er eine „Kunst-Agentin“ an. Dabei vergisst er, ihr ein finanzielles Limit zu setzen. So weiht sie ihr ganzes Dasein dem Dienst am

Ruhm dieses Auftraggebers. Als sie ihm dann ihre Abrechnung schickt, besinnt sich der nach wie vor ruhmloser Künstler auf sein Unternehmertum und lehnt die Zahlung ab. Sie reicht darauf eine Klage ein, die mehr als 700 Seiten Umfang hat. Darin steht beispielsweise, wie sie den Morgen mit einer Zeitungslektüre begonnen hat, um zu prüfen, ob irgendwo etwas stünde, was sie für den Ruhm des U verwenden könnte *(„Informationserschließung betr. Künstlerruhm – 65 Minuten“)* und anschließend den ganzen Tag mit zahllosen Tätigkeiten verbracht hat, die in der 700-seitigen Abrechnung „betr. Künstlerruhm“ aufgelistet werden. Den Abend beschloss sie regelmäßig vor dem Fernseher mit dem Herumzappen zwischen den Programmen *„wg. Künstlerruhm“;* es konnte ja irgendwo eine ruhmfördernde Sendung laufen. Ihr Anwalt listet ihre zahlreichen, über mehrere Jahre hinweg durchgeführten Aktionen *„betr. Künstlerruhm“* chronologisch auf, addiert die Zeiten, multipliziert sie mit einem künstlerisch hochstehenden Kunstagentenstundensatz und kommt so auf die erwähnten mehr als 700 Seiten. Der Anwalt des Beklagten bestreitet das alles qualifiziert, wozu er etwa 800 Seiten benötigte (der Mandant U ist, wie gesagt, schwerreich, und es wurde Abrechnung nach Stundensätzen vereinbart), gliedert seinen Vortrag aber nicht chronologisch, sondern nach Sachgebieten („Zeitungslektüre“, „Telefonate“, „Fernsehaktivitäten“ usw.). Nun liegen 1.500 Seiten auf dem Richtertisch, denen zwei völlig verschiedene Ordnungssysteme zugrunde lagen.

Ist der Fall mit vertretbarem Aufwand lösbar? Auf welche Weise?

5. Lizenz zum Beleidigen

Dienstleister A und Auftraggeber B haben einen Dienstleistungsvertrag geschlossen, welcher „sauer“ wird und zu einem Rechtsstreit führt. Darin stellt B mehrere wahrheitswidrige Tatsachenbehauptungen auf. Die Klage des A wird aufgrund dieses Vortrags des B abgewiesen. A ärgert sich maßlos. Kurz vor Eintritt der Verjährung erhebt er zur Unterbrechung der Verjährung eine Feststellungsklage gegen B wegen Prozessbetrugs und beschreibt in der Klageschrift lustvoll die Schandtaten des B. Kurz vor der mündlichen Klage nimmt er die Klage wieder zurück, was ohne Zustimmung des B zulässig ist. B hat wochenlang an einer Erwiderung gearbeitet. Er schäumt vor Wut und beantragt, dem A die Kosten durch Beschluss in Höhe des bei Feststellungsklagen üblichen prozentualen Anteils an den Kosten einer entsprechenden Leistungsklage aufzuerlegen. In der Begründung schreibt B, A habe die Klage nur erhoben, um ihn gedeckt durch Wahrnehmung berechtigter Interessen risikolos beleidigen zu können. A macht daraufhin geltend, die Klage habe nach dem eigenen Vortrag des B einen rein immateriellen Charakter gehabt und als zu ersetzende Kosten sei nur ein Erinnerungswert von 1 Euro anzusetzen.

Ist der Fall lösbar?

IV. Das Fazit

Alle diese Fälle wurden irgendwie erledigt. Der „Strohmann"-Doktor wurde aus anderen Gründen freigesprochen. Das Ermittlungsverfahren gegen den doppelt beweisenden Patentanwalt wurde mehrere Jahre im Dezernat der Staatsanwaltschaft jeweils dem jüngsten, neu eingetretenen Staatsanwalt zugeschoben, bis einer sich ein Herz fasste und das Verfahren gegen eine Geldzahlung einstellte. Der Künstlerruhm-Prozess wurde in der ersten mündlichen Verhandlung durch einen Vergleich erledigt, bei dem der Unternehmer kräftig zur Kasse gebeten wurde. Und die Lizenz zum Beleidigen ruht heute noch beim Gericht, wo keiner sie anfassen mag.

Diese Beispiele zeigen Ihnen, dass wir Juristen zwar nicht immer eine Lösung haben, aber immer einen Weg finden, aus einem unlösbaren Fall irgendwie wieder herauszukommen. Ich bin sicher, dass jeder praktisch tätige Jurist ähnliche Fälle erlebt hat (Zuschriften werden gerne für eine Neuauflage dieses Buches entgegengenommen.

D. Das Komplexitätsproblem

I. Übersicht

Das zentrale methodische Problem bei der Rechtsanwendung ist das Komplexitätsproblem. Komplexität ist eine überall zu beobachtende Erscheinung. Um aufzuzeigen, was das bedeutet, erläutere ich den Begriff Komplexität, nenne die acht Merkmale von Komplexität anhand von Beispielen aus dem Recht, mache deutlich, dass und warum Komplexität jeden Menschen überfordert, und zeige im Anschluss daran, wie Sie dieser Überforderung durch Strukturen im Rahmen des Möglichen begegnen können.

II. Die acht Merkmale von Komplexität

1. Übersicht

Das Wort Komplexität ist aus dem lateinischen Wort *„complectari“* (=umarmen, umfassen) abgeleitet. Der Begriff ist unscharf und wird von Psychologen, Ökonomen, Systemtheoretikern und Informatikern auf ganz unterschiedliche Weisen verwendet. Im juristischen Schrifttum taucht das Wort Komplexität allenfalls am Rande auf, in den juristischen „Methodenlehren“ so gut wie überhaupt nicht. In der rechtsphilosophischen Literatur wird Komplexität allenfalls als gesellschaftliches Phänomen erwähnt, über das man als Jurist nachdenken sollte, wobei von *„Komplexitätsreduktion“* die Rede ist – was immer das sein soll. Von Komplexitäts-„Bewältigung“ als Aufgabe der Rechtsanwendung selbst kann in diesem Schrifttum keine Rede sein. Dies ist umso erstaunlicher, als wir Juristen die längste Erfahrung beim Umgang mit Komplexität haben. Sie begann schon vor zweitausend Jahren, als in der Zeit des klassischen Römischen Rechts die schon erwähnte ungeheure Fülle von Detailentscheidungen – die „Responsa“, also die Antworten berühmter Juristen der damaligen Zeit auf einzelne Rechtsfragen – entstanden war. Wie sollte man passende Responsa im Bedarfsfalle finden? Und, gewichtiger noch, wie sollte man angesichts dieser Materialmenge die juristische Ausbildung gestalten? Der Mann, der eine Antwort auf beide Fragen fand, war der bereits erwähnte römische Jurist Gaius.

Komplexität ist durch acht Merkmale gekennzeichnet, die man in jedem Rechtsfall nachweisen kann.

- Es gibt eine Mehrzahl von Aspekten
- Die Aspekte bilden Aspekt-Hierarchien

- Die Aspekte sind „Mehr-oder-Minder“-Aspekte
- Die Aspekte bilden Systeme
- Die Systeme sind eigendynamisch
- Es gibt eine Vielzahl von möglichen Zielen (Polytelie)
- Zwischen den Zielen gibt es Konflikte und Widersprüche
- Es gibt stets Informationsdefizite

Im Einzelnen:

2. Eine Mehrzahl von Aspekten

Das erste Merkmal von Komplexität:

In jedem Rechtsfall gibt es eine Mehrzahl von Aspekten. Es gibt Sachverhaltsaspekte, rechtliche Aspekte, wirtschaftliche Aspekte, soziale Aspekte, emotionale Aspekte ... Es kann den Beteiligten darum gehen, ein Grundsatzurteil zu erstreiten, um Rechtssicher-heit zu bekommen; dieser Aspekt kann sogar der alleinige Grund für einen in der Sache völlig unbedeutenden Rechtsstreit sein; die grundlegenden Zinsurteile des Bundesgerichtshofes ergingen beispielsweise in Fällen mit einem Streitwert von wenigen Euro. Oder es geht den Beteiligten um wirtschaftliche Aspekte, um immaterielle Aspekte (Ehre, Ruf), um „niedrige“ Aspekte (Rache, Hass), und vieles andere mehr. Es soll sogar Leute gehen, die zum Gericht laufen, um ihren Adrenalinpegel hoch zu halten.

Manche Aspekte sind den Beteiligten bewusst, andere bilden nur eine Art von mehr oder weniger unbewusstem Hintergrundrauschen. Dabei können einzelne Aspekte durchaus dominant werden, ohne dass die Betroffenen dies merken. So kann es sein, dass ein Zivilprozess um Geld nur deshalb geführt wird, weil der Kläger sich aus ganz anderem Anlass über den Beklagten geärgert hat.

Dieses Hintergrundrauschen hat überwiegend keinen Namen und ist unscharf. Es findet weitgehend im Unbewussten statt. Es wird von den Betroffenen nicht beherrscht. Vielmehr beherrscht es umgekehrt die Betroffenen. Diese sind nicht imstande, es zu kontrollieren.

3. Die Aspekte bilden Aspekt-Hierarchien

Das zweite Merkmal von Komplexität:

Zu den Aspekten gehören Unter-Aspekte, und zu diesen jeweils wieder Unter-Unter-Aspekte, und so fort – mit der Folge, dass Aspekt-Hierarchien vorhanden sind. So besteht der Sachverhalt aus verschiedenen Komplexen (Vertragsschluss, Erfüllung, ...), zu denen jeweils wiederum Unterkomplexe (Vorgespräche, Verhandlung, Vertragsunterzeichnung, Anfechtung ...) gehören. Der Kläger beschreibt vielleicht die Entstehung einer Forderung, der Beklagte fügt einen Verjährungskomplex hinzu. Es ist zwischen relevanten und nicht relevanten, streitigen und unstreitigen Tatsachen zu unterscheiden; letzteren falls treten Beweistatsachen hinzu, die wiederum nach den Beweismitteln untergliedert werden. Zeugen können glaubwürdig sein oder nicht glaubwürdig, Sachverständige kompetent oder nicht kompetent. Entsprechend verhält es sich bei den rechtlichen Aspekten. Es gibt gesetzliche und vertragliche Ansprüche. Zu den gesetzlichen Tatbestandsmerkmalen treten die einzelnen Definitionen und Subdefinitionen in Rechtsprechung und Kommentaren hinzu. Ein Blick etwa in das Inhaltsverzeichnis des Palandt, des bekanntesten Kommentars zum BGB, macht die Existenz von Aspekt-Hierarchien deutlich. Dabei gibt es nicht etwa einen einzigen wohlgegliederten „Baum", wie die Begriffsjuristen des 19. Jahrhunderts geglaubt hatten. Nein, es gibt eine Vielzahl von miteinander vernetzten Teilhierarchien in verschiedenen „Bäumen", die von verschiedenen Menschen ganz unterschiedlich gebildet werden. Der eine meint, um eine Sachbeschädigung prüfen zu können, müsse man erst klären, ob eine Sache vorliege, ehe man deren Beschädigung untersucht. Der andere sieht es umgekehrt;

ob eine Sache vorliegt, könne zunächst dahingestellt bleiben; man müsse mit der Beschädigung beginnen, und er verweist dazu auf den Fall des Zertrampelns einer Langlaufloipe. Ob diese eine Sache ist, sei fraglich, aber jedenfalls könne sie zerstört werden.

4. Die Aspekte sind „Mehr-oder-Minder-Aspekte"

Das dritte Merkmal von Komplexität:

Die Aspekte sind keine Ja/Nein-Aspekte, sondern abstufbare Mehr-oder-Minder-Aspekte. Etwas anspruchsvoller ausgedrückt: Die Aspekte sind keine „Begriffe", die man abschließend definieren kann, sondern „Typen", die man nur exemplifizieren kann. Selbst scheinbar einfache und eindeutige Aspekte erweisen sich bei näherer Betrachtung als vage. So gibt es nur selten objektiv messbare Fakten des Sachverhalts. Es überwiegen die subjektiven Erfahrungen verschiedener Menschen, die verschiedene Wirklichkeiten produzieren. Ein scheinbar so eindeutiger Rechtsbegriff wie der strafrechtliche Begriff der Sache kann jederzeit zum Problem werden, wenn man es etwa mit Elektrizität oder der eben erwähnten Langlaufloipe zu tun hat. Die Grenze zwischen dem Beschädigen und dem Zerstören kann nur typologisch gezogen werden. Und wenn man es mit hochabstrakten Rechtsbegriffen wie *„angemessen"* oder *„öffentliches Interesse"* zu tun hat, scheidet jedes Begriffsdenken von vornherein aus.

Vollends deutlich wird das Mehr-oder-Minder-Problem bei Prognosen etwa von Gerichtsentscheidungen. Es gibt Anwälte, die in diesem Bereich gerne mit Wahrscheinlichkeiten in Prozenten rechnen, aber das ist eine Scheinrationalität, die zudem leicht in die Irre führt. Wenn man eine Münze wirft, ist die Wahrscheinlichkeit, dass diese auf Zahl oder Kopf fällt, jeweils 50 Prozent. Wenn man dreimal die Münze wirft, beträgt die Wahrscheinlichkeit, dass dreimal dasselbe Ergebnis kommt, nur noch 12,5 Prozent (50 % × 50 % = 25 % × 50 % = 12,5 %. Auf einen Rechtsstreit übertragen bedeutet dies: Wenn man beispielsweise eine Forderung hat, die mit einigen Unsicherheitsfaktoren behaftet ist wie mögliches eigenes Mitverschulden und denkbare Verjährungseinrede, sinkt deren „Erfahrungswert" drastisch. Nehmen wir an, der Forderungsbetrag ist 1.000. Die Chance, dass er vom Gericht anerkannt wird, beträgt 50 %. Daraus ergibt sich ein Wert von 500. Nun besteht ein 40 %iges Risiko, dass dem Kläger Mitverschulden angelastet wird. Damit sinkt der Wert auf 300. Weiter besteht ein Verjährungsrisiko von 20 %. Damit sinkt der Wert auf 240. Das wäre also für beide Parteien der richtige Vergleichsbetrag, bei dem beide überdies Anwalts- und Gerichtskosten sparen würden. Aber beide Parteien werden ihre Chancen weit höher einschätzen und vor Gericht ziehen.

5. Die Aspekte bilden Systeme

Das vierte Merkmal von Komplexität:

Die Aspekte sind vernetzt; sie bilden Systeme (von griech. *„sýstema"* = das Gebildete, Zusammengestellte, Verbundene). Diese Systeme stehen nicht etwa ein für allemal fest. Verschiedene Menschen bilden vielmehr angesichts desselben Rechtsfalles ganz verschiedene „Systeme". Selbst ein scheinbar so einfacher Sachverhalt wie eine Willenserklärung kann auf verschiedene Weisen systematisch strukturiert werden. Muss man erst klären, ob ein entsprechender Wille vorliegt, oder muss man mit der Frage beginnen, ob eine Erklärung vorliegt? Der eine macht es so, der andere macht es so, und niemand ist da, der entscheiden könnte, wer Recht hat. Weder der Sachverhalt noch dessen rechtliche Beurteilung kann in ein einheitliches, ein für allemal feststehendes System gebracht werden. Aber ohne eine solche systematische Erfassung kann man den Dingen nicht gerecht werden.

Seit den Tagen des Römischen Rechts haben sich viele Juristen in Kontinentaleuropa um „das" System des Rechts bemüht. Im 19.

Jahrhundert glaubte man, wie schon gesagt, es mit Hilfe der sogenannten „Begriffsjurisprudenz“ finden zu können. Dies hat sich als ein Irrglaube erwiesen. *Das* System des Rechts gibt es nicht. Manche Rechtsgebiete, so etwa das Steuerrecht und das Sozialrecht, wurden unter dem Einfluss der Lobby so verwildert, dass sie sich systematischen Anstrengungen weithin entziehen. Gleichwohl steht fest: Kein juristischer Aspekt kann jemals isoliert betrachtet werden. Stets ist er eingebettet in Systeme aus anderen Aspekten. Diese sind ihrerseits wieder anderswo systematisch verstrickt – und so fort. Niemand kann die Gesamtheit aller Systeme beherrschen. Man kann immer nur Teilsysteme beherrschen und benötigt im Übrigen die Fertigkeit, auch in unbekannten Systemen navigieren zu können. Wer diese Fertigkeit nicht erwirbt, scheitert schon im Jurastudium.

6. Die Systeme sind eigendynamisch

Das fünfte Merkmal von Komplexität:

Die Systeme sind eigendynamisch. Nicht umsonst heißt das Gerichtsverfahren Prozess (von lat. „*processus*“ = Fortgang, abgeleitet aus „*procedere*“ = vorwärts gehen). Auch außerhalb des Gerichtsprozesses geschehen Dinge, und die Betroffenen stehen nicht nur vor der Entscheidung, ob sie etwas tun wollen oder nicht, sondern vor allem auch vor der Frage, ob sie damit in laufende Prozesse eingreifen und den Kurs ändern oder ob sie nichts tun wollen, was bedeutet, die Dinge in die vorhandene Richtung weiter laufen zu lassen. So kann die Nichtbeantwortung eines Forderungsschreibens eine Klage auslösen. Das Unterlassen des Bestreitens kann fatale Folgen haben. Untätigkeit kann zur Verjährung oder zum Versäumnisurteil führen. Und wenn die Gehaltsverhandlung scheitert, hat das ebenso Folgen wie ein erfolgreicher Abschluss.

Beim „systemischen“ Denken, neigt man dazu, sich auf den Ist-Zustand zu konzentrieren statt an die Zukunft zu denken. Die

Frage „Was wird?“ wird oftmals über der Frage „Was ist?“ vernachlässigt. Wir sind gewohnt, unseren Fokus auf Zustände statt auf Prozesse zu lenken. Deren Eigendynamik berücksichtigen wir viel zu selten. Am besten kann man sich das klarmachen, wenn man sich vorstellt, in einem Boot zu sitzen. Beim Einlegen des Ruders darf man nicht nur die aktuelle Position berücksichtigen, sondern muss man auch die Richtung und Geschwindigkeit der aktuellen Fahrt mit einkalkulieren. Bereits kurze Zeit nach einer „Ist-Analyse“ kann das Boot bei eingeschlagenem Ruder ganz woanders sein. So mancher Kapitän hat bei solcher Seefahrt schon Schiffbruch erlitten.

7. Es gibt eine Vielzahl von möglichen Zielen (Polytelie)

Das sechste Merkmal von Komplexität:

Der Vielzahl der Aspekte entspricht eine Vielzahl von möglichen Zielen, die man verfolgen kann. Mit anderen Worten: es herrscht Polytelie (von griechisch *„poly“* = viel und *„telos“* = Ziel), was man holprig mit „Vielzieligkeit“ übersetzen kann. Mögliche Ziele in einem Rechtsstreit sind etwa Gerechtigkeit, Wirtschaftlichkeit, Zufriedenheit, Eitelkeit, Ansporn, Rache. Sicher gibt es noch manches andere mehr. Wer sich nur auf das eine an der Oberfläche gesehene Ziel konzentriert, gerät in geradezu sprichwörtliche Gefahren: *„fiat justitia, pereat mundus!“* („Das Rechte geschehe, mag dabei auch die Welt untergehen“.)

In einer Novelle, also der Erzählung einer „unerhörten Bege-benheit“, hat Heinrich von Kleist die Geschichte des Michael Kohlhaas behandelt, die auf wahre Ereignisse zurückging. Im 16. Jahrhundert reiste der Kaufmann Hans Kohlhase aus Cölln an der Spree im Brandenburgischen zur Leipziger Messe. Unterwegs wurden ihm auf Anordnung des Junkers von Zaschwitz zwei Pferde als Pfand für die Durchreise nach Dresden weggenommen. Kohlhase wehrte sich juristisch dagegen. Als ihm dies misslang, erklärte er die Fehde und brannte mehrere Häuser in Wittenberg nieder. Martin Luther versuchte vergeblich, den Rasenden aufzuhalten. Kohlhase beging weitere Verbrechen, wurde schließlich ergriffen und in Berlin öffentlich durch Rädern hingerichtet. Dabei war der Mann völlig im Recht.

8. Zwischen den Zielen gibt es Konflikte

Das siebte Merkmal von Komplexität:

Die einzelnen Teilziele stehen regelmäßig im Konflikt miteinander, bis hin zu dem Konflikt, bei dem ein Ziel nur auf Kosten eines anderen erreicht werden kann. Man kann beispielsweise auf Gerechtigkeit setzen, auf Wirtschaftlichkeit, auf Geld, auf Zufriedenheit, auf Eitelkeit, auf Ansporn, auf einen erhöhten Adrenalinpegel und auf manches anderes mehr. Aber man kann nicht alles zugleich bekommen.

In seinen Erinnerungen beschreibt der Dichter Hans Fallada das Schicksal eines Onkels, der ein behagliches Pensionärsdasein führte, bis ihm ein Wasserschaden in seiner Villa widerfuhr. Da sein Versicherer nicht sofort reagierte, griff er zur Selbsthilfe, was gegen das Kleingedruckte des Versicherungsvertrages verstieß. Es kam zum Prozess. Nach langen Jahren gewann er diesen zwar, aber die Behaglichkeit seines Ruhestands war dahin.

Wenn eine natürliche Person gegen eine juristische Person klagt, sollte sie stets auch an die Ziele eines erholsamen Schlafes sowie der Pflege ihres Freundeskreises denken. Wer in einen Prozess verstrickt ist, kann womöglich nicht mehr ruhig schlafen, und seine Freunde werden auf die andere Straßenseite gehen, um nicht seine Schauergeschichten anhören zu müssen. Juristische Personen kennen diese Probleme nicht.

9. Es gibt Informationsdefizite

Das achte und wohl wichtigste Merkmal von Komplexität:

Stets gibt es Informationsdefizite, die durch nichts zu beheben sind. Man mag sich noch so gut vorbereiten (was man nicht tun kann – eine perfekte Vorbereitung ist schon wegen der Natur der menschlichen Gedächtnisse ein Ding der Unmöglichkeit), stets wird es einem passieren, dass Fragen auftauchen, auf die man nicht vorbereitet ist. Dann wünscht man sich: *„Ach, hätte ich doch nur die Akte X noch spätabends durchgearbeitet statt die Sportschau im Fernsehen anzusehen."* Aber das hat man nun einmal nicht getan.

Die Welt ist unendlich, unser Wissen ist dagegen (höchst) endlich, unsere Hilfsmittel sind noch endlicher, und deshalb müssen wir mit einem Mangel an Informationen leben, den wir letztlich durch nichts und auf keine Weise beheben können. Wenn wir uns das klar machen, können wir damit leben. Die einfachste Weise, damit umzugehen, ist, ein Geständnis abzulegen und die Hemmung abzulegen, immer wieder Fragen zu stellen.

III. Die Ursachen unserer Überforderung durch Komplexität

1. Übersicht

Die Ursachen unserer Überforderung durch Komplexität finden wir sowohl in der Konstruktion unseres Gehirns (unserer „Hardware“) als auch in den Besonderheiten unserer verbalen Sprache (unserer „Software“).

2. Die „Magische Sieben“

Die sogenannte „Magische Sieben“ ist eine wesentliche Ursache unserer Überforderung durch Komplexität. Die menschliche Verarbeitungseinheit kann maximal sieben Elemente (plus oder minus zwei) gleichzeitig speichern und verarbeiten. Sieben ist keine sehr große Zahl, und für viele Leute ist schon bei fünf Elementen Schluss. Bereits drei Elemente empfinden wir als eine beachtliche Fülle. Am liebsten haben wir es immer nur mit einem Element zu tun. Deshalb steht an manchen Behördentüren: *„Bitte einzeln eintreten!“*

3. Die Gedächtnisse

Hinter der Verarbeitungseinheit stehen mehrere Gedächtnisse. Das Ultrakurzzeitgedächtnis ermöglicht Spontanreaktionen. Das Kurzzeitgedächtnis bewirkt, dass wir Informationen bewusst verarbeiten können. Das Langzeitgedächtnis entspricht einem externen Speicher. Es enthält Fakten und Regeln, die nicht präsent sind, sondern abgerufen („erinnert“) werden müssen. Da die Verarbeitungseinheit durch die Magische Sieben in ihrer Leistungsfähigkeit begrenzt ist, ist das menschliche „Betriebssystem“ so organisiert, dass immer nur sehr einfache und sehr kurze Programme geladen und abgearbeitet werden können. Das genügt im Alltag, und es hat auch früher in einer einfachen, überschaubaren Welt genügt. In der modernen komplexen Welt genügt es aber nicht mehr. Fehlentwicklungen nicht nur im Recht sind die Folge. Wohl das augenfälligste Beispiel hierfür bietet in der Gegenwart die Finanz- und Wirtschaftskrise, die im Jahre 2008 begonnen hat. Obwohl an akademischen und publizistischen Gurus wahrlich kein Mangel ist, wusste niemand wirklich, was geschah und was zu tun war – und weiß es auch heute noch keiner.

Die folgende Abbildung macht das Gesagte anschaulich.

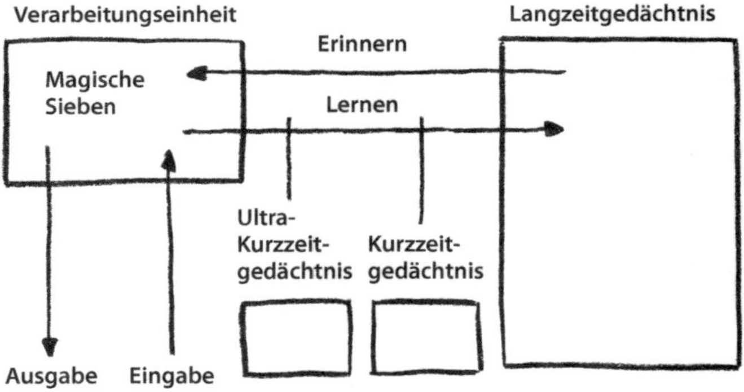

Die Informationsverarbeitung im menschlichen Gehirn

Der Psychologe Dietrich Dörner schreibt zum Thema Komplexität:

> *„Wir scheitern beim Lösen von Problemen nicht, weil wir 90 Prozent unserer Gehirnkapazität nicht nutzen oder weil wir unsere rechte Hirnhälfte nicht gebrauchen. In Wirklichkeit liegt das Scheitern daran, dass wir dazu neigen, hier diesen, dort jenen kleinen Fehler zu machen, und in der Addition kann sich das häufen. Hier haben wir vergessen, ein Ziel zu konkretisieren, dort haben wir auf die Ablaufcharakteristika*

> *eines Prozesses nicht geachtet, da haben wir übergeneralisiert, dort haben wir den Schutz des eigenen Selbstwertgefühls über die Kenntnisnahme des Misserfolges gestellt, hier haben wir zu viel geplant, dort zu wenig, da waren wir ‚heterogen funktional gebunden'*".

Unsere Überforderung durch Komplexität machen wir uns regelmäßig nicht bewusst. Wir kommen ja im Alltag zurecht. Und daher meinen wir, auch einen Rechtsfall problemlos beherrschen zu können.

Eine wirkliche Lösung des Komplexitätsproblems gibt es nicht. Das gilt für das Recht wie für andere Bereiche. Den Wirtschaftswissenschaften ist es beispielsweise trotz bedeutender Fortschritte bislang nicht wirklich gelungen, die Wirtschaft in mathematischen Modellen abzubilden. Im Recht hat man Vergleichbares bislang noch nicht einmal versucht. „*Law and Economics*" ist über bloße Ansätze nicht hinausgekommen. Die schon erwähnte „hermeneutische" Denk- und Arbeitsweise hat auch allen entsprechenden Ansätzen in der Rechtslogik einen Riegel vorgeschoben. Es ist wie beim „ganzheitlichen" Denken in der Medizin, bei dem an die Stelle naturwissenschaftlichen Vorgehens das Schamanentum tritt. Erst der IT-Einsatz wird hier Hilfen bieten. Ich komme darauf zurück.

E. Die technischen Hilfsmittel der Juristen

I. Die Technik der „Schreibe"

Auf den Zusammenhang zwischen der Entstehung der Schrift und der Erfindung des Gesetzes habe ich schon hingewiesen. Er drückt sich in dem Wort „*Vorschrift*" aus. Jemandem etwas „*vorschreiben*" verbindet sich mit dem Befehl, das Vorgeschriebene zu befolgen. Die Fixierung der Schrift in der juristischen „Schreibe" beherrscht das Recht bis in unsere Zeit. Technisch betrachtet enthält sie freilich gravierende Mängel.

Hier ist zunächst der Informationsverlust gegenüber der Rede zu nennen. Hierauf habe ich schon hingewiesen.

Sodann ist die Eindimensionalität geschriebener Texte zu nennen. Die Schrift bildet ja unsere menschliche Sprache ab, und diese verläuft eindimensional in der Zeit. Wir wissen nicht, wann, wo, wie und warum die verbale Sprache entstand, aber wir müssen uns nur klarmachen, wozu sie taugt und wozu nicht, um zu erkennen, dass es darum ging, die geschichtliche Dimension zu gewinnen. Unsere Vorfahren wollten eine Vergangenheit haben, und sie wollten sich die Zukunft vorstellen können. Die verbale Sprache leistet beides. Sie ist eine Geschichtensprache, und wie jede Geschichte findet sie linear in der Zeit statt, als Kette von Ursachen und Wirkungen, die wiederum Ursachen von Wirkungen sind, und so fort. Zwar gibt es Nebenstränge, Vor- und Rückblicke, auch jede Menge Konfusion – aber am linearen Grundcharakter der Sprache ändert sich nichts. Für die Bewältigung von Komplexität taugt die verbale Sprache nicht. Im Recht geht es aber immer, auch beim einfachsten Rechtsfall, um die Bewältigung von Komplexität. Dazu taugt schon die Rede wenig, und noch weniger die Schreibe.

Komplexität überfordert uns rasch formal, und in dieser Hinsicht sind wir nur begrenzt leistungsfähig. Dies habe ich schon ausgeführt. Ein kleiner Selbsttest mag Ihnen dies verdeutlichen. Sie kennen sicher den Satz: *„Die Kleine ist gar nicht so unübel.“* Und nun frage ich Sie: Ist die Kleine unübel oder übel? Es dauert sicher einige Sekunden, bis sie erkennen, dass die Kleine übel ist, obwohl das Gegenteil gemeint ist. Würde ich dagegen mit dem Clown Charly Rivel sagen: *„Akrobat schööön“*, also etwas Geschichtentaugliches sagen, wüssten Sie sofort, was gemeint ist. Die schon erwähnte „magische Sieben“ bremst uns aus. Bismarck war ein Staatsmann, der nach einem Gleichnis seines Kaisers Wilhelm I. als Jongleur mit fünf Glaskugeln spielen konnte. Sein redlicher aber schlichter Nachfolger Caprivi verwies auf seine diesbezüglichen Schwierigkeiten bei der anstehenden Erneuerung des Rückversicherungsvertrages mit Russland (den er dann nicht abschloss) mit den Worten, er könne nicht wie Bismarck, fünf, sondern nur zwei Glaskugeln gleichzeitig halten. Das war schon etwas, aber nicht genug. Sein unterbelichteter Kaiser Wilhelm II. konnte nicht einmal mit einer Kugel jonglieren. Das Ergebnis solchen Unvermögens war der Erste Weltkrieg.

Jeder praktisch relevante juristische Text muss Ausführungen zum Sachverhalt und Ausführungen zur Rechtslage enthalten. Diese müssen aufeinander bezogen werden. In den herkömmlichen Methoden-„lehren“ taucht an dieser Stelle die aristotelische Logik auf. Diese entstand im 4. Jahrhundert v. Chr. und stellt bei aller Bedeutung heutzutage gewiss nicht mehr den aktuellen Stand der Logik dar. In ihr werden logische Schlüsse („Syllogismen“) behandelt. Der sogenannte Justizsyllogismus besteht aus einem Obersatz, einem Untersatz und einem Schlußsatz, der durch „Herauskürzen“ einer vermittelnden Begriffes entsteht. Ein Beispiel sieht so aus (der herausgekürzte Begriff lautet *„Diebe“*:

„Alle Diebe werden bestraft
Alle Angeklagten sind Diebe
Alle Angeklagten werden bestraft“

Dies ist so „evident" richtig wie es trivial ist. Diesen „Schluss" kann jedermann ziehen. Das Problem liegt an anderer Stelle. Es besteht darin, herauszufinden, was die Angeklagten getan haben (Sachverhalt) und ob ihr Verhalten als Diebstahl zu beurteilen ist (Rechtslage). Hierzu leistet die Syllogistik keinen Beitrag. Sie setzt dies vielmehr voraus und täuscht ein logisches Verhalten vor, das in Wahrheit nicht existiert. Die Verwendung dieser Logik in der sogenannten „Subsumtion" führt eher in die Irre als dass sie hilft. Sie besteht in der Unterordnung von konkreten Tatsachenbeschreibungen unter abstrakte Rechtsbegriffe. Das so entstandene System ist kopflastig. Es folgt einem „Top-Down-Approach" (um es neudeutsch auszudrücken), bei dem der korrespondierende „Bottom-Up-Approach" auf der Strecke bleibt. Karl Engisch hat an dieser Stelle zwar vom *„Hin- und Herwandern des Blickes zwischen Gesetz und Sachverhalt"* gesprochen, aber das hilft auch nicht weiter. Der Blick bleibt oben und richtet sich auf die unzähligen „Definitionen", mit denen die Lehrbücher und Kommentare angefüllt sind. Auch die dem Ganzen zugrunde liegende „Definitionslehre" geht auf Aristoteles zurück und ist vom heutigen Erkenntnisstand weit entfernt.

Zu den Übeln der modernen Textübermittlung trägt ganz besonders auch das Diktiergerät bei. Ich habe bereits darauf hingewiesen, dass die Technik der „Schreibe" eindimensional funktioniert und damit der mehrdimensionalen Komplexität der juristischen Gegenstände nicht gerecht wird. Das Diktiergerät verstärkt diesen Mangel. Man nimmt es in die Hand und fängt an: *„Erstens, die Klage ist unbegründet, weil der Sachverhalt sich ganz anders darstellt. Zweitens, das Gericht ist nicht zuständig. Drittens war der Vertrag kein Dienstvertrag, sondern ein Werkvertrag. Viertens wäre das Gericht in Ellwangen statt in Hamburg zuständig. Fünftens hat der Beklagte einwandfreie Leistungen erbracht …"* So geht es munter weiter. Da das menschliche Gedächtnis nur begrenzt leistungsfähig ist, kommt es zu Wiederholungen und

Widersprüchen. Unwichtiges wird breit ausgeführt (mit Blick auf den Mandanten), Wichtiges wird vergessen. Man verlässt sich darauf, dass der Richter es – der Name sagt es – „schon richten wird". Und das tut er auch, seufzend, aber er hat keine Wahl und muss zu alledem seinerseits auch ein Diktiergerät verwenden. Wenn der Einsatz von Diktiergeräten im Recht verboten würde, wäre das ein Gewinn.

In allen Wissenschaften gibt es einen Fortschritt. Im Recht hantieren wir dagegen unverdrossen mit Methoden, die mehr als zweitausend Jahre alt sind. Das ist an sich schon bemerkenswert. Es ist auch unökonomisch. Praktisch alle Jurastudenten vergeuden ihre Zeit damit, juristische „Definitionen" und „Probleme" zu „lernen". Karteikarten werden sogar in digitaler Form angeboten. Auf dem Bildschirm steht *„Sache"*, und durch einen Mausklick dreht sich die digitale Karte um *(„Tolle Technik!")* und der Student liest: *„Körperlicher Gegenstand."* Da kann ich nur sagen: *„Methode"* (Vorderseite) und – nach digitalem Umdrehen – „Blödsinn". Und wer Probleme zu „lernen" versucht, handelt gegen die Statistik. Lichtenberg zitierend, der wiederum Hamlet variiert hat, kann man sagen, dass es mehr Dinge in unserer Schulweisheit gibt, als Himmel und Erde sich träumen lassen. Der Mensch ist keine Datenbank. Dafür gibt es heute Computer.

Viele Begriffe, die als Tatbestandsmerkmale verwendet werden, stammen aus der Umgangssprache oder sind dort heimisch geworden – *„Sache"*, *„beschädigen"*, *„töten"*, *„kaufen"*, *„mieten"* … Hierfür benötigen Sie keine Hermeneutik. Es reicht, wenn Sie die deutsche Sprache beherrschen.

Eine deutlich geringere Menge von Rechtsbegriffen ist rechtstechnischer Natur und bedarf der Erläuterung. *„Positives Interesse"*, *„Verjährung"*, *„Sachmangel"*, *„Einwilligung"*. Mit Hermeneutik hat auch dies nichts zu tun. Es handelt sich um Fachbegriffe, wie sie in allen Disziplinen existieren.

Es bleiben die hochabstrakten Begriffe, deren „Auslegung“ und „Verständnis“ exklusiv menschlich sein soll. *„Menschenwürde“, „Treu und Glauben“, „angemessen“.* Hier ist es entgegen aller verbreiteten Überzeugung der Computer, der uns überlegen ist. Schon heute gibt es computergestützte Lösungen, die über das hinausreichen, was wir in der Sprache leisten können. So gibt es beispielsweise rechtliche Regelungen, welche drei, vier, fünf oder noch mehr Entscheidungsdimensionen eröffnen. Bei ihnen werden mathematische Modelle benötigt, die durchaus existieren, die aber in der verbalen Sprache nicht anwendbar sind. Hier hilft uns nur das Rechtsgefühl, das durchaus eine präzise Grundlage hat, ohne dass wir diese sprachlich erfassen könnten. Ein Beispiel bietet die Vielzahl der Strafzumessungskriterien in § 46 StGB. Will man sich nicht mit der gegenwärtig üblichen beziehungslosen linearen Aufzählung dieser Entscheidungskriterien begnügen (*„Für den Täter spricht …, gegen den Täter spricht … Zusammenfassend …“*), muss man anspruchsvolle formalwissenschaftliche Methoden heranziehen. In der Forschung zu „Computers and Law“ bemüht man sich hierum. Zu nennen wären etwa Expertensysteme, KI-Verfahren, neuronale Netze … Aber das ist eine andere Geschichte.

In Zukunft wird es auch computergestützte Lösungen geben, die über das, was wir im Kopf leisten können, hinausreichen. In der Forschung zu Computers and Law bemüht man sich hierum. Zu nennen sind etwa Expertensysteme und neuronale Netze. In einer von mir in Tübingen betreuten Dissertation wurde beispielsweise ein Expertensystem zum Rechtsbegriff der *„angemessenen“* Wartezeit im Tatbestand der (populär so genannten) „Fahrerflucht“ (§ 142 StGB) auf der Grundlage einer größeren Zahl Gerichtsentscheidungen gebaut. Es zeigte sich, dass dabei eine ganze Reihe von Kriterien relevant waren (*„Art des Unfalls“, „Schadenart“, „Unfallort“, „Verkehrsdichte“, „Witterung“, „Wahrscheinlichkeit, dass feststellungsbereite Personen kommen“* u. a. m.) Diese waren durchweg keine Ja-Nein-Kriterien, sondern abstufbare Kriterien *(„geringer Schaden", „großer Schaden"* usw.), welche Hierarchien enthielten *(„Schadenart ⟶ Personen-/ Sachschaden"* usw.). Insgesamt ergab sich ein vieldimensionaler Entscheidungsraum, der natürlich im Kopf nicht beherrschbar ist, der aber eine anwendbare Systemregel enthält *(„Wenn die Kombination X,Y,Z vorliegt, sind 30 Minuten (nicht) angemessen …")*, der es also ermöglicht, den Standort eines neuen Falles im System der bisherigen Rechtsprechung präzise zu bestimmen, und der zugleich als lernendes System durch die Eingabe neuer Fälle verändert wird.

Das Überraschende dabei ist, dass unser Rechtsgefühl zu vergleichbaren Ergebnissen führt, ohne dass wir dies rational erklären können. Während meiner Zeit als Strafverteidiger habe ich immer wieder die Erfahrung gemacht, dass man etwa in Betrugsfällen, bei denen der Strafrahmen bis zu zehn Jahren reicht, erstaunlich präzise vorhersagen kann, zu welchem Ergebnis das Gericht in einem konkreten Fall finden wird. Jeder erfahrene Strafjurist kann das leisten. Unser Gehirn ist also schlauer als wir selbst.

Um zum Ausgangspunkt zurückzukehren: Die Leistungsfähigkeit der juristischen Schreibe ist begrenzt.

II. Die klassische Textübermittlung

Die Übermittlung juristischer Texte wird seit der Antike praktiziert. Schnelligkeit und Sicherheit der Übermittlung haben zu allen Zeiten Einfluss auf die Qualität der Verfahren und Entscheidungen ausgeübt. Dabei spielten die für die Textübermittlung verwendeten Übertragungstechniken jeweils eine entscheidende Rolle. Die ersten Gesetze waren in Stein gemeißelt oder in Bronze gegossen. Moses empfing die Zehn Gebote in Stein auf dem Berg Sinai und schleppte sie ins Tal. Hammurapi ließ seinen Codex in einer Doritstele in Babylon aufstellen. Das Zwölftafelgesetz wurde um 450 v. Chr. in bronzenen Tafeln auf dem Forum Romanum aufgestellt. Die Methode der Veröffentlichung per „Aushang" war noch zu Zeiten des römischen Prätors verbreitet. In kleinen, überschaubaren Gemeinschaften, etwa in Gemeinden oder Vereinen, wird sie noch heute praktiziert.

Schon früh entstand der Wunsch nach Verbreitung der Gesetze und zugleich nach Erläuterung der mehr oder weniger abstrakten Vorschriften. Das älteste Transportmedium entstand gemeinsam mit der Keilschrift, einer Bilderschrift. Mit einem Schreibgriffel wurden waagrechte, senkrechte und schräge Keile in weichen Ton gedrückt und zu Piktogrammen und Ideogrammen geformt. Die Tontäfelchen wurden gebrannt und fertig war das Schriftstück. Es konnte in die Tasche gesteckt, versandt oder archiviert werden. Die ältesten derartigen Schriftfunde stammen von dem Fundort Uruk, dem biblischen Erech unweit des Euphrat. Sie wurden in Abfallschichten unter der so genannten Uruk-III-Schicht gefunden und werden in das vierte Jahrtausend vor Christus datiert. Die Keilschrift wurde im siebzehnten Jahrhundert wieder entdeckt. Im Jahre 1621 brachte der italienische Reisende Pietro della Valle eine Tontafel mit Keilschriftzeichen nach Europa. 1767 schrieb der Gelehrte Carsten Niebuhr als Mitglied einer vom dänischen König Frederik V. nach Arabien entsandten Expedition zahlreiche Keilschrifttexte ab und brachte das Ergebnis seines Forscherfleißes nach Dänemark. 1802 präsentierte der deutsche Philologe Georg Friedrich Grotefend in Göttingen erste Ergebnisse zur Entzifferung der Keilschrift der Öffentlichkeit. Um 1850 gelang dem Engländer Sir Henry Creswicke Rawlinson (1810–1895) die völlige Entschlüsselung der Keilschrift.

Später diente die bereits erwähnte aus Papyruspflanzen hergestellte Schriftrolle als Medium der Schrift. Sie war in Ägypten im 3. Jahrtausend v. Chr. erfunden worden. In Griechenland und Rom war sie seit dem sechsten Jahrhundert vor Christi gebräuchlich. Eine Schriftrolle bestand aus aneinandergeklebten Papyrusblättern. Ihre Breite betrug etwa dreißig Zentimeter, ihre Länge sechs bis zehn Meter. Dass die Handhabung solcher Schriftrollen mühsam war, liegt auf der Hand. Man musste zum Lesen den Text abrollen und ihn danach wieder aufrollen. Eine weite Verbreitung der Schriftrollen war damit ausgeschlossen. Ihr privater Besitz blieb den Reichen und Mächtigen vorbehalten. Die technischen Hindernisse im Publikationswesen führten zu einer wohltuenden Kürze der klassischen römischen Rechtstexte. Hierauf habe ich schon hingewiesen. Für die Öffentlichkeit entstanden Bibliotheken, in denen solche Rollen gesammelt wurden. Die größte und berühmteste von ihnen, die Bibliothek von Alexandria in Ägypten, soll zur Zeit Cäsars etwa 700.000 Rollen besessen haben. Sie wurde im Laufe der Zeit zerstört. Im Jahre 2002 wurde in Zusammenarbeit mit der UNESCO eine neue Bibliotheca Alexandrina eröffnet. Auch die anderen Papyrusrollen der damaligen Zeit wurden fast alle vernichtet. Nur durch Abschriften wurde das Erbe der antiken Autoren bewahrt.

Im ersten Jahrhundert n. Chr. wurde in Rom der bereits erwähnte Kodex und damit das Buch in der heutigen Form erfunden. Die Codices besaßen oft ein bescheidenes Format und konnten daher auf Reisen mitgenommen werden.

Der Buchdruck mit beweglichen Lettern wird nach der Druckfarbe auch als schwarze Kunst bezeichnet. Seine Erfindung wurde nach einer Überlieferung dem Doktor Faust zugeschrieben, der deswegen auch als Schwarzkünstler bezeichnet wurde Historisch gesichert gilt Johannes Gensfleisch, genannt Gutenberg aus Mainz (um 1400–1468) in Europa als Erfinder des Buchdrucks. Chinesische Buchdrucke hat es freilich schon früher gegeben. Gutenbergs Leistung bestand vor allem darin, bereits vorhandene Reproduktionsverfahren zu verbessern und zu einem Prozess zusammenzuführen, der die industrielle Massenproduktion von Büchern ermöglichte. Darin, so schrieb Egon Friedell, lag *„eine Tat des Individualismus, eine Befreiung aus der Gebundenheit, Assoziation und Korporation des Mittelalters. Die Elemente, die Zellen gleichsam, die den Organismus des Wortes, des Satzes, des Gedankens aufbauen, machen sich selbständig, freizügig, jede ein Leben für sich, unendliche Kombinationsmöglichkeiten eröffnend. Bisher war alles fest, gegeben, statisch, konventionell; jetzt wird alles flüssig, variabel, dynamisch, konventionell. Die verschiebbare Letter ist das Symbol des Humanismus."* Mit Gutenberg begann eine Medienrevolution. Druckerzeugnisse lösten die Handschriften ab. Sie konnten schnell und billig verteilt werden. Humanismus und Reformation wurden auf diese Weise verbreitet. Das in Büchern enthaltene Wissen wurde allgemein zugänglich. An die Stelle des mittelalterlichen Denkens in Bildern und Metaphern trat das wissenschaftliche Denken, bei dem auch komplexe Vorgänge linear in Form von Schrift behandelt wurden, so gut das eben möglich war.

Im Gemeinen Recht herrschte der Schriftlichkeitsgrundsatz. Es galt der schon erwähnte Grundsatz *„quod non est in actis, non est in mundo"*. Da die Laienrichter mit der Anwendung des gelehrten Rechts vielfach überfordert waren, entwickelte sich der Brauch, Rechtsgelehrte um Rat zu fragen. Dazu mussten diesen die Gerichtsakten übersandt werden. So entstand der bereits erwähnte

Brauch der Aktenversendung bis in das 19. Jahrhundert praktiziert. Noch Rudolf von Jhering (1818–1892) wurde im Wege der Aktenversendung mit dem schon erwähnten Fall konfrontiert, an welchem er die Unhaltbarkeit einer früher von ihm selbst vertretenen theoretischen Lehrmeinung handgreiflich erfuhr.

Im Jahre 1879 wurde nach Jahrhunderten der Schriftlichkeit der Mündlichkeitsgrundsatz durch die Reichsjustizgerichte, insbesondere die Zivilprozessordnung und die Strafprozessordnung wieder eingeführt. Angesichts der negativen Erfahrungen mit dem Schriftlichkeitsprinzip versteht man, welcher Fortschritt darin lag. Niemand stellt heute den Mündlichkeitsgrundsatz als solchen in Frage. Faktisch herrscht aber heutzutage wieder der Schriftlichkeitsgrundsatz. Im Zivilprozess ist nach § 137 ZPO Abs. 3 ZPO eine Bezugnahme auf Dokumente zulässig, soweit keine der Parteien widerspricht und das Gericht sie für angemessen hält. Das gibt Raum für erhebliche Einschränkungen des Mündlichkeitsgrundsatzes. In der Realität werden Zivilprozesse weitgehend schriftlich geführt. Dass die Vorträge der Parteien in einer *„mündlichen Verhandlung“* (so die amtliche Überschrift des § 137 ZPO) *„in freier Rede“* (so Absatz 2 der Vorschrift) zu halten sind, wird in der Praxis weitgehend ignoriert. Dass es auch im Zivilprozess ein „Plädoyer“ gibt, dürfte kaum einem Juristen bekannt sein. In Strafverfahren gilt der Mündlichkeitsgrundsatz zwar strenger als im Zivilprozess; Bezugnahmen auf Dokumente sind im Gesetz nicht vorgesehen. Doch spielen hier Schriftstücke – insbesondere die Anklageschrift und Schutzschriften der Verteidiger – eine wesentliche Rolle. Auch gibt es auch in der Strafprozessordnung Lockerungen vom Mündlichkeitsgrundsatz, so durch das Selbstleseverfahren beim Urkundenbeweis, § 249 Abs. 2 StPO.

Im späten 19. Jahrhundert stand man im Gehrock am Schreibpult. Schriftstücke wurden von Hand gefertigt. Erst gegen Ende des Jahrhunderts tauchte die Schreibmaschine auf. Kopien stellte man mühsam mit einer Kopierpresse her, die James Watt (1736–1819), der Erfinder der Dampfmaschine, bereits 1780 zum Patent angemeldet hatte. Nasskopierer folgten ihnen; sie waren auch technisch unvollkommen. Noch vor einem halben Jahrhundert waren sie im Gebrauch. Als Ausgleich für alle diese Mühsal diente eine höchst leistungsfähige Post. In den Großstädten entstanden Rohrpostanlagen, in denen Schriftstücke in zylindrischen Behältern durch Röhren verschickt wurden. Briefe wurden damals dreimal täglich ausgetragen, und der Briefträger stieg klaglos mehrere Stockwerke empor.

All dies änderte sich im Zuge der aktuellen Technikentwicklung.

III. Die moderne Textübermittlung

Die technischen Hindernisse bei der „klassischen" Texterstellung und -übermittlung führten zu einer Verzögerung der Rechtsanwendung, die mitunter unerträglich war (und ist). Geradezu sprichwörtlich wurde die *„lange Bank"*, auf welche die Richter des Reichskammergerichts die Prozessakten schoben, um dann die jeweils am Ende der Bank herunterfallende Akte als nächste zu bearbeiten. Ein Anwalt soll seiner Tochter, die ebenfalls einen Anwalt heiratete, einen Prozess vor dem Reichskammergericht als Mitgift gegeben haben. Ein anderer Anwalt soll seinem Sohn, der nach langem Studium als junger Anwalt in die Kanzlei des Vaters eingetreten war und diesem stolz berichtete, er habe einen seit Jahrzehnten schwärenden Prozess glücklich beendet, zugerufen haben: *„Sohn, dieser Prozess hat Dein Studium finanziert!"*

„Justice delayed is justice denied" – diese Formulierung wird im angelsächsischen Raum mehreren Persönlichkeiten zugeschrieben – William Gladstone, William Penn, Martin Luther King. Aber sie ist viel älter. Im 4. Jhdt. v. Chr. schloss Rom mit den Latinern einen Vertrag, in dem es heißt: *„Das Urteil in privaten Rechtsstreitigkeiten soll innerhalb von zehn Tagen ergehen"*. In der Mishnah aus dem 1. Jahrhundert v. Chr., der ältesten geschriebenen Fassung der Thora heißt es: *„Das Schwert kommt in die Welt wegen verzögerter und verneinter Justiz"*. In der Magna Charta von 1215 kann man in Klausel 40 lesen: *„To no one will we sell, to no one will we refuse or delay, right or justice."* Warren E. Burger, Chief Justice der Vereinigten Staaten, schrieb 1970 in einer Adresse an die American Bar Association: *„A sense of confidence in the courts is essential to maintain the fabric of ordered liberty for a free people and three things could destroy that confidence and do incalculable damage to society: that people come to believe that inefficiency and delay will drain even a just judgment of its value; that people who have long been*

exploited in the smaller transactions of daily life come to believe that courts cannot vindicate their legal rights from fraud and over-reaching; that people come to believe the law – in the larger sense – cannot fulfill its primary function to protect them and their families in their homes, at their work, and on the public streets." Die moderne Technik hat hier Abhilfe ermöglicht – aber noch längst nicht in dem möglichen und zeitgemäß erforderlichen Ausmaß.

Am Beginn der modernen Entwicklung stand das Telegramm. Es wurde von dem Physiker Wilhelm Weber zusammen mit dem Mathematiker Carl Friedrich Gauß 1833 in Göttingen erfunden. Weber spannte über die Hausdächer hinweg von seinem physikalisches Institut zu der einen Kilometer entfernten, von Gauß geleiteten Sternwarte einen langen Doppeldraht. Beide Gelehrte hatten aus den Ablenkungen einer Magnetnadel nach rechts oder links durch elektromagnetisch erzeugte Stromstöße einen Code, ähnlich dem Morsecode, entwickelt. Das „Faktotum" Michelmann lief hin und her, um das Experiment zu ermöglichen. Das erste von Weber aufgegebene Telegramm lautete denn auch: „*Michelmann kömbt.*" Während Gauß noch die Buchstaben entzifferte, war Michelmann schon zur Stelle. 1849 wurde der Telegrammdienst in Preußen eingerichtet. Und schon fünfzig Jahre später, 1899, akzeptierte das Reichsgericht (RGZ 44, 369) das Telegramm samt darin liegender Ausnahme vom Erfordernis der eigenhändigen Unterschrift. Alle Bundesgerichte folgten dem. Heute gilt dies als Gewohnheitsrecht, aber es gibt keine Telegramme mehr, nachdem ein Schurke, dem der Postbeamte erklärt hatte, der Name des Absenders werde bei den Telegrammgebühren nicht mit berechnet, zu diesem gesagt hatte: „*Sie werden es nicht glauben, aber ich heißte: ‚Ankomme Bahnhof Gleis 7 Freitag 14 Uhr 30*'".

Auf das Telegramm folgte das heute ebenfalls vergessene Fernschreiben (Telex). Dazu diente eine elektrische Maschine, die beim Empfänger denselben Text wie beim Absender produzierte. Auch dies akzeptierte die Rechtsprechung (BGHZ 79, 314). Entsprechendes gilt für das Bürofernschreiben (Teletext), bei dem der Text gespeichert und ohne Ausdruck elektronisch übermittelt wurde. Obwohl hier von Schriftform keine Rede mehr sein konnte, haben die Gerichte auch diese Kommunikation akzeptiert (BVerfG 41, 323). Es folgte der Telebrief, eine Vorstufe des heute noch aktuellen Telefaxes. Bei ihm wurden Sendegeräte und Empfangsgeräte der Post eingesetzt, welche die Nachricht ausdruckten und an das Gericht weiterleitete (BGH NJW 82, 2562). Am Telefax mühten sich verschiedene Erfinder schon im 19. Jahrhundert ab. Das digitale Telefax wurde von Rudolf Hell (1901–2002) erfunden. Ihm erging es ebenso wie anderen Erfindern im Bereich der Informationstechnik. Seine Erfindung wurde in Deutschland nicht gewürdigt. Anders verhielten sich die Japaner und Chinesen, die im Fax eine ideale Möglichkeit zur Übertragung ihrer Schriftzeichen erkannten und so zu dessen Vorreitern wurden. Die Rechtsprechung erkannte auch dieses Medium an, forderte aber, dass auf dem Fax die Unterschrift abgebildet sein müsse (BAG NJW 89, 1822). Hieran fehlte es aber im Regelfall am PC-Telefax, bei dem der Computer unmittelbar mit dem Empfangsgerät des Gerichtes kommuniziert. Auch dieses Fax wurde von der Rechtsprechung im Anschluss an eine Entscheidung des Bundessozialgerichtes als formwahrend anerkannt (BSG NJW 97, 1254). Es folgte die Übermittlung von digital erstellten Texten auf Datenträgern (Disketten, CDs, DVDs) im zentralisierten Mahnverfahren.

Ende der achtziger Jahre trat die E-Mail ihren Siegeszug an. Ihr Erfinder ist Ray Tomlinson (geb. 1941). Die erste E-Mail kam in Deutschland am 3. August 1984 bei der TU Karlsruhe an. Jetzt wurde der Gesetzgeber aktiv und führte die digitale Signatur ein. Sie ist kompliziert, hebt damit die Vorteile einer unkomplizierten Textübermittlung auf und ist – genau besehen – überflüssig. Wer interessiert sich schon für den Inhalt von Prozessakten? Und wenn er das tut, hat er keine Schwierigkeiten, seine Neugier zu befriedigen.

Der Gesetzgeber hätte besser daran getan, die Chancen der modernen Computertechnik beim Umgang mit digital vorliegenden Schriftstücken zu sehen und zu nutzen. In Wirtschaftsstrafsachen, etwa im Bereich der Korruption, fallen beispielsweise heute bereits Datenbestände im Umfang von Terabyte an (1 Terabyte = ca. 1.000 Gigabyte). Weder die Ermittlungspersonen der Polizei noch die Justizbehörden und die Strafverteidiger sind bislang für diese Datenmengen gerüstet. Die großen Wirtschaftsprüfungskanzleien haben diese Marktlücke erkannt und bieten Forensic & Dispute Services an. Diese leisten die Sicherung, Dokumentation und Analyse digitaler Beweismittel unter Einsatz entsprechender US-amerikanische Programme zur automatisierten Auswertung unstrukturierter Datenbestände. Ihre „Sachverständigen“ stellen ihre Ergebnisse in Form von „gerichtsverwertbaren Gutachten“ zur Verfügung, was aber, genau besehen, rechtlich unzulässig ist. Dokumente und Dateien müssen vielmehr nach den Regeln des Urkundenbeweises und des Augenscheinsbeweises in das Strafverfahren eingeführt werden. Der Sachverständigenbeweis durch Gutachten ist nur zulässig, soweit dem Gericht eine erforderliche Sachkunde fehlt. Die Tatsache, dass Informationsmengen nicht bewältigt werden können, rechtfertigt dieses Beweisverfahren aber nicht. In dieser Situation lassen sich die Staatsanwaltschaften und Strafgerichte oftmals auf Absprachen ein, die zu Recht vielfach als „Deal“ mit der Gerechtigkeit kritisiert werden. Dessen gesetzliche Anerkennung wäre nicht nötig gewesen, wenn der Gesetzgeber sich auf die heute schon technisch mögliche Lösung des Problems der digitalen Auswertung großer Datenbestände konzentriert hätte.

IV. Der Computer und das Internet

1. Die Computerrevolution

Der Computer ist keine moderne Erfindung. Schon im 13. Jahrhundert entwickelte Ramon Lull, latinisiert Raimundus Lullus, eine *„Ars magna"* (lat. Große Kunst), der die Idee des mechanischen Kombinierens von Begriffen mit Hilfe einer logischen Maschine zugrunde lag. Eine solche Maschine konstruierte er. Sie bestand aus unterschiedlich großen runden Scheiben, die er übereinander um ein Zentrum drehbar anbrachte. In jeden Kreisausschnitt schrieb er Begriffe, Kategorien, Prädikate oder Fragen. Sie kamen nach dem Drehen der Scheiben in wechselnden Kombinationen untereinander zu stehen. Durch Verwendung dieser *„Tabula instrumentalis"* sollten sich Leitpunkte ergeben, nach denen jedes Thema zu behandeln sei. Man hat diese „Maschine" mit einiger Berechtigung als ersten Computer der Welt bezeichnet, und man hält daher Lullus für den Ahnherrn der modernen Computertechnik. Vor dem Kloster Montserrat, in der Nähe von Barcelona, erinnert eine abstrakte Steinplastik, bestehend aus drei übereinander geschichteten Steinschreiben, an den großen Gelehrten Ramon Lull.

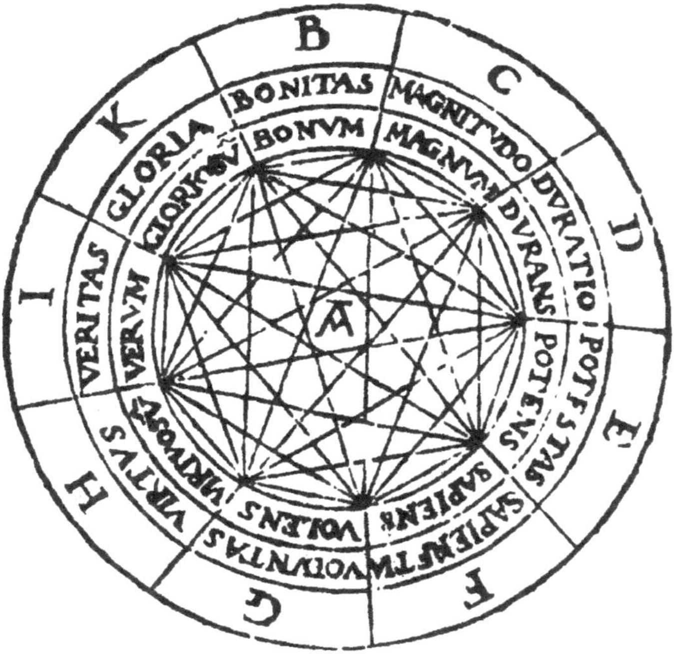

Die heutigen Computer waren ursprünglich, der Name sagt es, Rechner. Ihre Vorläufer waren die von Blaise Pascal, Leibniz, Wilhelm Schickard und anderen konstruierten mechanischen Rechenmaschinen. Im 19. Jahrhundert baute der englische Mathematiker Charles Babbage (1792–1871) für die Berechnung mathematischer Tabellen (z.B. Logarithmen) seine „Differenzmaschine" und entwarf die „analytische Maschine", die alle Merkmale eines modernen Computers aufwies mit nur einer Ausnahme. Sie sollte mechanisch arbeiten, was aber technisch nicht zu realisieren war. Die erste Programmiererin der Geschichte war übrigens Ada Countess of Lovelace (1815–1852), eine Tochter von

Lord Byron. Sie war mathematisch gebildet, mit Charles Babbage befreundet und legte einen Algorithmus zur Berechnung von Bernoulli Zahlen mit der Maschine von Babbage vor. Sie orientierte sich dabei an den Lochkarten, mit denen der Jacquard Webstuhl gesteuert wurde. Nach ihr wurde in den siebziger Jahren die heute vergessene Programmiersprache Ada genannt.

Ende der dreißiger Jahre brachte der Deutsche Konrad Zuse den ersten programmgesteuerten Rechenautomaten namens Z 3 zum Einsatz. Er war aus Relais, Fernsprechzählern und Bausteinen der Lochkartentechnik zusammengesetzt. Die Bedeutung seiner Erfindung wurde in Deutschland nicht gewürdigt. Anders in den USA. 1944 vollendete Howard Aiken an der Harvard Universität den Mark I, ein 16 Meter langes, 35 Tonnen schweres Ungetüm, das ähnlich wie der Z 3 konstruiert war. Der erste elektronisch arbeitende Rechner war der an der Pennsylvania Universität gebaute ENIAC, der mit Elektronenröhren arbeitete. 1946 setzte sich die von John von Neumann entwickelte Idee der Speicherprogrammierung durch, die zu flexiblen Programmen führte. In immer rascherer Folge entstanden neue Computergenerationen, die mit Transistoren und integrierten Schaltkreisen arbeiteten. Parallel dazu entwickelte man mehrere Generationen von Programmiersprachen.

Die Geschichte des heute so verbreiteten Personal Computers begann 1976. Damals entwickelten Steve Jobs und Steven Wozniak („The two Steves") den Apple I, ihr erstes Computer-Board. Es verfügte noch nicht über eine Tastatur. Das Logo zeigte auf einem Kupferstich Isaac Newton unter einem Apfelbaum sitzend und über die Schwerkraft nachdenkend, umrankt von einer Gedichtzeile des Dichters William Wordsworth über Newton: *„A Mind Forever Voyaging Through Strange Seas of Thought … Alone."* Newtons Apfel wurde dann als „Apple" im Jahre 1976 die Marke des ersten Home Computers. Das damalige Logo von Apple zeigte eben diesen Kupferstich. Natürlich war das für ein modernes Marketing viel zu kompliziert. Als 1977 mit dem Apple II der erste richtige Home Computer mit Tastatur sowie einem Fernseherausgang und Tonausgabe folgte, war das Apple-Logo bunt und peppig geworden. Es zeigte schlicht einen angebissenen Apfel. Sein Schöpfer war Rob Janov. Dieses Design enthielt zusätzlich zu der ironischen Konnotation des natürlichen Apfels mit dem künstlichen Computer ein subtiles Wortspiel: „Beißen" heißt im Englischen „to bite", was wie „Byte" klingt, die zentrale Maßeinheit für Computerdaten. Apples Weg in die Designwelt war mit dem neuen Logo vorgezeichnet. So hängt alles irgendwie mit allem zusammen, wie es in der Fernsehsendung „Wissen heute" so richtig heißt. Ich habe 1977 einen Apple IIe gekauft, den ich leider nicht mehr besitze. Die Werbung von lautete damals: *„Jeder sollte einen Freund wie Apple haben"*. Der Händler redete mir damals den Erwerb eines Monitors erfolgreich mit den Worten aus: *„Nehmen Sie einen tragbaren Fernseher. Da haben Sie wenigstens etwas, was zu etwas taugt."*

Mit dem Namen „Newton" hatte Apple auch sonst keinen Erfolg. Unter dem Namen Newton stellte das Unternehmen 1993 eine Produktreihe vor, die es 1998 wieder einstellte. Stattdessen kam 2007 ein Smartphone, über dessen Namen diskutiert wurde (*„TelePod"* als Anspielung auf das Wort *„Telephone"*, *„Mobi"* Kurzform von *„mobile"*, *„TriPod"* als Kennzeichnung der drei Hauptfunktionen des Handys (iPod, Telephone und Internet). Schließlich griff man auf den Musikspieler *„iPod"* (von englisch *„pod"* = Kapsel) zurück und nannte es *„iPhone"*, was mit Grundregeln der deutschen Sprache nicht vereinbar ist, und wobei niemand weiß, wofür der Buchstabe *„i"* steht. Aber bei einem Publikum, das nicht weiß, wer Newton war, ist das alles egal.

Der (englisch auszusprechende) Begriff *„Personal Computer (PC)"* war ursprünglich ein Handelsname von IBM. Der Erfolg des Apple II veranlasste IBM und andere Unternehmen zu Nachbauten. Im Jahre 1981 brachte IBM den PC auf den Markt. Während die IBM bei Großrechnern alle Bauteile traditionell selbst produziert hatte, kaufte sie aus Zeitgründen die Komponenten für den PC zu. Die CPU stammte von Intel, das Betriebssystem MS-DOS von Microsoft. Später folgten die Microsoft Windows Betriebssysteme, die über eine grafische Oberfläche verfügen. Das PC- Geschäft entwickelte sich weltweit. Seit den 80er Jahren kamen viele weitere Geräte auf den Markt. Die Personal Computer fanden Eingang in den betrieblichen Alltag. In den letzten Jahren kam das Tablet dazu.

Das Internet (Interconnected Networks) ist ein weltweites Computernetzwerk. Es ging aus dem Ende der 1960er Jahre entstandenen militärischen ARPANET der Advanced Research Project Agency hervor, mit dem sich die USA damals gegen einen Atomschlag wappnen wollten. Später diente es zur Vernetzung von Universitäten und Forschungseinrichtungen. Seit den achtziger Jahren wird es universell für die elektronische Kommunikation eingesetzt. Jeder Rechner des Netzes kann dabei prinzipiell mit jedem anderen Rechner kommunizieren. Der Datenaustausch zwischen den einzelnen Rechnern erfolgt über Protokolle. Häufig setzt man das „Internet" mit dem „World Wide Web" (kurz Web) gleich. Das Web ist jedoch nur eine von mehreren Anwendungen des Internets. Es gibt durchaus Internet-Dienste, die nicht in das Web integriert sind, so insbesondere der E-Mail Dienst.

Rechner sind die Computer noch immer, aber vor allem werden sie weltweit als Schreibgeräte benutzt. Seit den siebziger Jahren haben sie handgeschriebene wie maschinengeschriebene Texte weitgehend abgelöst. 1984 kam in Deutschland die erste E-Mail an. Die Leichtigkeit, mit der jedermann heute einen digitalen Text schreiben und versenden kann, führten zu einer inflationären Entwicklung, in der die klassischen sprachlichen Strukturen zunehmend aufgelöst werden. Sichtbarer Ausdruck dieser Entwicklung ist die Abschaffung der Schreibschrift.

Die Computerrevolution unserer Zeit hat den Weg zu einer Strukturierung komplexer Sachverhalte eröffnet, wie es ihn bislang nicht gegeben hat.

2. Die Rechtsinformatik

Schon in den fünfziger Jahren gab es in den USA Bemühungen, eine neue juristische Disziplin namens „*Jurimetrics*“ zu entwikkeln. Erste konkrete Anwendungen wurden verwirklicht, vor allem auf dem Gebiet der elektronischen Rechtsdokumentation. Manche dieser Projekte waren naiv, etwa ein sogenannter „*Point-of-law-approach*“, bei dem alle „Rechtsprobleme“ gewissermaßen auf den „Punkt“ gebracht werden sollten, worauf diese „*Points-of-law*“ dann im Computer abrufbar gespeichert werden sollten. Andere Projekte waren dagegen anspruchsvoll und ihrer Zeit weit voraus, etwa ein Projekt der American Bar Association, bei welchem statistische Methoden eingesetzt wurden, um inhaltliche Beziehungen zwischen verschiedenen Formulierungen in Rechtstexten nachweisen zu können. Das Militär war natürlich auch dabei, und die Ökonomen begannen, sich für den „Wert“ von Informationen zu interessieren und diesen so messbar zu machen – Dinge, deren juristische Relevanz sichtbar wird, wenn man bedenkt, dass das gesamte Rechtswesen pure Informationsverarbeitung ist.

In Deutschland setzten vergleichbare Anstrengungen in den sechziger Jahren ein. Der erste Autor, der diesem Thema einen Beitrag widmete, war Ulrich Klug, Strafrechtler und Rechtsphilosoph an der Universität Köln, Autor des ersten deutschen Lehrbuches über die moderne, formale Logik im Recht. Kurz danach veröffentlichte Herbert Fiedler die ersten Arbeiten zur Rechtsinformatik. Sie erschienen in der Zeitschrift „Die deutsche Rentenversicherung“, was zeigt, wo die juristischen Verlage damals, in der Ära der Großrechner und Lochkarten, den Anwendungsbereich der „Elektronenrechner“ im Rechtswesen vermuteten.

In den folgenden Jahren gesellten sich einige wenige Enthusiasten der ersten Stunde hinzu. Etwa zu Beginn der siebziger Jahre war diese Pionierphase abgeschlossen. Es war eine Zeit voller Schwung und Kreativität gewesen. An mehreren Rechtsfakultäten waren teilweise recht anspruchsvolle Forschungskonzepte zur Theorie juristischer Information und juristischer Entscheidung unter Computereinsatz entworfen worden. Erste Lehrveranstaltungen und Lehrkonzepte zur Rechtsinformatik wurden entwikkelt und angeboten. Aber nicht nur an den Universitäten, sondern auch in den Gerichten, Behörden und Privatunternehmen waren einschlägige Projekte gestartet worden. Praktisch alles, was heute an Computerunterstützung im Rechtswesen existiert – vom elektronischen Grundbuch über den automatisierten Mahnbescheid bis hin zu Datenbanksystemen wie „beck-online", „juris" und „Lexinform" – war damals auf den Weg gebracht worden. Mutige und vorausschauende Verleger starteten etliche Buchreihen zur Rechtsinformatik.

Dies alles fand in einem politisch aufgeschlossenen Umfeld statt. In Bonn verbreitete die sozialliberale Koalition um 1970 Aufbruchstimmung. Man glaubte an die „Machbarkeit" umfassender politischer Informationssysteme. Die Wirtschaft setzte auf computergestützte „Management-Informations-Systeme". Das beförderte einen Ideenreichtum, der umso erstaunlicher war, als die technischen Möglichkeiten damals durch Großrechner und mittlere Datentechnik bestimmt waren. Wer etwas Konkretes ausprobieren wollte, musste in ein Rechenzentrum ziehen und sein Programm durch das Stanzen eines Stapels Lochkarten schreiben, was selbst für einen loseblattgegerbten Juristen keine reizvolle Perspektive war. Auch die Kettendrucker mit ihren meterbreiten Ausdrucken lösten nur verhaltene Freude aus.

3. Vom Computer im Recht zum Recht des Computers

Die Ernüchterung kam rasch, und sie war folgenreich. Die methodenorientierten Ansätze, Computer im Recht einzusetzen, blieben aus Mangel an technischen Realisierungs- und Erprobungsmöglichkeiten stecken. Die „herrschenden Meinung" unter den Juristen, die ohnehin zweifelnd bis abweisend war, fand ihre

Skepsis gegenüber der angeblichen „Denkmaschine“ bestätigt. Sie lehnte die ganze Richtung ab, und zwar mit einer überraschenden Emotionalität. Sie empfand das Vordringen des Computers in das Rechtswesen als eine Mischung aus Utopie und Barbarei, als Anmaßung und Grenzüberschreitung, und sie wusste sich dabei einig mit einer in Deutschland bis heute vorhandenen „öffentlichen Meinung“, welche gegen die „seelenlose“ Computertechnik ein tiefes Misstrauen hegte und immer noch hegt.

Angesichts dieser Ablehnungsfront verloren die meisten Rechtsinformatik- Freaks der ersten Stunde rasch die Lust an ihrem Tun. Die Pioniere wurden zu Siedlern, zu „klassischen“ Juristen. Sie besannen sich auf ihre ursprüngliche Aufgabe der rechtlichen Bewertung und Regelung neuer Sachverhalte. Da sie im Unterschied zu den „normalen“ Juristen wussten (oder ahnten), was Datenverarbeitung ist, und was damit (theoretisch) geschehen kann, interessierten sie sich besonders für die juristische Relevanz des Computers, und da sie als Juristen auf die Abwehr von Gefahren programmiert waren, sahen sie vor allem die Risiken, die sich durch das Stichwort „gläserner Mensch“ bezeichnen lassen. Um diesen Risiken entgegenzuwirken, entwickelten sie das Datenschutzrecht, und weil das ein recht enger Gegenstand ist, bemühten sie sich darüber hinaus um die Schaffung eines neuen Rechtsgebiet namens „Informationsrecht“, welches alle Rechtsnormen zusammenfassen soll, die irgendwie mit der Informationstechnik zu tun haben, also beispielsweise außer den Datenschutznormen auch Urheberrechtsbestimmungen, Strafgesetze zur Computerkriminalität, und dergleichen mehr.

Vor allem der Datenschutz wurde zum Modethema. In den siebziger Jahren gab es in Deutschland eine wahre Datenschutzbewegung. Diese führte zu Datenschutzgesetzen sowie zur Bestellung von Datenschutzbeauftragten in Bund, Ländern und Unternehmen. Sie gipfelte in der Schaffung eines neuen Grundrechtes auf *„informationelle Selbstbestimmung“* durch das Bundesverfassungsgericht. Der enorme Aufwand stand freilich in keinem rechten Verhältnis zu der Bedeutung der Sache, um die es damals ging. Der Beifall der Medien, die das oben genannte Unbehagen der Intellektuellen an der Informationstechnik durchweg teilten, war freilich diesen Bemühungen allezeit gewiss. „Datenschutz" gehört heute in Deutschland zu jenen Dingen, die in den USA als *„Motherhood, Flag and Applepie"* bezeichnet werden, also als Dinge, gegen die niemand etwas sagen darf.

Da es im Kern um ein echtes (wenn auch damals noch in der Zukunft liegendes) Problem ging, wäre die Datenschutzaufgeregtheit noch unbedenklich gewesen, wäre nicht darüber das eigentliche Anliegen der Rechtsinformatik weithin auf der Strecke geblieben. Die Datenschutzenergien gingen durchweg auf Kosten der methodenorientierten Anstrengungen, den Computer für bessere Informationen, bessere Entscheidungen und – last but not least – bessere Lehrmethoden im Recht zu nutzen. Die dazu geschaffenen Ansätze wurden in Deutschland nur an wenigen Stellen weiter verfolgt. Herbert Fiedler gehört zu den wenigen Pionieren der ersten Stunde, die – bei aller Aufgeschlossenheit für das „Informationsrecht" – das ursprüngliche methodenorientierte Anliegen der Rechtsinformatik nie aus den Augen verloren haben. Ich selbst habe Rechtsinformatik immer nur im methodischen Sinne verstanden und betrieben. Die wenigen Arbeiten, die ich zum Computerstrafrecht veröffentlicht habe, rechne ich zum Strafrecht, nicht zur Rechtsinformatik.

Heute ist es zwar in Deutschland nahezu allgemeine Meinung, dass die Rechtsinformatik zwei Gebiete umfasst, die man schlagwortartig mit „Computer im Recht" und „Recht des Computers" bezeichnen kann. Dementsprechend nennen etwa die juristischen Prüfungsordnungen, soweit in ihnen, wie in Baden-Württemberg, die Rechtsinformatik als Wahlfach aufgeführt ist, beide Gebiete. Aber was alle tun, muss deswegen noch nicht richtig sein. Das sogenannte „Computerrecht" existiert so wenig wie das „Informationsrecht". Um das zu erkennen, braucht man nur den Band „IT- und Computerrecht" der Beck/dtv-Gesetzessammlung in die Hand zu nehmen. Darin sind willkürlich Ausschnitte aus dem BGB, darunter die Vorschriften über Leistungsstörungen (?!) sowie Bestimmungen des Urheberrechtes, des Wettbewerbsrechtes, des Patentrechtes, des Rechtes der Allgemeinen Geschäftsbedingungen und anderes mehr zusammengewürfelt. Ein gemeinsames Konzept ist hier nicht erkennbar. Mit Rechtsinformatik hat das alles nichts zu tun.

Nach dem Siegeszug der Mikroelektronik in den achtziger Jahren wurden zu Beginn der neunziger Jahren die Anfänge der globalen Vernetzung geschaffen. Jedermann kann heute ein billiges Gerät erwerben und – mit Ausnahme einiger weniger Länder – mit der ganzen Welt zu geringen Kosten Informationsaustausch pflegen. Man sollte meinen, dies hätte die Rechtsinformatik wieder beflügelt, aber weit gefehlt. In Deutschland geschah nichts, was dem Elan der frühen siebziger Jahre vergleichbar gewesen wäre, als die Technik noch in den Kinderschuhen steckte. Waren es damals persönliche Initiativen einzelner gewesen, welche die Entwicklung vorangetrieben hatten, so mühten sich jetzt Gesetzgebung und Politik um Überwindung der allgemeinen Lethargie. Mit großem finanziellen Aufwand wurden in den neunziger Jahren staatliche Computer-Investitions-Programme („CIP“) und Wissenschaftler-Arbeits-Programme („WAP“) verwirklicht. Dadurch wurden etliche Rechtsfakultäten und eine ganze Reihe von juristischen Lehrstühlen mit modernen Geräten und Netzanschlüssen sowie mit entsprechender Software ausgerüstet. Dies alles wurde zwar gerne akzeptiert, doch kamen nur ganz vereinzelt die den Intentionen der Politik entsprechenden Forschungsprojekte in Gang. Überwiegend wurde und wird die zur Verfügung gestellte moderne Technik lediglich von Schreib- und Hilfskräften für simple Schreibarbeiten genutzt. Auch die Jurastudenten nutzen die Möglichkeiten der Technik ganz überwiegend nur dazu, um ihre juristischen Hausarbeiten mit den unvermeidlichen Fußnoten zu schreiben. Von Forschungsanstrengungen, von neuen Ideen, von einer Suche nach

Verbesserungen der juristischen Informationslandschaft, nach entscheidungsunterstützenden Systemen, nach computergestützten Lehrprogrammen, konnte nur ganz vereinzelt die Rede sein. Die Hunde wurden von der Politik zum Jagen getragen. Wild haben sie nicht erlegt.

Rühmliche Ausnahmen bestätigen die Regel. Aber insgesamt kann von einer flächendeckenden Rechtsinformatikbewegung in Deutschland keine Rede sein. Die Folgen sind misslich. Im Jahre 2013 wurde weltweit die eingangs behandelte digitale Spionagetätigkeit US-amerikanischer und englischer Behörden aufgedeckt. Aber da die Computerrevolution bei der Ausbildung der Juristen weitgehend ignoriert wurde, fehlt es den Verantwortlichen in Justiz und Politik weithin an schlichtem Sachverstand für diese Problematik. Oftmals hört man, dies sei ein Generationenproblem; die jungen Leute würden mit dem Computer aufwachsen und hätten entsprechende Kenntnisse. Davon kann keine Rede sein. In den Jahren 2010/2011 bin ich an einer neu gegründeten privaten Universität noch einmal in die strafrechtliche Bütt gestiegen und wollte dabei die Rechtsinformatik in der Lehre wieder beleben. Diese Bemühungen sind nicht nur am Desinteresse, ja der Abneigung der jungen (!) Kollegen gescheitert. Die Studenten hatten von IT keine Ahnung. Ihr Kenntnisstand ließ sich mit der Formel „Apple ist gut – Microsoft ist böse" beschreiben. Außer Facebook, Ebay und ähnlichem Kommerzkram interessierten sie sich nur für Computerspiele. Als ich das erste Mal während einer strafrechtlichen Lehrveranstaltung Pokerkarten auf einem Bildschirm sah, verfügte ich, die Bildschirme geschlossen zu halten.

Im vergleichbaren Ausland – in den Niederlanden, in Österreich, Italien, Großbritannien, Frankreich, Skandinavien, und natürlich vor allem auch in den USA und Japan – war und ist das anders. Dort sehen auch die Juristen die technischen und methodischen Möglichkeiten, die der Computer ihnen bietet, und sie handeln dementsprechend. In den Niederlanden existieren beispielsweise an mehreren Universitäten Institute für Rechtsinformatik, in denen anspruchsvolle Forschungsarbeit geleistet wird.

Im internationalen Bereich ist im Zusammenhang mit der juristischen Ausbildung vor allem die US-amerikanische Organisation Computer Assisted Legal Instruction – CALI (http://www.cali.org/) zu nennen. Das ist ein Konsortium von mehr als 170 US-amerikanischen Law Schools, das über 100 computerbasierte juristische Tutorials für den Unterricht der Rechtsstudenten in den Mitgliedsfakultäten bereitstellt. In den USA gibt es beispielsweise auch eine „Artificial-Intelligence (AI)-In-Law"-Gemeinde, die eine ganze Reihe von einschlägigen Forschungsprojekten angepackt hat, und die ebenfalls jährlich eine Konferenz veranstaltet sowie eine eigene Fachzeitschrift herausgibt.

Im Vergleich damit schneidet Deutschland schlecht ab. Soweit es hier vergleichbare Forschungsvorhaben im Recht gab, fehlte ihnen vielfach die „Scientific community", ohne die Forschung nun einmal nicht gedeihen kann. Wenn man hier als Rechtsinformatiker ein Projekt entwickelt und dann im Kreise der juristischen Fachkollegen, die manchmal nicht einmal den Unterschied zwischen einem Videogerät und einem Computerbildschirm kennen, auf Widerstand stößt, der emotional begründet und daher argumentativ nicht zu fassen und nicht zu widerlegen ist, dann ist das wenig anregend. Junge Leute wurden dadurch nicht ermutigt, sich mit Rechtsinformatik zu befassen.

Es sieht so aus, als wären in Deutschland mit den Bequemlichkeiten der modernen Technik die für die Forschung wichtigen menschlichen Eigenschaften - Neugier, Wissensdrang, Kreativität, Initiative, Lust am Fortschritt, Bereitschaft zum Verlassen eingefahrener Bahnen, Infragestellung herkömmlicher Denkschablonen – schwächer geworden. Heute kann sich jeder juristische Hochschullehrer einen Computer auf den Schreibtisch stellen, und die meisten tun es auch, aber was fangen sie damit an? Sie schreiben Großvaters Texte und freuen sich an der bequemen Möglichkeit, viele Fußnoten zu produzieren. Nur die Entnahme von Informationen aus Wikipedia löst kritisches Geschrei aus. So als wenn die Rechtswissenschaft jemals ohne das Abschreiben fremder Texte ausgekommen wäre.

Rudolf von Jhering hat das „*Übel*" beschrieben, welches er in einer traditionellen Einrichtung unserer deutschen Universitäten sah, und welches darin liegt, *daß dieselben ihre Pforten nur demjenigen öffnen, der eine „literarische Leistung" aufzuweisen hat, d. h. von ihm Geschriebenes hat setzen und drucken lassen. Der Weg zur Professur geht durch die Druckerei hindurch, – ohne Setzer kein Professor! Welcher deutsche Privatdocent wird um eine solche Prämie sich nicht die Finger wund schreiben! Glückt's mit dem ersten Werke nicht, so ist schnell ein zweites und drittes da, und er bombardirt so lange mit Abhandlungen, Monographien, Lehrbüchern usw. gegen das verschlossene Thor, bis es sich ihm endlich öffnet. Festungen beschießt man nicht mit Sechs-Pfündern, dazu bedarf es des schweren Geschützes; je dicker das Buch, desto wirksamer der Erfolg. Daher jener Fluch und Schrecken unserer Literatur, jenes künstliche und gewaltsame Auftreiben des dürftigsten Inhalts zu möglichst großem Volumen – ein kleiner, kümmerlicher, dürftiger Gedanke, um den ein ganzes Buch herumgebaut wird. Und mitunter fehlt selbst dieser. So stehen sie denn da, die Jünger der Wissenschaft, in Reihe und Glied aufmarschirt, und jeder Meß-Katalog, jedes Heft einer juristischen Zeitschrift bringt eine neue Kanonade, und wenn der Eine glücklich in die Festung eingelassen ist, ist sofort wieder ein Anderer an seine Stelle getreten, der sie von Neuem beschießt. Und das wird so fort gehen bis an den jüngsten Tag, wenn nicht unsere Regierungen und die deutsche Nation ein Einsehen haben.*"

Die Gründungsväter der Rechtsinformatik, die zu ihrer Zeit mit Lochkartenstapeln in den ihnen als Juristen nun wirklich fremden Rechenzentren der Universitäten herumirrten, waren (und sind) viel moderner, als es ihre jungen Kollegen von heute sind. So erweist sich die deutsche Rechtswissenschaft als für die Herausforderungen des Informationszeitalters schlecht gerüstet.

4. Die hermeneutische Wand

Das Haupthindernis gegen den Einsatz des Computers im Recht ist die verbreitete Meinung, im Recht gehe es um das Verstehen und Auslegen von Gesetzen. Hierauf habe ich schon hingewiesen. Diese Vorstellung entstand im 19. Jahrhundert, als die Geisteswissenschaften als Inbegriff der Wissenschaft und das Verstehen als deren wesentliche Methode angesehen wurden, und als man die Rechtswissenschaft zu den Geisteswissenschaften zählte. Der angebliche Gegensatz zwischen Geistes- und Naturwissenschaften ist heute zwar überholt. Aber die Vorstellung, die Rechtswissenschaft sei eine Geisteswissenschaft, deren primäre Aufgabe das Verstehen von Gesetzen sei, ist auf unreflektierte Weise immer noch weit verbreitet. Sie hat zur Errichtung einer hermeneutischen Wand geführt, an der die meisten Bemühungen abgeprallt sind, Computer im Recht einzusetzen. Anderswo, etwa im Common Law, gibt es so etwas nicht. Diese Wand wurde schon zu einer Zeit errichtet, als an Computer noch gar nicht zu denken war. Der Soziologe Max Weber (1864–1920) hat bereits vor hundert Jahren das Schreckgespenst eines *„Paragraphen-Automaten"* gezeichnet, *„in welchen man oben die Akten nebst Kosten und Gebühren hineinwirft, auf daß er unten das Urteil nebst den mehr oder weniger stichhaltigen Gründen ausspeie …"* Und Arthur Kaufmann hat in unserer Zeit geschrieben, der „Rechtsprechungs-Computer" würde sicherlich *„ein anderes ‚Recht' (erzeugen), als es von der richterlichen Rechtsprechung gesprochen wird: ein ‚Recht', in dem das Gleichheitsprinzip völlig mechanisch manipuliert wird, das keinerlei Rücksicht auf die konkrete, geschichtliche Situation und Individualität nimmt, eine Karikatur der blinden, ganz ‚ohne Ansehung der Person' richtenden Justitia, ein ungeschichtliches und apersonales Recht"*.

Wir sollten diese Haltung aufgeben. Bereits im Jahre 1970 habe ich dazu sehr richtig (sic) geschrieben: *„Wir Deutsche haben ein besonderes Verhältnis zum ‚Geist' und zum ‚Denken'. Der Einsatz von Maschinen erscheint uns hier als eine Mischung aus Utopie und*

Barbarei … Doch wenn es zutrifft, dass wir Juristen mit unseren traditionellen Mitteln – Verstand, Sinne, Wissen, Können und Erfahrung, Büchern, Schreibgeräten und Papier – das Recht nicht mehr in jedem Fall zufriedenstellend bewältigen können, dann können wir auch nicht mehr dafür einstehen, dass unser Tun das höchstmögliche Maß an Gerechtigkeit sichert. Dieses Manko wird uns zum Vorwurf gereichen, wenn und soweit es Techniken gibt, die es erlauben, diesem Ziel näherzukommen …“ Im Jahre 1970 gab es diese Techniken noch nicht. Heute gibt es sie. Ich komme darauf zurück.

F. Sachverhalt und Recht

I. Das Hin- und Herwandern des Blicks

Als praktisch tätiger Jurist haben Sie es stets mit zwei variablen und komplexen Größen zu tun: dem „Sachverhalt" und dem „Recht". Zwischen beiden wandert nach einem bekannten Wort von Karl Engisch der Blick hin und her. Soweit die Theorie. In der Praxis kommt der Sachverhalt freilich deutlich zu kurz. Seine Herstellung wird im Jurastudium nicht gelehrt und nicht gelernt; vielmehr bekommen die Studenten fertige Sachverhalte vorgesetzt, deren Darstellung oftmals Zweifelsfragen aufwirft. Wenn O im Wirtshaus von T angegriffen wird und sich verteidigt, indem er *„sein"* Bierglas auf dem Kopf des Angreifers zerschellen lässt, fragt sich der Student, ob das Glas im Eigentum des T steht (es gibt ja Wirtshäuser, in denen die Gäste ihre eigenen Gläser benutzen), in welchem Fall die schöne Problematik des aggressiven Notstands bei der Sachbeschädigung entfällt, was vor allem dann geltend gemacht wird, wenn der Student bei der Vorlesung über den Notstand umständehalber verhindert war. Die Herstellung des Sachverhaltes wird erst im Referendariat geübt, wenn in der Zivilstation die Relationstechnik auf dem Lehrplan steht und in der Strafstation die Beweismittel zu würdigen sind. Aber das funktioniert im Wesentlichen nach der Methode „Trial and Error".

Die veröffentlichten Gerichtsentscheidungen und das Schrifttum befassen sich ganz überwiegend mit reinen Rechtsfragen, meistens mit der Bedeutung von Wörtern in Normen und dogmatischen Sätzen. Sachverhalte bieten regelmäßig nur Anlass dazu, sich mit solchen Rechtsfragen zu befassen. Selten, ganz selten, geben sie Anlass zu kombinatorischem Denken. So hat Lothar

Philipps den schon erwähnten Fall Rose-Rosahl kombinatorisch untersucht: Der gedungene Mörder erschießt den Falschen. Wozu hat der Hintermann wen wie angestiftet? Vollendete Anstiftung zum vollendeten Mord, vollendete Anstiftung zum versuchten Mord, versuchte Anstiftung zum ... – jeweils bezogen auf den Gemeinten und den Getroffenen. Karl Hall hat in seinem Buch *„Verrückte Strafrechtsfälle"* zu dem ebenfalls schon erwähnten Fall *„Wildsau"* (einen Wilderer schießt auf eine Wildsau und einen Förster; der Förster wird erlegt, die Wildsau entkommt; es lässt sich nicht mehr feststellen, welcher Schuss den Förster getroffen hat) den Leser aufgefordert, die denkbaren tatsächlichen Situationen des Sachverhalts darzustellen und strafrechtlich zu beurteilen. Versuchen Sie es! Es wird Ihnen nicht leicht fallen.

Solche kombinatorischen Ansätze sind aber die Ausnahme, sie sind nach Hall *„verrückt"*. Im Regelfall gilt der Sachverhalt als eindeutig feststehend. Die Gerichte haben genügend Sprachmacht, um dies sicherzustellen. Die „richterliche Überzeugung" ebnet alle kombinatorischen Zweifel ein. Im Strafrecht wird beispielsweise der bedingte Vorsatz von der bewussten Fahrlässigkeit wie folgt abgegrenzt: Ersterer liegt vor, wenn der Täter ernsthaft für möglich hält, den Tatbestand zu verwirklichen und sich damit abfindet. Fahrlässigkeit liegt er vor, wenn er die Tatbestandsverwirklichung nur für möglich hält und darauf vertraut, es werde dazu nicht kommen. Während meiner Dozentenjahre war ich an dieser Stelle stets versucht, einen Sachverhalt zu bilden, bei dem der Täter ernsthaft für möglich hält, den Tatbestand zu verwirklichen und darauf vertraut, es werde dazu nicht kommen. Ihm wollte ich einen Kollegen an die Seite stellen, der die Tatbestandsverwirklichung nur für möglich hält und sich damit abfindet. Ich habe es nicht getan. Die Studenten wären verwirrt gewesen und hätten mich mit guten Erfolgsaussichten vor dem Verwaltungsgericht verklagt.

Wenn der Student sich nicht mit dem Repetitor-Kleinklein abfindet, sondern ein wenig tiefer eindringt (an der Universität ist so etwas möglich), stößt er auf die wissenschaftstheoretische Unterscheidung zwischen Sachverhalt und Tatsache. Der Sachverhalt ist Gegenstand einer Aussage, welche verifiziert werden muss, um zur Tatsache zu werden. Das ist ein harter Stoff, zumal dann, wenn man es mit einem Gesetz (§ 263 StGB) zu tun hat, in welchem allen Ernstes von *„falschen Tatsachen“* die Rede ist. Harter Tobak ist auch der bereits erwähnte Konstruktivismus. Existiert die objektive Wirklichkeit? Wird sie „erkannt“, wie es in jedem Urteil heißt *(„... hat ... für Recht erkannt“).* Oder wird sie konstruiert? Und wie hat sich der Umgang mit dem Sachverhalt im Recht historisch entwickelt? Da gab es einmal eine Instruktionsmaxime. Der Richter ermittelte den Sachverhalt, klagte an, sprach das Urteil und nahm als „Nachrichter“ auch an der Hinrichtung mit einem Festmahl auf Kosten des Delinquenten teil. Da entwickelte sich im Zivilprozess die Dispositionsmaxime. Die Parteien verfügen seitdem über den Sachverhalt. Da gab es Verfahren, um die Wahrheit aufzuklären – etwa das „Ordal“ (Gottesurteil) in Gestalt einer Feuerprobe oder einer Kaltwasserprobe. Von den Kelten übernahm man den Eid, bei dem ebenfalls Gott ungefragt zum Verfahrensbeteiligten befördert wird. Und da gibt es höchst aktuelle Zweifelsfragen: Enthält die Dispositionsmaxime nicht eine Anstiftung zum Prozessbetrug, wenn die Parteien miteinander unverträgliche Tatsachenbehauptungen aufstellen, von denen ja mindestens eine wahrheitswidrig sein muss? Das alles und noch mehr kann Anlass zum Nachdenken sein. Aber die entscheidende Frage bleibt bei alledem offen. Wie finden Sie als Jurist zum Sachverhalt? Sie waren ja nicht dabei, und was die Betroffenen erzählen oder schreiben, ist ebenso zweifelhaft wie die Beweismittel.

Wenn Sie einmal von der bereits erwähnten sogenannten Lehrbuchkriminalität absehen, gibt es bei der „Herstellung“ (ich vermeide bewusst den Ausdruck „Erkenntnis“) des Sachverhalts zwei prinzipiell verschiedene Situationen: Die allmähliche Entstehung im Zivilprozess (und verwandten kontradiktorischen Verfahren, etwa dem Verwaltungsprozess) aufgrund des Vortrags der Parteien in Schriftsätzen und der Beweisaufnahme. Und die Sturzflut an Daten im Strafverfahren, wenn etwa in einem Korruptionsverfahren eine Konzernzentrale durchsucht wird und Lastwagen voller Büroordner und Festplatten abtransportiert werden. Letzteren falls ist primär die Polizei als Ermittlungsbehörde gefordert. Anders als die Justiz kann sie keinen „Deal“ schließen, was zu durchaus deprimierenden Erlebnissen führen kann. In den klassischen Methodenlehren kommt dieses Thema nicht vor, einfach deshalb, weil es bei der herkömmlichen Vorgehensweise keine Lösung der Probleme gibt. Man muss Papierfluten bändigen und die farbigen Klebezettel, mit denen man wichtige Stellen kennzeichnen, gleichen Papierschiffchen auf einem großen, mitunter reißendem Strom.

Die beiden genannten Situationen will ich jetzt näher betrachten.

II. Die allmähliche Entstehung des Sachverhalts

In einem postum veröffentlichten Aufsatz mit dem Titel *„Über die allmähliche Verfertigung der Gedanken beim Reden“* hat Heinrich von Kleist sich mit der allmähliche Entstehung eines Sachverhalts befasst. Als Beispiel führte er Mirabeau zur Zeit der Französischen Revolution vor dem Ballhausschwur an. Mit einem *„Donnerkeil“* habe dieser den *„Ceremonienmeister“* abgefertigt, der den im Sitzungssaal versammelten Aufrührern befohlen hatte, auseinander zu gehen. Auf die Frage, ob sie den Befehl des Königs vernommen hätten, antwortete Mirabeau: *„Ja, wir haben des Königs Befehl vernommen“*. Kleist war sich dessen gewiss, dass der Redner bei diesem humanen Anfang noch nicht an die „Bayonnete“ dachte, mit welchen er dann schloss. Dieser Gedanke kam Mirabeau erst während des Redens. Plötzlich sei ihm ein Quell ungeheurer Vorstellungen aufgegangen und er habe fortgefahren:

> *„Doch was berechtigt Sie, uns hier Befehle anzudeuten? Wir sind die Repräsentanten der Nation. Die Nation gibt Befehle und empfängt keine. Und damit ich mich Ihnen ganz deutlich erkläre, so sagen Sie Ihrem Könige, daß wir unsere Plätze anders nicht, als auf die Gewalt der Bayonnete verlassen werden.“*

Vergleichbar liegt es auch bei der allmählichen Herstellung des Sachverhaltes im Recht. Am deutlichsten wird dies in kontradiktorischen Verfahren. Anders als bei Rede und Gegenrede tritt hier freilich neben der Schriftlichkeit das Zeitelement hinzu. Gerichtsprozesse sind keine ICE-Züge, sie dauern. Zwischen der Klageerhebung und der Klageerwiderung liegen regelmäßig Wochen oder Monate. Gleiches gilt für Replik und Duplik sowie die weiteren Schriftsätze, Gleiches gilt für die Beweiserhebungen, Gleiches gilt für die mündlichen Verhandlungen. Ein Prozess kann Jahre dauern. Das ist nicht nur für die betroffenen Parteien misslich. Auch die Richter, Staatsanwälte und Rechtsanwälte leiden unter *„justice delayed"*. Das menschliche Gedächtnis ist keine Datenbank. Immer wieder müssen alle Beteiligten sich neu in den Fall einarbeiten. Je länger er dauert, und je mehr Papier anfällt, desto mühsamer wird das. Die Akten schwellen an und werden zum Problem, wo sie doch zur Lösung führen sollten.

In Zivilprozessen und anderen kontradiktorischen Verfahren, in denen sich zwei oder mehr Parteien gegenüberstehen, hat der Richter es mit unterschiedlichen Sachverhaltsdarstellungen zu tun. Bei der sogenannten Schlüssigkeitsprüfung der Klage muss er entscheiden, ob der Sachvortrag des Klägers – seine Richtigkeit probeweise unterstellt – den geltend gemachten Anspruch rechtfertigt. Sodann muss er den Vortrag des Beklagten darauf prüfen, ob der relevante Vortrag des Klägers bestritten wird. Bejahendenfalls muss er nach Beweisregeln verfahren. In der Theorie klingt das einfach und einleuchtend. In der Realität liegt hier eine zentrale Schwierigkeit. Die Schriftsätze der Parteien sind oftmals weitschweifig, unklar, widersprüchlich und unzureichend, und vor allem, sie sind überhaupt nicht oder schlecht gegliedert.

Hinzu kommt, dass die deutsche Sprache in besonderem Maße dazu verführt, sich schwammig auszudrücken oder schlichten Unsinn im Gewand von Sinn auszubreiten. Die Sprachphilosophen des 20. Jahrhunderts haben sich mit dieser Thematik befasst. Wir erkennen syntaktische Fehler sofort *(„Die Gerechtigkeit ist und")*, nicht aber semantischen Unsinn *(„Die Gerechtigkeit ist unfassbar")*. Wenn Sie bei Google die Stichworte *„Popper"*, *„Adorno"* und *„Habermas"* eingeben, finden Sie etliche Beispiele für sprachlichen Unsinn nebst Übersetzungen von Popper, etwa die Übersetzung des folgenden Zitates von Habermas *„Theorien sind Ordnungsschemata, die wir in einem syntaktisch verbindlichen Rahmen beliebig konstruieren"* wie folgt: *„Theorien sollten nicht ungrammatisch formuliert werden, ansonsten kannst du sagen, was du willst."* Karl

Popper hatte seinen Berufsstand, die Philosophen, im Blick, aber auch wir Juristen hätten ihm reichlich Vorlagen zum Übersetzen liefern können.

In Strafverfahren und in anderen Verfahren, in denen von Amts wegen ermittelt wird, gibt es zwar nicht das Gegenüber von einander widerstreitenden Schriftsätzen, aber auch in diesem Bereich gibt es das allmähliche Sich-Hinein-Tasten in einen Sachverhalt anhand neuer und womöglich widerspruchsvoller Informationen. Auch hier können Jahre vergehen, bis ein „Sachverhalt" produziert ist, auch hier muss man sich immer wieder neu in den Fall hinein denken, und auch hier treten alle genannten Schwierigkeiten auf.

Besondere Schwierigkeiten bereitet in den kontradiktorischen Verfahren die Aufgabe, unterschiedliche Schriftsätze miteinander zu vergleichen. Ich habe mir bei der Entwicklung des Relationsmoduls für die von mir entwickelte Software, den Normfall Manager, angeschaut, wie Zivilrichter die sogenannte Relationstechnik praktisch anwenden, und ich bin auf zwei Methoden gestoßen: Zum einen die Scherenschnittmethode, zum anderen die Tabellenmethode. Die erstere besteht darin, den Parteienvortrag zu kopieren und den Schriftsätzen mit einer Schere zu Leibe zu rücken. Die Schnipsel werden dann auf dem Fußboden einander zugeordnet. Diese Methode wandte übrigens auch ein Professorenkollege von mir an, der einen Kommentar betreute, den er laufend um neue Fundstellen erweitern musste. Er gewöhnte sich einen Gang über sein Zettelreich an, vergleichbar dem eines Storches, der in einem Teich nach Fröschen Ausschau hält. Die natürlichen Feinde (nicht des Storches, sondern des Juristen) sind der Luftzug im Falle des Fensteröffnens, die Putzfrau, ggf. auch die Kinder oder der schwanzwedelnde Hund. Die Tabellenmethode vermeidet alle diese Gefahren. Sie besteht in der Anlage von Tabellen, wie sie mit Hilfe von Computerprogrammen wie Word oder Excel erstellt werden können. Die Zellen werden mit Stichworten gefüllt und am Rand werden Verweise auf die Fundstellen in den Akten angebracht. Das ist die Vorgehensweise bei US-amerikanischen Anwaltsprogrammen. Die Anwälte verdienen dort ihr Geld nicht zuletzt in den Materialschlachten der sog. „Precedent Trials". Sie lieben diese Methode, weil man dann beispielsweise eine E-Mail, in der Billy dem Joe mitteilt, wie man den Johnny am besten betrügen kann, in eigenen Worten in der Tabellenzelle beschreiben und das Werk auf Stundenbasis teuer abrechnen kann, wobei Hilfskräfte *(„Paralegals")* die Knochenarbeit leisten. Die Mandanten, die das bezahlen müssen, und die auch im Falle des Obsiegens ihre Kosten nicht ersetzt bekommen, finden das weniger lustig.

III. Der plötzliche Anfall großer Datenmengen

Eine andere Prozesssituation liegt vor, wenn plötzlich große Datenmengen anfallen. In den Anfangsjahren der Rechtsinformatik diskutierte man über die Flut von Gesetzen und Gerichtsentscheidungen, die niemand mehr bewältigen könne. Das war ein Scheinproblem. Die wahren Probleme lagen und liegen an anderer Stelle. Sie betreffen die Sachverhalte. Wenn in Umfangsverfahren (sog. „Gürteltieren") große Mengen an Unterlagen zu bewältigen sind, wird das rasch zum Problem. Am sichtbarsten wird das im Strafverfahren, wenn Wagenladungen voller Aktenordner und Festplatten beschlagnahmt wurden, die auszuwerten sind. Dabei steckt die „Wahrheit" meistens in den E-Mails, in denen sich die Menschen so ungeniert ausdrücken, als sprächen sie miteinander ohne fremde Zuhörer. Dass dabei die Polizei später eine interessante Lektüre findet, bedenken sie nicht – vorausgesetzt natürlich, die Polizei findet die relevanten E-Mails. Bei hunderttausend und mehr Emails, die ein Datenvolumen von Terabyte erreichen, ist das manuell aber ein Ding der Unmöglichkeit. Die Durchsicht großer Datenbestände in hunderten oder tausenden Aktenordnern und zunehmend auch auf Festplatten überfordert die beteiligten Personen. Hierauf habe ich schon hingewiesen. „Legal Process Outsourcing" hat sich als neuer Berufsstand auch in Deutschland entwickelt. Es ist aber klar, dass nur der IT-Einsatz hier zu Ergebnissen führt, zumal dann, wenn in Strafverfahren in Haftsachen ein Beschleunigungsgebot zu erfüllen ist. Weltweit wird an dem Problem der Auswertung unstrukturierter Datenbestände geforscht, nur nicht in Deutschland, wo die Rechtsinformatik abgeschafft wurde. Inzwischen gibt es schon Softwaren, die es ermöglichen, unstrukturierte Daten in verschiedenen Formaten zu durchforsten und relevante Emails herauszufiltern. Man muss sie nur einsetzen. Hätte der deutsche

Gesetzgeber dies erkannt gehabt, wäre es nicht nötig gewesen, den unsäglichen „Deal“ im Strafprozess zu sanktionieren.

Die bisherige Entwicklung der „elektronischen Justiz“ kreist, wie schon gesagt, durchweg um die „Akte“. Da die herkömmliche Akte aus Papier besteht und alle vorhandenen rechtlichen Regelungen die Existenz einer Papierakte voraussetzen, konzentrierte man sich auf sog. Dokumenten-Management-Systeme (DMS), also Systeme, die ihrem Ursprung nach zur digitalen Erfassung und Bearbeitung von Papierakten geschaffen worden waren. Die Dokumente wurden gescannt und mit Texterkennungsverfahren („Optical Character Recognition“ – OCR) maschinell lesbar gemacht. Marktführer wurde hierbei das von Adobe Systems seit 1993 entwickelte „Portable Document Format – PDF“. Es setzt eine lesbare Vorlage voraus und erzeugt quasi eine Fotografie, die auf Computern verschiedener Provenienz und Systemausstattung gespeichert und betrachtet werden kann.

Die „digitale Justizakte“ wurde so zu einem fotografierten Abbild der Papierakte. Selbst Dokumente, die ihrerseits mit einem Textverarbeitungssystem erzeugt worden waren, wurden in PDF-Dokumente umgewandelt. E-Mails mussten ausgedruckt werden, um als PDF-Dokumente gespeichert werden zu können. Entsprechendes galt für Internetseiten. Audiodateien, die z. B. bei Zeugen- und Beschuldigtenvernehmungen entstanden waren, mussten abgeschrieben und in PDF-Dateien umgewandelt werden. Videodateien, die etwa von Überwachungskameras aufgenommen wurden und als Beweismittel in Frage kamen, fanden keinen Platz in der „digitalen Akte“ und waren damit nicht existent – quod non est in actis …

Für den Zugriff auf die „digitale Justizakte“ standen zwei Wege offen. Zum einen dienten hierfür die sog. Metadaten, also Daten, welche formale Informationen über die Dokumente enthalten wie Aktenzeichen, Absender, Empfänger, Datum, Betreff usw. Es wurden eigene Programme zur automatisierten Erkennung solcher Metadaten entwickelt. Zum anderen setzte man die

Volltextsuche ein und suchte nach Schlagwörtern und Begriffsverknüpfungen (sogenannte „Deskriptoren"). Beide Wege führen freilich oftmals nicht zum Ziel. Die Metadaten besagen nur wenig oder nichts über den Inhalt der Dokumente, und die Deskriptorensuche hilft nur dann, wenn man die richtigen Schlagwörter kennt und eingrenzt. Zwar kann man hier sog. „Fuzzy"-Techniken (von engl. *„fuzzy"* = unscharf) einsetzen, die Schreibfehler automatisch korrigieren, aber wirklich verlässlich und vor allem schnell genug sind diese Methoden nicht. Wenn man einem Zeugen vor Gericht ein Dokument vorhalten will, muss es aber in Sekunden gefunden werden, jedes „Später" ist hier ein „Zu-Spät". Das aber gewährleisten diese Techniken nicht.

Die entscheidenden Probleme des Juristen blieben bei alledem ungelöst. Er sucht das Brot der Informationen und bekommt die Steine der Akte in Gestalt von Metadaten und OCR. Er muss Komplexität bewältigen und wird mit eindimensionalen Dokumenten bedient. Er steht unter Zeitdruck, aber die Geschwindigkeit der Computertechnik wird nicht zu seinem Vorteil genutzt. Alle diese – und weitere – Probleme resultieren daraus, dass man sich am Papiermedium der „Akte" orientiert. Gibt es eine Alternative? Es gibt sie.

IV. Abschied von der Akte

Die Lösung all dieser Probleme liegt darin, sich von der „Akte" zu verabschieden und sich der „Information" zuzuwenden. Der Jurist benötigt keine Akte, sondern Informationen – und zwar bei jedem Arbeitsschritt. Er übt den einzigen Beruf aus, der es ausschließlich mit Informationen zu tun hat. Andere Leute produzieren Schrauben, behandeln Kranke, organisieren Betriebe. Der Jurist hat es demgegenüber nicht mit Dingen zu tun, die man greifen kann. Er nimmt lediglich Informationen auf, bearbeitet sie und produziert neue Informationen. Angesichts dieses elementaren Befundes mag man kaum glauben, dass die Rechtsinformatik als die angewandte Informatikdisziplin, die sich mit dieser Thematik befasst, in Deutschland nach hoffnungsvollen Ansätzen ausgestorben und durch das „Informationsrecht" ersetzt worden ist.

Der Begriff „Information" (aus lat. *„informare"* = in Gestalt bringen) ist undefinierbar, aber das trifft auf die Begriffe „Recht" und „Akte" auch zu und braucht uns nicht weiter zu beunruhigen, wissen wir doch alle was gemeint ist. Der Zivilrechtler will nach einer bekannten Repetitorformel wissen, wer von wem was woraus verlangen kann. Und der Strafrechtler will herausfinden, wer wann wo was warum wie getan hat. Diese Formeln verraten mehr als man meint. Es geht in der Wirklichkeit der rechtlichen Auseinandersetzungen in erster Linie um die Aufklärung von Sachverhalten. Kennt man den Sachverhalt, ist die rechtliche Bewertung meistens trivial. Nur selten kommen rechtlich problematische Fälle vor. Aber weder das juristische Studium noch das rechtliche Publikationswesen werden diesem Befund gerecht. Die Herstellung des Sachverhalts wird im Studium überhaupt nicht geübt. Das kommt erst im Referendariat, wenn im Zivilprozess die sog. Relationstechnik eingeübt wird und im Strafrecht Beschuldigten- und Zeugenvernehmungen ausgewertet werden. Und über die

Masse der normalen Verträge oder der normalen Straftaten publiziert man nichts. Wenn A den T zum Mord an O anstiftet, ist das kein Fall für die NJW. Wenn aber T den falschen F anstelle von O umbringt (Fall Rose-Rosahl) ist das eine Sensation, über die man eine schriftliche Diskussion lostritt. Dabei wissen wir anhand dieses Beispiels, dass solche Problemfälle allenfalls einmal in hundert Jahren vorkommen. Wollte man einem „Alien" das Wesen der Sachbeschädigung anhand der veröffentlichten Fallentscheidungen und Literatur nahebringen, müsste man Dinge wie das Luftablassen aus Autoreifen oder das Dressieren des Papageis einer würdigen alten Dame zum Sprechen unzüchtiger Wörter nennen. Der Alien würde uns für verrückt halten.

Wie schon gesagt wurde, soll und kann die moderne Informationstechnik vor allem helfen, Sachverhalte zu durchdringen. An dieser Stelle kommt das bereits erwähnte philosophische Problem ins Spiel. Gibt es die objektive Wirklichkeit und kann sie „für Recht erkannt" werden (so die traditionelle Auffassung) oder wird sie in den Köpfen der Juristen „konstruiert"? Der philosophische Konstruktivismus nimmt mit guten Gründen das letztere an. Aber wie auch immer – stets muss der Jurist aus einer Vielzahl von Quellen schöpfen und dabei Komplexität bewältigen. Komplexität setzt vieldimensionales Arbeiten voraus; Rede, Schreibe und Papier sind aber eindimensional. Der IT-Einsatz kann diese Grenze überwinden.

Praktisch jedes Dokument ist multidimensional. Da gibt es einen oder mehrere Verfasser und einen oder mehrere Empfänger. Da gibt es eine Vielzahl von Aspekten – Personen, Sachverhaltskomplexe, wirtschaftliche Überlegungen, Rechtsfragen, Pläne ... Mit Papier lässt sich diese Multidimensionalität nicht wirklich beherrschen. Die Fertigung von Kopien stößt auf Grenzen und schafft neue Probleme. Gleiches gilt für die verbreiteten Klebezettel am Rand. Hinzu kommt, dass man bei der Ablage eines Dokumentes oftmals nicht weiß, in welcher Anwendungssituation man es einmal benötigen wird.

Als ich vor vielen Jahren mit dem Jurastudium begann, kaufte ich mir einen Büroordner, schrieb darauf *„Haft Allgemeines“* und legte die Unterlagen darin ab, die sich allmählich einfanden (Mietvertrag, Bankunterlagen, Notizen …“. Irgendwann war der Ordner voll. Ich kaufte einen zweiten und beschriftete ihn: *„Haft Besonderes“*. Als auch dieser Ordner voll war, kam ein dritter Ordner *„Haft Verschiedenes“* hinzu – und so ging es weiter *(„Haft Unterlagen“, „Haft Vorgänge“, „Haft Sonstiges …“*. Es dauerte nur kurze Zeit, bis ich so gut wie gar nichts mehr fand.

Es gibt geniale Menschen, die solche Probleme im Kopf lösen können. In München gab es in der Nähe der Universität einen amerikanischen Buchhändler, der keine Regale nutzte, sondern Büchertürme aufgestapelt hatte. Ich suchte einmal ein Buch, das ich einmal gelesen hatte, an dessen Verfasser und Titel ich mich aber nicht mehr erinnerte. Ich wusste nur ein Detail, das darin behandelt wurde – eine Schlacht, die der junge George Washington gemeinsam mit einem englischen General gegen Franzosen und Indianer verloren hatte. Der Buchhändler hörte sich das an, drehte sich um, zog unten aus einem Bücherstapel ein Buch heraus – und es war das Richtige.

Wir gewöhnlichen Sterblichen können so etwas nicht. Lösungen dieser Probleme gibt es erst im IT-Zeitalter. Ich komme darauf zurück.

G. Problemfälle und Normalfälle

I. Übersicht

Das juristische Schrifttum ist ein Sensationsverbreitungssystem. Gleiches gilt für die veröffentlichte Rechtsprechung. Die alltägliche „Normalität" kommt darin nicht vor. Warum ist das so? Die Antwort finden wir, wenn wir bedenken, dass die Ursprünge des Rechts eng mit der Entstehung der Sprache verbunden sind. Den Sprachwissenschaftlern ist längst schon aufgefallen, dass unsere Sprachentwicklung überwiegend durch das Bemerken von Auffälligkeiten angestoßen worden ist. Normal ist dagegen, was man nicht bemerkt. Normalität hat keinen Namen. Für das, was nicht auffällig ist, haben wir deshalb nur wenige Wörter. Wie soll man einen Menschen nennen, der weder groß noch klein, weder klug noch dumm, weder schön noch hässlich, weder alt noch jung ist? Wir können für all diese Menschen immer nur das im Grunde nichtssagende Wort „normal" verwenden. Uns fehlen passende Wörter, weil es über „Otto Normalverbraucher" regelmäßig nichts zu erzählen gibt. Die Sprache entwickelt sich überwiegend an atypischen, nicht normalen Erscheinungen. Wenn Herr Müller vom dritten Stock täglich in das Büro zur Arbeit fährt, bemerkt das niemand. Wenn er sich aber eine Strumpfmaske überzieht und mit einer Pistole in der Hand die Sparkasse um die Ecke besucht, dann hat das ganze Viertel etwas zum Reden.

Im Recht ist das nicht anders. Probleme entstehen immer dann, wenn etwas nicht normal ist. Will man ein Problem erkennen, muss man die Abweichung vom Normalen erkennen. Will man ein Problem analysieren, muss man diese Abweichung analysieren. Will man das Problem lösen, muss man im Grunde nur eine einzige Frage beantworten: Ist die Abweichung vom Normalen so groß und so wesentlich, dass man den problematischen Fall nicht mehr dem Normalfallbereich (genauer: dem normalen Fall-„Typus“) zuordnen kann? Oder kommt man über die Abweichung – wenn auch mit einiger Mühe – hinweg, so dass man ihn noch als – wenn auch vielleicht am Rande liegenden – Normalfall anzusehen hat? Um diese Frage in einem konkreten Fall letztlich überzeugend beantworten zu können, mag es eines großen Aufwandes an Scharfsinn, Argumentation und Rhetorik bedürfen. Aber im Kern geht es immer nur um diese eine Frage. Jedes juristische Problem lässt sich auf diesen Kern reduzieren. Das müssen Sie sich nur klarmachen. Sie begegnen damit der Gefahr, bloßer oberflächlicher (fremder oder eigener) „Rhetorik“ zu erliegen. Und Sie können sich in der mit Gewissheit in der stets zu erwartenden Situation helfen, in der Sie es mit unbekannten „Problemen“ zu tun haben werden. Als Jurist müssen Sie an einem begrenzten Korpus von Fällen die Fertigkeit zur Beherrschung einer unbegrenzten Vielfalt von Fällen erwerben. Die Normalfallmethode bietet den Schlüssel hierzu.

II. Der Drang zu den Problemen

Gesetze und dogmatische Lehrsätze sind zwar in ihren Ausgangspunkten stets auf normale, typische, alltägliche Fälle bezogen (wobei ich den Begriff Normalität im juristischen Sinne verwende; für den Laien mag es keinen „normalen" Mord usw. geben; für den Juristen gibt es das). Im gesamten juristischen Publikationswesen wie schon im Studium geht es dagegen so gut wie ausschließlich um Probleme.

Im Jahre 356 v. Chr., nach der Legende in der Nacht, in der Alexander der Große geboren wurde, setzte der ionische Hirte Herostratos den Tempel der Artemis in Ephesos in Brand, eines der sieben Weltwunder. Er wollte damit unsterblichen Ruhm erwerben. Die Stadt Ephesos nahm dieses einmalige Ereignis nicht etwa zum Anlass, die Tempelbrandstiftung in einem neuen Qualifikationstatbestand § 306d des Strafgesetzbuches von Ephesos unter (besonders grässliche) Strafe zu stellen. Sie verhängte vielmehr eine *„damnatio memoriae"*, ein Verbot, die Tat und seinen Namen zu nennen, was natürlich nichts nützte und das Gegenteil bewirkte. Der zeitgenössische Historiker Theopompos von Chios klatschte über die Geschichte, und im Anschluss an ihn klatschten Cicero, Plutarch, Strabon, Valerius Maximus und andere antike Autoren, so dass Herostratos sein Ziel erreichte. Sein Name wurde sogar zum Synonym für einen Menschen, der eine ausgefallene Untat allein zu dem Zweck begeht, berühmt zu werden. Ein Beispiel aus unserer Zeit bietet der Amerikaner Mark Chapman, der 1980 den Beatle John Lennon aus eben diesem Grund erschoss. Gegen so etwas Ausgefallenes macht man keine Gesetze. Hätte Herostratos dagegen Nachahmer gefunden und wären überall in Griechenland die Tempel in Brand gesteckt worden, hätte der Gesetzgeber besagten § 306d fraglos angesichts der neuen „Normalität" geschaffen.

In Rechtskommentaren und in juristischen Fachzeitschriften sowie in veröffentlichten Gerichtsentscheidungen haben Sie es nahezu ausschließlich mit Problemfällen zu tun, in die sich die Tempelbrandstiftung zu Ruhmeszwecken problemlos einordnen ließe, wobei Herostratos vermutlich den falschen Tempel auswählen und der Marmor überdies nicht brennen würde. Aufsätze und Kommentierungen haben stets interessante, ungewöhnliche, ausgefallene Fälle zum Gegenstand. Das reicht im Strafrecht bis hin zu der schon erwähnten hochpathologischen Lehrbuchkriminalität. Das Abstruse dominiert. Das Normale verschwindet demgegenüber aus dem Blickfeld. Im wirklichen Leben kommt vielleicht auf tausende „normale" Sachbeschädigungen, § 303 StGB, (Demolieren von Telefonzellen, Einwerfen von Fensterscheiben, Verwüsten von S-Bahn-Abteilen, Zertrampeln von Blumen in Grünanlagen, Abknicken von Autoantennen u. dgl. mehr) ein pathologischer Fall (beispielsweise das Zertrampeln einer Langlaufloipe). Im juristischen Publikationswesen wird dieses Verhältnis umgekehrt. Da ist bei der Sachbeschädigung von zerlegten Uhren, von Wanzen im Hotelbett, vom Fliegenlassen eines Vogels, vom Abwischen von Fingerabdrücken, vom Löschen von Tonbändern, vom Dressieren des Papageis einer vornehmen alten Dame, so dass der Vogel schlimme Schimpfwörter von sich gibt, und dergleichen mehr die Rede. Das ist schon in der Ausbildung so. Die jungen Juristen werden am Pathologischen für das Normale geschult. Das mag in der Medizin richtig sein, wo bekanntlich die Regel gilt, dass jemand, der völlig gesund ist, nicht ausreichend untersucht ist. Im Recht ist es unsinnig. Im Recht haben Sie es in erster Linie mit dem Normalen zu tun. Von ihm und nur von ihm aus können Sie dann das seltene Pathologische sachgerecht behandeln. Warum ist dieses Verhältnis im Publikationswesen so verkehrt, und wie können Sie dieses Verhältnis wieder richtigstellen?

Auf die erste Frage gibt es eine einfache Antwort. Wenn Sie diese kennen, wissen Sie auch, wie die Antwort auf die zweite

Frage lautet. Der Normalfall existiert in der juristischen Literatur einfach deshalb nicht, weil es keinen Anlass gibt, sich mit ihm publizistisch zu beschäftigen. Über das Normale schreibt man nicht. Normale Gerichtsentscheidungen veröffentlicht man nicht. Niemand kommt auf den Gedanken, einen Aufsatz über normale Nötigungen, normale Kaufverträge, normale Grundrechtsverstöße usw. zu schreiben. Auch die Gerichtsentscheidungen werden nur veröffentlicht, soweit sie sich mit Problemfällen befassen. Jedes Jahr ergehen Hunderttausende „normale" Entscheidungen, aber nur wenige tausend werden veröffentlicht, eben die, welche ausgefallene, nicht normale Fälle betreffen. Alles andere erschiene ja auch widersinnig. (Dass auch die Masse der „normalen" Gerichtsentscheidungen in Datenbanken gegen Geld zur Einsicht bereitgestellt wird, ändert nichts hieran; die moderne Speichertechnik verträgt jede Menge Informationsmüll.)

Manche Klassiker prägen sich dabei so ein, dass man sie ein Leben lang nicht mehr vergisst. Ein schönes Beispiel – die Perle in der Austern – habe ich schon erwähnt. Ein anderes Beispiel, an dem sich Generationen von Jurastudenten versucht haben: Am 18. November 1916 verkaufte jemand 214 Fass Haakjöringsköd per Dampfer Jessica abzuladen im Hafen Hamburg zu 4,30 Mark per Kilo. Der Käufer zahlte den Kaufpreis. Verkäufer und Käufer gingen davon aus, dass es sich bei Haakjöringsköd (eigentlich *håkjerringkjøtt)* um Walfleisch handelte. Wie jeder weiß, der nur ein bisschen Norwegisch kann, bedeutet Haakjöringsköd aber Haifischfleisch *(Håkjerring* = norwegisch Grönlandhai, *köd* = Fleisch), und Haifischfleisch befand sich auch tatsächlich in den Fässern. Nun kommt das, was Hitchcock den McGuffin und Krimiautoren den Plot nennen. Das Ganze geschah zur Zeit des Ersten Weltkrieges (1914–1918), und zu jener Zeit gab es für Haifischfleisch – anders als für Walfleisch – Einfuhrbeschränkungen. Fragen Sie nicht, warum. Es herrschte Krieg. Die Ladung wurde daher beim Eintreffen im Hamburger Hafen von der staatlichen Zentral-Einkaufsgesellschaft beschlagnahmt; dem Käufer wurde für das

Fleisch ein erheblich niedrigerer Übernahmepreis als der vereinbarte Kaufpreis gezahlt. Er klagte daher gegen den Verkäufer auf Zahlung des Differenzbetrages, und so landete der Fall schon vier Jahre später und zwei Jahre nach dem Kriegsende, nämlich 1920, beim Reichsgericht. Ich verrate Ihnen nicht, wie das Reichsgericht ihn entschieden hat, weil Sie sich das ohnehin nicht merken könnten. Ich begnüge mich mit der Feststellung, dass das oberste deutsche Gericht höchstrichterlich und somit nach „herrschender Rechtsprechung" festgelegt hat, dass der Wal ein Fisch ist, womit jedenfalls diese Tatsache feststeht. Es ist nahezu unmöglich, im Jurastudium durch den Grundkurs Zivilrecht zu kommen, ohne mit diesem Fall konfrontiert zu werden.

Solche Sensationen im wirklichen Leben regen natürlich die Phantasie an, wo es dann keine Grenzen mehr gibt. So erfand Hermann Isay (1873–1938), damals Rechtsreferendar in Trier, später Professor an der TH Berlin, anno 1899 die Trierer Weinversteigerung. Ein argloser Tourist besucht Trier, gerät dort in eine Weinversteigerung, entdeckt im Publikum einen Freund, winkt ihm zu und erhält den Zuschlag für ein Fuder Wein. Auch dieser kaum vorstellbare Fall dürfte sich Generationen von Juristen eingeprägt haben – aber wie ist er zu lösen? Entsprechendes gibt es auch im Strafrecht, wo man sich in den Lehrbüchern die bereits erwähnten Eltern ausgedacht hat, die vorsätzlich einen Mörder zeugen, was ihnen auch gelingt; sie tun dies allein zu dem Zweck, die Kausalitätslehre ad absurdum zu führen. Wie schon erwähnt habe ich in vielen Jahren strafrechtlicher Lehrtätigkeit immer wieder mit dem Gedanken gespielt habe, einmal einen Klausurfall zu stellen, in dem alles völlig normal ist und nicht das klitzekleinste Problemchen vorkommt. Ich habe diesen Bruch mit der Tradition nicht gewagt. Die Studenten hätten ein Teufelswerk gewittert, und auf ihrer Problemfahndung hätten sie die vor ihren Augen befindliche Normalität gar nicht bemerkt. In der Tat – stets muss in unseren Klausuren etwas Atypisches, Verrücktes, Problematisches vorkommen. Die bemerkenswerteste Leistung war der schon erwähne Fall des verschmähten Liebhabers, der sich als Polizist verkleidet und seiner früheren Freundin den angeblichen Tod seines glücklichen Konkurrenten bei einem Verkehrsunfall meldet, worauf sie wie geplant Selbstmord begeht. Ein ganzes Bundesland bearbeitete diesen Fall als Examensklausur, das Prüfungsamt, Dutzende von Korrektoren, allesamt Professoren der Rechtswissenschaft und hunderte Examenskandidaten bemerkten nicht, dass dieser Fall einfach nicht vorkommen kann. Der falsche Bart ist noch nicht erfunden, mit dem man seine Ex-Freundin so täuschen kann.

Als Strafverteidiger wollte ich einmal aus einer im wirklichen Leben vorgekommenen Sensation für meinen Mandanten Kapital schlagen. Ich verteidigte einen Architekten, der u.a. wegen Steuerhinterziehung vor Gericht stand. Er hatte nicht nur den normalen Weg gewählt, Einkünfte zu verheimlichen, sondern er hatte kreativ auch bei den Betriebsausgaben angesetzt. Um diese scheinbar zu erhöhen (und seine Steuerschuld dadurch zu verringern), hatte er eine Frau Müller erfunden, Adresse *„Sheraton Hotel, Hier“*, die angeblich freiberuflich für ihn gearbeitet hätte. Hierfür hatte er Quittungen über angeblich bar von ihm an Frau Müller gezahlte mehrere hunderttausend Euro ausgestellt, diese schwungvoll mit „Müller“ unterschrieben und beim Finanzamt eingereicht. Dies tat er zu einer Zeit, als die Steuerfahndung bereits gegen ihn ermittelte. Ich war sicher, dass sich die Finanzbeamten die Bäuche vor Lachen gehalten hatten, als sie diese angeblichen Quittungen sahen, aber vor der Strafkammer wurde die Sache in vollem Ernst wegen versuchter Steuerhinterziehung, § 370 Abs. 2 Abgabenordnung (AO) verhandelt. Nun gibt es in § 23 Abs. 3 StGB für den Versuch einen besonderen Strafmilderungsgrund. Hat der Täter aus grobem Unverstand verkannt, dass der Versuch nach der Art des Gegenstandes, an dem, oder des Mittels, mit dem die Tat begangen werden sollte, überhaupt nicht zur Vollendung führen konnte, so kann das Gericht von Strafe absehen oder die Strafe nach seinem Ermessen mildern. Diese

Vorschrift wird extrem selten in Betracht gezogen, weil auch die dümmsten Straftäter das dafür erforderliche Maß an grobem Unverstand nicht aufbringen. Sie ist denn auch noch nie zugunsten eines Angeklagten angewendet worden. Der letzte Fall, in dem grober Unverstand geprüft und verneint wurde, war anno 1995 vom BGH entschieden worden (Az: 1 StR 846/94). Ihm lag eine Anklage zugrunde, der zufolge die Angeklagte das Insektengift „Detmol" aus einer Spraydose auf das Vesperbrot ihres Ehemannes gesprüht hatte, um ihn zu töten. Der Sprühvorgang hatte zweimal je etwa eine Sekunde gedauert. Der Ehemann hatte jedoch auf den Verzehr des Brotes verzichtet, nachdem er einen ersten Bissen wegen des bitteren Geschmacks ausgespuckt hatte. Sachverständig beraten hatte die Strafkammer festgestellt, dass die 500 ml-Spraydose 0,17 % des Giftes Fenitrothion enthielt, mithin 0,85 ml dieses Wirkstoffes. Die für einen Menschen mit 70 kg Körpergewicht tödliche Dosis dieses Giftes beträgt bei oraler Einnahme 40 g. Man konnte also getrost ausschließen, dass die Ehefrau auf diese Weise ihren lieben Mann hätte zur Strecke bringen können. Der BGH entschied gleichwohl, die Ehefrau habe durchaus verständig versucht, ihren Gatten umzubringen. Nun, so dachte ich angesichts meines Architekten und seiner erfundenen Frau Müller, hätte ich endlich einen Fall, in dem man den groben Unverstand einmal bejahen musste. Ich entwarf ein flammendes Plädoyer, bei dem ich nur durch den Umstand gebremst wurde, dass der Mandant, den ich als kompletten Vollidioten hinstellen musste, neben mir saß und mich erwartungs- und hoffnungsvoll ansah; aber so etwas kriegen wir Juristen schon hin. Doch ach, alles war umsonst. Die Strafkammer widerstand der Versuchung, in die Strafrechtsgeschichte einzugehen und entschied ganz im Gegenteil, dass die besondere Raffinesse, mit der der Angeklagte vorgegangen war („Sheraton-Hotel"! „Hier!") strafschärfend zu berücksichtigen sei. Ich schätze, das brachte ihm drei Monate Freiheitsstrafe zusätzlich ein.

III. Der Normalfall ist ein Typus

Der erfahrene Jurist kommt mit der Problemlastigkeit des juristischen Publikationswesens zurecht. Er behandelt die Normalfälle im Wesentlichen nur anhand des Gesetzes, oftmals (und nach meinem Eindruck sogar zunehmend) sogar ganz freihändig ohne das Gesetz und ohne auch nur den Ansatz zu einer juristischen Subsumtion, wobei ihm zugutekommt, dass es beispielsweise angesichts eines säumigen Schuldners ziemlich egal ist, ob der Vertrag als Werk-, Dienst-, Geschäftsbesorgungsvertrag oder was auch immer zu qualifizieren ist – der Schuldner muss jedenfalls zahlen! Jeder halbwegs qualifizierte Jurist verfügt über eine ausreichende Normalfallerfahrung. Sein Rechtsgefühl reicht vollkommen aus. Und wenn der Anwalt beim Mandanten Eindruck schinden will, schreibt er Sätze wie:

> *„Verträge sind einzuhalten"*
>
> *„Vgl. BGHZ 103, 28; RGZ 29,154; BVerfG 17,184"; Müller-Lüdenscheidt, Der Vertrag, Rostock 1878; Leipziger Kommentar, Vor § 1 Rzn. 1–278 …"*

Dabei kann er sicher sein, dass niemand, schon gar nicht der Mandant, diese Zitate nachprüft – nihil interest (tun Sie es auch nicht – die Zitate sind frei erfunden).

Eine Schwierigkeit liegt freilich darin, dass es den Normalfall – genau besehen – nicht gibt. Jeder Fall ist im Grunde einzigartig und einmalig. Jeder Fall weist Besonderheiten auf, die ihn von der Vielzahl anderer, nur ähnlicher Fälle unterscheiden. Das wird besonders deutlich bei Fällen, zu deren tatbestandsmäßiger Modellierung nur hochabstrakte Rechtsbegriffe vorhanden sind. Was soll man etwa unter dem „Normalfall" einer Beleidigung verstehen? Ist die verbale Beleidigung (T nennt O einen debilen Kretin) hier der Normalfall? Stellt die symbolische Beleidigung (Tippen an die Stirn) nicht auch einen Normalfall dar? Und wie steht es mit der tätlichen Beleidigung (T spuckt O an)? Wie sollen Sie hier entscheiden? Die Kommentare helfen Ihnen nicht weiter, weil sie über normale Fälle kaum jemals ein Wort verlieren. Alle Beispiele, die sie in ihnen findet, sind in irgendeiner Weise pathologisch. Das reicht bei der Beleidigung, § 185 StGB, vom *„Ausräuchern eines Stuhles, auf dem jemand gesessen hat"*, über das *„Abküssen durch einen Vorbestraften"*, *„das höhnische Begrüßen einer Respektsperson während des Urinierens"* und *„die Bezeichnung eines Parteivorsitzenden als ‚Schweinehirt von Passau'"* bis hin zur *„unverlangten Zusendung von sexueller Aufklärungsliteratur"*. Wie finden Sie da den Normalfall?

Sie finden ihn, indem Sie Ihrer Spracherfahrung vertrauen. Jeder Mensch hat in seinem Leben Beleidigungen erlebt. Er hat sie erlitten, und er hat sie auch selbst (mindestens innerlich) produziert. Die Vielzahl dieser Fallerfahrungen verbindet sich für ihn in dem Wort *„Beleidigung"*. Andere Menschen haben andere, ähnliche Erfahrungen gemacht. Soweit die Fallerfahrungen sich im Wesentlichen überschneiden, ist eine Verständigung möglich. (Und wie der Alltag zeigt, klappt diese Verständigung recht gut.) Beim juristischen Arbeiten brauchen Sie nur an diesen Vorgang anzuknüpfen und von der umgangssprachlichen Verwendung eines Wortes wie *„Beleidigung"* zur strafrechtlichen Verwendung überzugehen. Eine gute Übung ist es dabei, sich angesichts eines Problemfalles jeweils die Frage zu stellen: Wie müsste der Fall abgewandelt werden, damit fraglos ein Normalfall vorläge? Dieser Vorgang wiederholt sich angesichts der ständig zu bearbeitenden Problemfälle immer wieder, bis als gedankliches Konstrukt ein ideales Gebilde (ein „Typus") entsteht, das man als „Normalfall" bezeichnen kann, und das Ihnen auch dann hilft, wenn Sie es im Examen oder im Beruf mit einem neuen, unbekannten Problemfall zu tun haben.

Das Normalfalldenken erklärt auch, wie Sie trotz der Absage an die begriffsrealistische Ideenwelt zu inhaltlich „richtigen“ Rechtsentscheidungen finden können. Ein Begriff wird entweder fraglos angewendet oder er wird zum Problem. Im ersteren Falle brauchen Sie kein weiteres Richtigkeitskriterium. Im letzteren Falle finden Sie das Richtigkeitskriterium darin, dass Sie die Abweichung vom Normalfall aufdecken und in möglichst offener Diskussion darüber entscheiden, ob der Problemfall trotz der Abweichung noch dem Normalfallbereich zuzuordnen ist oder nicht. Wenn alle (verständigen) Juristen darin übereinstimmen, dass es eine Beleidigung ist, wenn der Täter sein Opfer als *„debilen Kretin“* bezeichnet, brauchen Sie keine Metaphysik der Ehre, um dieses Ergebnis abzusichern. Sie haben vielmehr ein entsprechendes Konzept gebildet. Wer angesichts eines solchen Falles nicht weiß, was eine Beleidigung ist, wird es nie wissen. Damit haben Sie einen ausreichend sicheren Ausgangspunkt für Zweifelsfälle gefunden – etwa *„das unverlangte Zusenden sexuellen Aufklärungsmaterials“*. Nur von der Normalfallbasis aus können Sie überlegen, ob der Problemfall den normalen Beleidigungsfällen gleichzustellen ist. Darüber müssen Sie in einer Weise diskutieren, die das Ergebnis auch für den akzeptabel macht, der anders entscheiden würde. Eine solche offene, faire Diskussion trägt dann letztlich die „Richtigkeit“ der Entscheidung.

Die meisten Rechtsprobleme sind von der eben geschilderten Art. Daneben gibt es noch eine zweite Möglichkeit. Ein Fall entspricht scheinbar der Normalität. Es gibt aber besondere Umstände, die daran zweifeln lassen. Beispiele hierzu finden sich in der Rechtsprechung zum Mordtatbestand, § 211 StGB, beim Mordmerkmal Heimtücke. Das Opfer hat den Täter durch jahrelange schwere Misshandlungen und Beleidigungen in eine Verzweiflung gestürzt, welche dieses zu einer hinterrücks begangenen (= Heimtücke) Tötung gebracht haben. In dieser seltenen Fallgruppe müssen Sie überlegen, ob Sie trotz „an sich“ zu bejahendem Vorliegen eines Normalfalles eine Ausnahme erforderlich ist. Rechtsprechung und Literatur haben zum Mord verschiedene Lösungsmodelle entwickelt (Hinzufügung eines weiteren Erfordernisses der *„feindseligen Willensrichtung“* oder *„negative Typenkorrektur“).* Dies will ich hier nicht weiter diskutieren. Das Normalfalldenken bewährt sich jedenfalls auch bei dieser Fallgruppe.

IV. Was ist ein Typus ?

Der Typus unterscheidet sich vom Begriff.

Unser traditionelles juristisches Denken ist auf den Begriff fixiert. Ein Begriff wird durch bestimmte Merkmale (im klassischen Sinne) „definiert". Man bestimmt eine Reihe von Merkmalen, deren Verwirklichung für die Annahme eines Begriffs erforderlich ist. Die juristischen Bücher sind voll von derartigen „Definitionen". Da können Sie etwa lesen, dass eine *„Sache"* ein *„körperlicher Gegenstand"* sei, dass „Heimtücke" die *„Ausnutzung der Arg- und Wehrlosigkeit"* sei, und dass eine *„Willenserklärung"* die *„Äußerung eines auf die Herbeiführung einer Rechtswirkung gerichteten Willens"* sei. Auch Hierarchien kommen in den Definitionen vor. So wird etwa die *„Wegnahme"* beim Diebstahl als *„Bruch fremden und Begründung neuen Gewahrsams"* definiert, wobei der *„Gewahrsam"* wiederum als *„vom Willen getragene Sachherrschaft"* definiert wird. Die Frage, ob ein Begriff verwirklicht ist, wird bei alledem als eine Ja-Nein-Frage gesehen. Elektrizität ist eine Sache (Ja), oder sie ist keine Sache (Nein) – eine dritte Möglichkeit gibt es nicht. So denken wir Juristen, so handeln wir, und so irren wir.

Der Typus ist im Unterschied zum Begriff nicht definierbar, sondern nur exemplifizierbar, also an Beispielen aufzeigbar. Er hat *„zwar einen festen Kern, aber keine festen Grenzen, so dass von den für einen Typus charakteristischen „Zügen" auch der eine oder andere fehlen kann, ohne dass damit die Typizität eines bestimmten Sachverhalts in Frage gestellt zu sein braucht. Der Begriff ... ist geschlossen, der Typus ist offen. Der Begriff kennt nur das scharfe „Entweder-Oder", der Begriff trennt, begriffliches Denken ist Trennungsdenken. Der Typus ... dagegen bequemt sich dem „Mehr oder Minder" der mannigfaltigen Wirklichkeit an, er verbindet, macht Sinnzusammenhänge bewusst, das Allgemeine wird in ihm anschaulich, „ganzheitlich" erfasst. Unter den Typus kann daher auch nicht wie unter den Begriff „subsumiert" werden, man kann ihm einen konkreten Sachver-*

halt vielmehr nur in höherem oder geringerem Grad „zuordnen", ihn in Entsprechung bringen" (Arthur Kaufmann).

Ein klassischer jüdischer Witz macht dies deutlich. Ein Sohn möchte heiraten und präsentiert seinem Vater eine in Aussicht genommene Braut. *„Nein"*, sagt der Vater. *„Diese ist zwar hübsch, aber sie hat kein Geld."* Schweren Herzens beendet der Sohn die Beziehung zu dem jungen Mädchen. Die nächste potentielle Braut ist reich, wie vom Vater gefordert, und der Sohn sieht den Vater erwartungsvoll an. *„Nein"*, entscheidet der Vater. *„Diese ist geizig. Sie hat einen schlechten Charakter."* Der Sohn macht sich erneut auf die Suche und präsentiert eine weitere Kandidatin. *„Nein"*, spricht der Vater. *„Diese ist dumm. Du würdest es mit ihr nicht aushalten."* So geht es weiter. An jeder in Aussicht genommenen Braut hat der Vater etwas anderes auszusetzen. Schließlich fragt der Sohn entnervt: *„Wie soll denn die Braut sein?"* Der Vater denkt eine Weile über dieses komplexe Problem nach. *„Anständig soll sie sein"*, erklärt er dann.

Ein Wort wie „anständig" kann nicht näher erklärt werden. Man mag zwar mehr oder weniger passende Exempel für *„anständig"* bringen, aber man kann nicht abstrakt sagen, was unter diesem Wort zu verstehen ist. Unsere sprachliche Überforderung wird sofort sichtbar, wenn wir vom Einzelfall (dem einzelnen Exempel für *„Anständigkeit"* – *„Das ist anständig")* zur Zusammenfassung vieler Fälle von *„Anständigkeit"* übergehen müssen. Wir können dann allenfalls auf dieses und andere einzelne Exempel weisen und sagen: *„Das und ähnliches ist ‚Anständigkeit'"*. Im Beispiel des Brautvaters, der seinem Sohn eine *„anständige"* Braut wünscht, geht es nicht um die Beschreibung einer konkreten Braut (wie sollte der Vater das tun – er kennt sie ja noch gar nicht), sondern um einen bestimmten Typus von Braut, also um die Summe aller Erfahrungen, die er in einem langen Leben mit ganz verschiedenen Menschen (und vor allem mit einer ganz bestimmten Ehefrau namens Luise) gewonnen hat. Begriffliches Denken ist hier nicht möglich. Stattdessen ist typologisches Denken erforderlich. Und dieses Denken existiert schon von Anfang an. Die Welt ist unendlich komplex. Die Zahl der Wörter war und ist dagegen begrenzt. Der Typus führt uns aus diesem Dilemma.

Das Gesagte gilt für die hochabstrakten wie für die vermeintlich konkreten, „deskriptiven" Wörter, die Sie als „Tatbestandsmerkmale" in Gesetzen finden. Der Straftatbestand des Unerlaubtes Entfernens vom Unfallort, § 142 StGB, populär Fahrerflucht genannt, verpönt u.a. das Sich-Entfernen vom Unfallort, bevor der Unfallbeteiligte eine *„nach den Umständen angemessene Zeit gewartet hat, ohne dass jemand bereit war, die Feststellungen zu treffen"*. Niemand, nicht einmal ein Anwalt gegen Honorar, kann Ihnen sagen, was das heißen soll. Das Wort *„angemessen"* ist ein vieldimensionaler Typus, bei dem u.a. die schon genannten Kriterien *„Art und Höhe des Fremdschadens"*, *„Feststellungserwartung (= Wahrscheinlichkeit, dass mit dem Erscheinen feststellungsbereiter Personen zu rechnen ist)"*, *„Tageszeit"*, *„Unfallort"*, *„Verkehrsdichte"*, *„Auffälligkeit des Unfalls (optisch, akustisch)"*, *„Wochentag (Werktag oder Feiertag)"*, *„feststellungsfördernde Hinterlassung oder Aktivitäten"*, *„Schwierigkeit der Sach- und/ oder Rechtslage"*, *„Jahreszeit/ Witterung (günstig, ungünstig)"*, *„Entfernungsgrund"* u.a.m. eine Rolle spielen. Alle oben aufgezeigten Merkmale von Komplexität sind hier vorhanden. Es kommt hinzu, dass immer nur einzelne Merkmale relevant sind – mal ist es dreißig Grad unter Null und der im Poloshirt zum Zigarettenautomaten fahrende und vor Kälte und Nikotinsucht bibbernde Unfallbeteiligte hat mit dem Fahrrad ein Auto gestreift (= wartezeitverkürzend), mal ist er mit dem geklauten Porsche in eine Wallfahrergruppe gerast, die komplett nicht überlebt hat (= wartezeitverlängernd). Das alles und noch mehr steckt in dem Wort *„angemessen"*.

Aber auch die vermeintlich konkreten Wörter sind bei genauer Betrachtung letztlich nicht konkret und nicht begrifflich klar abzugrenzen. Sie haben zwar im Unterschied zu den hochabstrakten Wörtern ein breites Spektrum von Fällen, in denen überwiegend Einigkeit über ihren Gebrauch besteht. Aber an den Rändern fransen sie rasch aus, und dann hilft nur noch typologisches Denken. Nehmen Sie beispielsweise die strafrechtliche Bedeutung des Wortes „Sache“. Ich denke jetzt nicht an die klassischen Probleme, wie sie in den Büchern behandelt werden (*„Tiere“, „abgetrennte Körperteile“, „Implantate“, „Leichnam“),* sondern an durchaus normale Fälle wie: *„Ausräumen einer Villa“* (müssen Sie da jeden einzelnen Silberlöffel unter den Diebstahlstatbestand, § 242 StGB subsumieren?), *„Entfernung eines einzelnen Bandes aus einer umfangreichen Sammlung“* (Sachbeschädigung an der Sammlung?), *„Auslaufendes Benzin, das im Boden versickert“, „Luft“, „fließendes Wasser“, „Elektrizität“ …).*

Beim begrifflichen Denken wird ein Begriff definiert. Dann wird geprüft, ob alle Merkmale der Definition in einem konkreten Fall erfüllt sind. Bejahendenfalls kann der Fall unter den Begriff subsumiert werden, verneinendenfalls nicht. So „definiert“ man Beleidigung etwa als „Kundgabe von Missachtung“. Wenn T den O nun einen debilen Kretin nennt, bejaht man erstens den Kundgabecharakter dieser Äußerung und zweitens das Vorliegen von Missachtung. Damit ist das Ergebnis vorgezeichnet. T hat den O beleidigt. Wenn T dagegen nur ein Selbstgespräch geführt hat sollte, verneint man den Kundgabecharakter dieser Äußerung, womit eine Beleidigung ausscheidet. Auf den ersten Blick scheint dieses begriffliche Denken das dem Juristen angemessene Denken zu sein. Es ist scheinbar präzise, und es führt geradezu „automatisch“ zum richtigen Ergebnis. Trotzdem ist es die falsche Denkungsart. Die Richtung stimmt nicht. Der Weg führt nicht vom Begriff zum Gegenstand, sondern umgekehrt vom Gegenstand zum Begriff. Deshalb ist die Methode der Auslegung im Ansatz verfehlt.

Bei der richtigen Denkungsart gehen Sie typologisch vor. Aus einer mehr oder weniger großen (erlebten oder auch nur ausgedachten) Fallerfahrung bilden Sie den Typus eines Normalfalles. Damit haben Sie die „Natur der Sache“ erfasst. So ist es fraglos eine Beleidigung i. S. d. § 185 StGB, wenn T den O als „debilen Kretin“ bezeichnet, wenn T den O anspuckt, wenn T den O als „dickes dummes Schwein bezeichnet“ usw. – das „und Ähnliches“

ist Beleidigung. Und nun kann es geschehen, dass problematische Fälle vorkommen, die nicht fraglos eine Beleidigung sind, die aber einzelne Züge einer „normalen" Beleidigung aufweisen. Dann müssen Sie typologisch prüfen, ob diese Fälle „mehr" oder „weniger" in den Kreis der normalen Fälle einzureihen sind. Dieses „Mehr-oder-weniger-Denken" unterscheidet das typologische Denken vom begrifflichen Denken. Es allein erklärt, warum man als Jurist die scharfen Definitionen von der Art „Beleidigung ist Kundgabe von Missachtung" beständig in Frage stellen kann und muss, ohne gegen die Regeln der juristischen Kunst zu verstoßen.

Bei begrifflichem Denken ist man beispielsweise außerstande, das Problem ehrverletzender Äußerungen über Dritte im Familienkreis angemessen zu lösen. Eine Kundgabe von Missachtung liegt hier zweifelsfrei vor. Die „scharfe" Definition ist erfüllt. Also müsste man zur Bejahung von § 185 StGB kommen. Das würde aber zwangsläufig dazu führen, dass unzählige Familienäußerungen unter den Tatbestand dieser Strafvorschrift fallen würden, denn Beleidigung und üble Nachrede sind nun einmal traditionelle Stimulantien angeregten familiären Gesprächs, vor allem dann, wenn die lieben Kleinen schlechte Schulnoten nach Hause bringen, was natürlich die Schuld der unfähigen Lehrer ist – ein unmögliches Ergebnis. Man muss hier also Grenzen ziehen. Die Mitglieder einer Familie sollten untereinander – jedenfalls im Prinzip – frei reden können. Nur in Sonderfällen mag es anders sein. Aber bei begrifflichem Denken hat man keine Möglichkeit zu derartiger Grenzziehung. Der Richter, der sich als *„la bouche qui prononce les paroles de la loi* „(Montesquieu) versteht, ist hier am Ende seiner Weisheit angelangt. Kundgabe von Missachtung liegt vor. Er muss wegen Beleidigung verurteilen. Er kann nur hoffen, dass die meisten Fälle unentdeckt bleiben.

Typologisches Denken überwindet diese Schwierigkeiten. Die ehrverletzende Äußerung im Familienkreis unterscheidet sich von der normalen Beleidigung dadurch, dass sich die Kundgabe an eng vertraute Personen richtet, mit denen man frei reden können muss. Soweit das der Fall ist, liegt nur „weniger“ und damit meist überhaupt nicht eine Beleidigung vor. Eine Beleidigung scheidet beispielsweise aus, wenn der Ehemann zur Ehefrau bemerkt, die Frau Müller vom dritten Stock treibe es mit jedem, der daherkomme, vom Briefträger bis zum Gasableser. Dagegen liegt „mehr“ und damit strafbar eine Beleidigung vor, wenn die Ehefrau gegenüber dem Ehemann die Hausangestellte der Familie verleumdet, damit der seine Finger von dieser lasse, oder wenn der Vater gegenüber seinem schulpflichtigen Sohn den strengen Lehrer des Sohnes als „schwachsinniges Rindvieh“ bezeichnet. Zwar muss man in der Familie frei reden können. Aber diese Freiheit ist nicht grenzenlos. Eine gewisse Selbstzucht muss man auch in der Familie üben. In den genannten Beispielen bedürfen die Beleidigten auch und gerade des Schutzes vor Beleidigungen in der Familie. Bei einem typologischen Denken, das sich dem „mehr oder weniger“ anstelle des begrifflichen „Ja-Nein“ bequemt, kann man derartige Besonderheiten erfassen. Ob der Fall entdeckt wird oder nicht, spielt dabei keine Rolle.

Natürlich müssen Sie auch bei typologischem Denken imstande sein, so etwas wie eine Begriffsdefinition zu bilden. (Das Wort „Definition“ verwende ich hier bewusst in einem unwissenschaftlichen, alltäglichen Sinne.) Aber Sie schreiten zu diesem Vorgang nur, wenn Sie die Definition auch brauchen, also erst angesichts eines Problemfalles. Im Normalfall brauchen Sie die Definition nicht. Um zu entdecken, dass Tische, Stühle, Autos, Häuser, Blumen usw. „Sachen“ im Sinne des strafrechtlichen Tatbestandes der Sachbeschädigung (§ 303 StGB) sind, brauchen Sie nicht den Begriff „Sache“ als „körperlicher Gegenstand“ zu definieren. Eine derartige Definition benötigen Sie erst, wenn es um einen Problemfall – etwa eine zertrampelte Langlaufloipe – geht. Hier stolpern Sie über den Begriff „Sache“. Dieses Stolpern müssen Sie sprachlich erfassen. Normale Sachen – dazu denken Sie an die genannten normalen Beispiele und leiten jetzt aus ihnen eine Definition ab – sind körperlich abgegrenzte Gegenstände. Bei der Langlaufloipe ist diese Abgrenzung zweifelhaft. Die Frage ist, ob Sie über diese Besonderheit hinwegkommen oder nicht. Damit ist das Problem – die Abweichung vom Normalen – analysiert. Wie Sie sehen, ist die angesichts des Problemfalles hergestellte Normalfalldefinition *(„körperlich abgegrenzter Gegenstand")* wesentlich genauer als die lediglich angesichts von Normalfällen gefundene Definition *(„körperlicher Gegenstand").* Nunmehr müssen Sie sich entscheiden. Kommt man über die Abweichung hinweg oder nicht? Dazu müssen Sie Vergleichsfälle heranziehen (fließendes Wasser, Luft usw.) und Argumente finden. Dann können Sie das Problem lösen (wobei Sie im Beispiel wohl eher zur Verneinung des Sachbegriffes kommen werden).

Sie sollte sich also zur Regel machen: Definitionen werden nur gebildet, wenn Sie es mit Problemfällen zu tun hat. Zu ihrer Bildung müssen Sie probeweise vom Problemfall absehen und auf den Typus des Normalfalles abstellen. Dazu verhilft Ihnen die Frage: Wie muss der Fall abgewandelt werden, damit das Problem entfällt? Dieses Absehen vom Problem fällt den meisten Juristen schwer, weil sie punktuell auf das jeweilige Problem fixiert sind. Bei zunehmender Übung gelingt es aber mehr und mehr. Es ist eine Verhaltensfertigkeit, die der Nicht-Jurist nicht beherrscht.

Gerade Studenten, empfinden ein solches typologisches Vorgehen als schwierig. Sie wünschen sich mehr Berechenbarkeit und Verlässlichkeit. Eine höhere Instanz soll Ihnen sagen, ob die Langlaufloipe eine Sache ist oder nicht. Also gehen Sie auf die Suche nach einer Autorität, und wenn Sie Glück haben, finden (und „lernen") sie eine Entscheidung des Bayerischen Obersten Landesgerichtes, wonach Langlaufloipen keine Sachen sind. Damit ist das Problem für sie entschieden. Aber ein derart autoritätsgebundenes Lernen ist kein gutes Lernen. Es verhindert eigenverantwortliche Entscheidungen, ohne die man kein guter Jurist sein kann. Übrigens führt es auch zu formelhaftem Denken, mit dem man leicht den Fall verfehlt. (So ist Loipe nicht gleich Loipe. Hier – wie immer – müssen Sie sorgsam auf den Einzelfall achten.)

V. Die Lösung von Problemfällen nach der Normalfallmethode

1. Ein Beispiel: Der betrunkene Autofahrer

Ich verdeutliche das Gesagte, indem ich Ihnen die einzelnen Schritte anhand des bereits erwähnten Falles eines betrunkenen Autofahrers zeige:

> *„T steigt betrunken und daher fahruntüchtig ins Auto und lässt den Motor an, um zu fahren. Ehe er abfahren kann, stoppt ihn die Polizei. Hat T das Tatbestandsmerkmal „Führen" eines Fahrzeugs im Sinne des Tatbestandes der Trunkenheit im Verkehr, § 316 Abs. 1 StGB verwirklicht?"*

2. Die sechs Schritte zur Lösung

Sie erarbeiten sich die Lösung jeden derartigen Problemfalles, indem Sie die folgenden sechs Schritte gehen. Dazu empfehle ich Ihnen, sich Standardformulierungen zurechtzulegen, die Sie als „Tools" stets verwenden können (im Folgenden unterstrichen). Natürlich sind Sie in den Formulierung frei. Ich gebe ich Ihnen nur Anregungen.

a) Erster Schritt: Problemeröffnung – „Stolpern"

Sie stellen beim Lesen des gesetzlichen Tatbestands fest, dass etwas nicht normal ist. Sie „stolpern" über ein Wort, das Sie nicht ohne weiteres bejahen oder verneinen können. Dies müssen Sie feststellen, etwa wie folgt:

> *„Problematisch ist, ob das Merkmal ‚Führen' verwirklicht ist."*

b) Zweiter Schritt: Normalfalldefinition

Nunmehr kommt der Kniff. Sie vergessen für einen Augenblick den anstehenden Fall und stellen sich einen konkreten Normalfall des problematischen Wortes vor. Diesen nennen Sie. Daraus bilden Sie eine Normalfalldefinition, die das problematische Wort eine Strukturebene tiefer konkretisiert und verdeutlicht, etwa wie folgt:

> *„Führen ist – dies zeigt der Normalfall etwa des Autofahrens – das Bewegen und Lenken eines Fahrzeuges."*

c) Dritter Schritt: Problemanalyse

Jetzt kehren Sie zu Ihrem Problemfall zurück. Sie haben nun die Grundlage für die Analyse des Problems gewonnen und können die Elemente der Normalfalldefinition angeben, die nicht verwirklicht sind. Sie schreiben etwa:

> *„T hat das Auto noch nicht bewegt und noch nicht gelenkt; er hat dazu durch das Anlassen des Motors lediglich angesetzt. Es fragt sich, ob man über diese Abweichung vom Normalfalltypus hinwegkommt."*

d) Vierter Schritt: Problemdiskussion

Nun kommt der Genieteil Ihrer Untersuchung. Sie stellen die Argumente Pro und Contra zusammen, wägen die Argumente ab und entscheiden sich für die Lösung, die Sie für überzeugend halten. Das könnte etwa so aussehen:

> *„Für die Gleichstellung mit dem Normalfalltypus spricht, dass man das Anlassen des Motors als Beginn des Führens ansehen kann …*

Dagegen spricht, dass eine typische Versuchssituation vorliegt und der Versuch bei § 316 StGB tatbestandslos ist. Auch ist zu bedenken, dass sich bei Verneinung der Strafbarkeit das Eingreifen der Polizei nach Polizeirecht richtet, was der Polizei die Möglichkeit gibt, eine bevorstehende Straftat zu verhindern. Würde man dagegen die Strafbarkeit bejahen, käme Strafprozessrecht (Verfolgung von Straftaten) zur Anwendung, was in dieser Situation nicht sachgerecht wäre.
Die Argumentation (pro/contra) ist stärker …"

Anmerkung: Das im Beispiel letztgenannte Argument (Polizeirecht) kann mit keiner noch so tiefschürfenden Hermeneutik durch „Auslegung" des Wortes „Führen" gewonnen werden. Hierauf habe ich schon hingewiesen. Es ist ein pragmatisches Argument, das von außen an den Fall herangetragen wird.

Wenn Sie lesen wollen, wie der Bundesgerichtshof dieses Problem zunächst durch „Auslegung" gelöst hat, empfehle ich Ihnen die Lektüre der bereits erwähnten Entscheidung BGH St 35, 390. Bitte prüfen Sie bei der Lektüre, ob irgendetwas dabei ist, was Sie sich merken können. Ganz am Schluss der Entscheidung findet sich das entscheidende Argument quasi außerhalb der „Auslegung". Es lautet: *„Bei dem aufgezeigten Verständnis der Vorschrift des § 316 StGB erhält die Verkehrspolizei nunmehr vermehrt die Möglichkeit, durch rechtzeitiges Eingreifen Straftaten zu verhindern."* WOW!

e) Fünfter Schritt: Rechtsgefühl

Nachdem Sie sich vorläufig für eine Lösung entschieden haben, überprüfen Sie das Ergebnis am Rechtsgefühl. Sie schreiben also etwa, und zwar ohne Begründung – ein Gefühl kann man nicht begründen:

„Dieses Ergebnis entspricht auch dem Rechtsgefühl."

Manche Autoren empfehlen an dieser Stelle, sich einen lebenserfahrenen und klugen Menschen vorzustellen, der kein Jurist ist (sic!), und zu überlegen, was dieser zu Ihrem Ergebnis sagen würde. Ich denke, Sie brauchen keinen anderen, um Ihr Rechtsgefühl zu befragen. Es genügt, wenn Sie sich vom autoritären Denken lösen. Wenn Sie dann Ihr Rechtsgefühl einschalten, befinden Sie sich in bester Gesellschaft. Rudolf von Ihering, der berühmte Jurist, dessen Schrift *„Der Kampf ums Recht"* von 1872 bis heute die weltweit am meisten verbreitete Schrift eines deutschen Rechtsgelehrten ist, äußerte nach seiner bereits erwähnten „Bekehrung" zu seinen Studenten: *„Leihen Sie der Stimme Ihres Rechtsgefühls Gehör. Dann erst lassen Sie die theoretische Begründung folgen … Führt diese zu einem abweichenden Ergebnis, so ist sie nichts wert."* Und er schrieb: *„Vom Konstruiren komme ich immer mehr zurück, es gibt doch etwas Höheres im Recht als das logische Element."* An anderer Stelle sagte er, dass *„die Begriffe des Lebens wegen da"* seien. *„Nicht was die Logik, sondern was das Leben … postuliert, habe zu geschehen."* Sein Kollege Oliver Wendell Holmes, jr., der berühmteste aller US-amerikanischen Juristen, drückte, wie schon erwähnt, denselben Gedanken wie folgt aus: *„The life of the law has not been logic, but experience."*

Also – vertrauen Sie Ihrem Rechtsgefühl! Und korrigieren Sie gegebenenfalls Ihre Entscheidung.

f) Sechster Schritt: Entscheidung

Zum Schluss vergessen Sie die Formulierung Ihrer Entscheidung nicht. Sie schreiben etwa:

> *„T hat das Tatbestandsmerkmal „Führen" (nicht) verwirklicht. Er ist straflos (strafbar)."*

Die Entscheidung wird gar nicht so selten in den Klausuren der Studenten vergessen. Vor allem dann, wenn die Kandidaten zuvor starke Zweifel hatten, neigen sie dazu, sich vor der Entscheidung zu drücken. Das ist misslich. Der Prüfer möchte gerne erfahren, ob etwa der Straftäter in das Gefängnis muss oder frei davonkommt. Als Jurist müssen Sie sich stets klar und deutlich entscheiden, auch wenn es noch so schwer fällt.

Auch für Ihre Entscheidungen sollten Sie sich brauchbare Formeln als Tools zurechtlegen. Im Strafrecht kann man zum Beispiel lesen. *„T ist des Mordes schuldig“*. Das ist falsch. Die Kategorie „schuldig“ gibt es im amerikanischen Geschworenenprozess, nicht aber im deutschen Strafrecht. Schreiben Sie einfache Sätze wie: „T ist strafbar“, oder im Zivilrecht: „Der Anspruch ist gegeben“.

Anmerkung: Es hat sich weithin eingebürgert, Gesetze als Gebilde anzusehen, die *„erfüllt“* werden. Das ist sprachlich verkehrt. Man kann Erwartungen erfüllen, Bedingungen, Verpflichtungen, Wünsche. Man kann von seinem Beruf erfüllt sein. Man kann eine Kirche mit dem Duft von Weihrauch erfüllen. Aber ein Gesetz kann man nicht erfüllen. Man kann nur dessen Tatbestand *„verwirklichen“*, was dann bestimmte Rechtsfolgen auslöst. Sagen Sie also nie *„erfüllt“!* Sagen Sie *„verwirklicht“!*

H. Methode vor Wissen

I. Übersicht

Viele Leute – Juristen eingeschlossen – glauben, der Jurist sei ein Mensch, der über Rechtskenntnisse verfüge. Das ist ein Irrglaube. Der Jurist ist in erster Linie ein Mensch, der, wenn alles gut geht, herausfinden kann, wie die Rechtslage ist. Dazu hilft ihm in erster Linie eine entsprechende Methode. Erst in zweiter Linie kommt das Wissen. Diese Methode besteht bei unserem kontinentaleuropäischen Rechtssystem primär in der eintrainierten Fertigkeit, in einem hierarchischen Begriffssystem zu navigieren. Im angelsächsischen Common Law besteht sie primär darin, die Fertigkeit zu trainieren, angesichts eines Falles die Regel zu entdecken, nach welcher der Fall zu entscheiden ist. Beide Methoden überschneiden sich. Ihre Verbindung eröffnet den Königsweg zur Rechtentscheidung.

II. Die Begrenztheit unseres juristischen Wissens

Ich komme jetzt auf die in der Einleitung erwähnten Verhandlungsseminare für Konzipienten in Österreich zurück. Das sind junge Juristen, die als Rechtsanwaltsanwärter in Kanzleien arbeiten. Regelmäßig habe ich dabei die Teilnehmer nach der schwierigsten Situation gefragt, die sie in ihrem Beruf erlebt hatten. Mehrmals wurde mir folgende Situation geschildert: *„Ich sitze im Büro. Außer mir ist niemand da. Plötzlich stürmt unser wichtigster Mandant herein, präsentiert mir einen Fall, den ich sofort rechtlich beurteilen soll – und ich habe nicht die geringste Ahnung.“*

Dieses „Keine-Ahnung-Haben“ wird auch Ihnen immer unweigerlich immer wieder passieren, und zwar während Ihres gesamten Berufslebens. Mir passiert es auch ständig – leider. Einmal rief mich ein Rundfunkmoderator in laufender Sendung an und wollte wissen, welche Strafe auf sexuellem Missbrauch von Schülern im Internat steht. Als Strafrechtsprofessor müsste ich das doch wissen – der gute Mann hatte keine Ahnung von meinem Beruf. Das ganze Sendegebiet lauschte gespannt. Zu meinem Glück lag das Strafgesetzbuch bei § 174 aufgeschlagen vor mir (das war reiner Zufall!) und mit der vollen Autorität meines Amtes konnte ich vorlesen: *„Freiheitsstrafe von drei Monaten bis zu fünf Jahren!“* Und weil die Vorschrift noch einen zweiten Absatz hat, in dem eine Straferhöhung geregelt ist, fügte ich hinzu: *„Es kann auch mehr werden.“* Die Freude des Moderators und der Zuhörer im Land war groß. Es ist doch gut, wenn man einen Experten befragen kann.

Ein erfahrener, sehr erfolgreicher Anwalt, Mitautor eines Großkommentars zur ZPO, sagte mir einmal: *„Ich beherrsche ganz gut das Schiedsverfahrensreht und ein wenig das Zivilprozeßrecht – vom Rest habe ich nur wenig Ahnung.“* Ich stellte ihn aus konkretem Anlass auf die Probe und fragte, ob es nach einer

Kostenentscheidung des Oberlandesgerichts (OLG), die aufgrund einer Beschwerde gegen die Entscheidung des Landgerichts (LG) ergeht, noch eine Rechtsbeschwerde zum Bundesgerichtshof (BGH) gibt. Er sagte spontan: *„Keine Ahnung! Aber ich kann es herausfinden."*

Ich war einmal in einen Zivilprozess verwickelt, bei dem mein Gegner die Umsatzsteuerpflicht der von mir erbrachten Dienstleistungen bestritt und dementsprechend die Zahlung der Umsatzsteuer verweigert hatte, so dass ich zu einer entsprechenden Klage gezwungen war. Ein Professor der Betriebswirtschaft hatte ihm ohne nähere Kenntnis meiner steuerlichen Situation ein entsprechendes Gutachten geschrieben. (Ich merke an dieser Stelle an, dass Parteigutachter gekaufte Knechte sind. Wenn Sie als männlicher Leser einen Professor suchen, der Ihnen bescheinigt, dass Sie im fünften Monat schwanger sind, kann ich Ihnen eine Adresse geben.) Um den Vortrag zu widerlegen, übergab ich dem Gericht den Umsatzsteuerbescheid meines Finanzamtes. Daraufhin behauptete der gegnerische Anwalt, ich hätte den Umsatzsteuerbescheid gefälscht. Auf meine Frage, woher ich denn das bei Behörden übliche Recyclingpapier, das in Gefängnissen produziert wird, haben sollte, erläuterte er, als Strafrechtler hätte ich doch entsprechende Möglichkeiten. Und als IT-affiner Mensch hätte ich sicher einen Farbkopierer, mit welchem ich einen Steuerbescheid fälschen könnte. Das Gericht, mein Anwalt, ich – wir waren alle baff. Keiner wusste, was zu tun war. Der Gegenanwalt stellte Beweisantrag, die Finanzbeamten als Zeugen zu vernehmen. Mein Anwalt entwickelte die Idee, das Gericht solle Amtshilfe bei der Finanzbehörde beantragen. Ich selbst erntete mit meinem Vorschlag, einfach im Finanzamt anzurufen, Kopfschütteln – das Telefon war und ist im deutschen Zivilprozess noch nicht angekommen. Schließlich gab es eine Vertagung. Daheim suchte und fand ich dann die §§ 415 ff. ZPO, in denen die Beweiskraft öffentlicher Urkunden geregelt ist. Das vor Ort und rechtzeitig zu wissen hätte uns eine Vertagung erspart. Aber wir alle wussten es nicht. Dazu muss erst ein Schurke von Gegenanwalt kommen – aber ich will das nicht vertiefen. Den einzigen vernünftigen Beitrag zu dem Geschehen leistete mein Sohn, von Beruf Forstwirt, der sich als Zeuge dafür anbot, dass meine IT-Kenntnisse für die Fälschung eines Steuerbescheides nie und nimmer ausreichen würden.

III. Die juristischen Verhaltensfertigkeiten

1. Übersicht

Die Rechtsanwendung ist ein Verhalten, und die Einübung von Verhaltensfertigkeiten erfordert Training. Das gilt vor allem für anspruchsvolles Verhalten. So wenig man eine Sportart oder das Spielen eines Musikinstrumentes allein durch die Aufnahme von Wissen erlernen kann, so wenig kann man die Rechtsanwendung allein durch Lesen eines Buches oder Hören erlernen. Man muss etwas tun, und das heißt, man muss trainieren. In unserer Rechtsordnung steht hier an erster Stelle, wie schon gesagt, die Fertigkeit des Navigierens in einem hierarchischen System von rechtlichen Strukturen. Im Common Law geht es demgegenüber um den Fallvergleich, der zu einer Regel führen soll. Natürlich überschneiden sich beide Bereiche. Der Fallvergleich spielt auch bei uns eine Rolle, und die Common-Law-Juristen hantieren ebenfalls mit hierarchisch strukturierten Normen. Aber die Schwerpunkte sind unterschiedlich.

2. Das Navigieren in einem hierarchischen System

Dem römischen Juristen Gaius verdanken wir die Übertragung des sprachlichen Prinzips der Hierarchie von Begriffen auf das Recht. Dabei gibt es ein „Oben" und ein „Unten". Eine einfache Überlegung führt uns zu der obersten Struktur unterhalb des Begriffes „Recht".

Im Recht geht es immer um das Verhältnis zwischen verschiedenen Personen. Zwar gibt es Menschen, die mit sich selbst hadern. Ich habe sogar schon einmal jemanden gesehen, der sich selbst geohrfeigt und dazu beschimpft hat, aber das ist keine juristische Veranstaltung. Eine Klage gegen sich selbst hat es noch nie gegeben und wird es auch niemals geben. Robinson Crusoe mochte auf seiner Insel noch so sehr mit sich selbst hadern; juristische Relevanz hatte das nicht. Erst als Freitag auftauchte, begann die Sache rechtlich interessant zu werden.

Wie kann nun dieses Verhältnis zwischen Personen unter dem Aspekt des Rechts „ganz oben" strukturiert werden? Zunächst vereinfachen Sie die Dinge, indem Sie sich die kleinstmögliche Besetzung eines Falles vorstellen. Dazu benötigen Sie zwei Menschen, also zwei natürliche Personen (es gibt auch juristische Personen und Personengemeinschaften, aber vernachlässigen wir das hier). Sie nennen diese beiden A und B. Mit ein wenig Nachdenken stellen Sie fest, dass es für die Art der Beziehung zwischen A und B nur zwei Möglichkeiten gibt: Gleichrang oder Über-Unterordnung. Wenn A dem B sein gebrauchtes Auto verkauft, spielen beide in derselben Liga (Gleichrang). Wenn A Polizist ist und den betrunkenen Autofahrer B zur Blutprobe befördert ist, ist A der Ober und B der Unter. Es gibt natürlich auch Dreipersonenbeziehungen, bei denen die Sache komplizierter wird, aber wir wollen sie hier so einfach wie möglich halten.

Angesichts von A und B entsteht Ihre erste Struktur zum Oberbegriff „Recht". Sie drückt die Unterscheidung zwischen „Privatrecht" und „Öffentlichem Recht" aus. Eine dritte Möglichkeit gibt es nicht. (Das Strafrecht ist entgegen anderslautenden Gerüchten ein Teilgebiet des Öffentlichen Rechts.) Damit haben Sie bereits die erste Einstiegsstruktur in das Recht gefunden. Dabei gibt es ein Gesetz aufsteigender Wichtigkeit. Je höher Sie sich in der Hierarchie befinden, desto wichtiger wird die Beherrschung der Struktur und desto gravierender wirken sich Fehler aus. Wer den Schuldner eines Gläubigers „bestrafen" will, versagt bereits im ersten Ansatz und kann nur noch Unsinn produzieren. Daraus folgt: Wenn der Jurist „weiter unten" in der Hierarchie nicht Bescheid weiß, steigt er nach oben, bis er sicheren Grund unter den Füßen findet. Diese Erkenntnis liefert Ihnen einen Schlüssel, den der Laie nicht besitzt. Er hilft Ihnen in jedem Rechtsfall – ausnahmslos. Sie brauchen nur in der Hierarchie nach oben zu klettern, bis Sie in Sicherheit sind.

Um das zu verdeutlichen, kehre ich zu dem oben erwähnten Fall des Konzipienten zurück, dem ein Fall präsentiert wird, zu dem er keine Ahnung hat. Es ging um die Frage, ob ein Mineralwasserproduzent das österreichische Staatswappen, also den Doppeladler, nebst den Nationalfarben Rot-Weiß-Rot auf das Etikett seiner Flaschen drucken lassen durfte. Der Konzipient glaubte, keine Ahnung zu haben, und ich nehme an, auch Sie, selbst wenn Sie Jurist in Österreich sind, werden glauben, Sie hätten keine Ahnung.

Wirklich? Ich habe Ihnen doch gerade den Schlüssel zur Lösung dieses Falles gegeben. Wenn Sie in den Niederungen des österreichischen Nationalwappen- und flaggenrechts in Verbindung mit dem grenzüberschreitenden Mineralwasserrecht nicht bewandert sind, was keine Schande, sondern normal und ehrenwert ist, steigen Sie in der Hierarchie empor, erforderlichenfalls bis Sie ganz oben ankommen, also bei dem eben behandelten Begriff *„Recht“* und dessen erster Zweiteilung. Damit können Sie etwas anfangen. Sie sagen zu dem Fabrikanten X (natürlich nach warmen Worten der Bewunderung und der Gratulation zu seiner brillanten Werbeidee). *„Ihr Projekt wirft zwei komplexe Rechtsfragen auf. Öffentlichrechtlich (= Verhältnis Ober – Unter) stellt sich die Frage, ob Sie die Staatssymbole für Zwecke der Werbung benutzen dürfen. Privatrechtlich (= Verhältnis Gleich – Gleich) ist zu prüfen, ob Ihre Konkurrenten wettbewerbsrechtlich gegen Sie vorgehen können (folgen Ausführungen zu Ober-Unter und Gleichrang, natürlich juristisch formuliert, aber allgemeinverständlich und bedeutend).* Zum Abschluss Ihres Referates verkünden Sie: *„Ich werde sofort beides prüfen. Am Montag rufe ich Sie an!“* Damit ist zwar das Wochenende im Eimer, aber das Konzipientenleben ist nun einmal kein Herrenleben.

Ich garantiere Ihnen: Das genügt dem Fabrikanten! Er hat etwas gelernt, was er vorher nicht gewusst hat, und er hat einen kompetenten Juristen „at work“ erlebt, bei dem er sein Projekt in guten Händen weiß. Wenn Sie ihm dagegen gesagt hätten: „*Ich habe keine Ahnung*“, wird er sich nach einem anderen Anwalt umsehen, und das zu Recht, nicht wegen Ihrer Ahnungslosigkeit, sondern weil Sie ihm nicht die Wahrheit gesagt haben. Sie haben nämlich Ahnung.

3. Das Gewinnen von Regeln aufgrund Fallvergleiches

Das angelsächsische Common Law (= „Gemeines Recht“ im Sinne von allgemeines Recht) ist ein gewohnheitsrechtlich entstandenes Fallrecht. Zwar spielt dort inzwischen auch das systematisch aufgebaute Gesetz zunehmend eine Rolle. Doch ändert dies nichts am grundlegend anderen Charakter dieser Rechtsordnung. Der Unterschied zwischen den beiden westlichen Rechtsordnungen geht auf den Universalienstreit des Mittelalters zurück; das will ich hier nicht weiter ausführen. Gemeinsam ist beiden Rechtsordnungen jedoch, dass es hier wie dort um Verhaltensfertigkeiten geht. Im Common Law geht man auf die Suche nach Präzedenzfällen. Dabei geht es nicht um Erkenntnis, sondern um Regeln, die man aufgrund Fallvergleiches gewinnt, und mit denen man neue Fälle entscheidet.

Oliver Wendell Holmes, jr. (1841–1935), der schon erwähnte Godfather der US-amerikanischen Juristen, hat das Common Law beschrieben. Er war ein Hauptvertreter des sog. „Rechtsrealismus“, der in den USA – ähnlich wie in Deutschland die Freirechtsbewegung – dem Gesetz nur die Bedeutung eines Niederschlages der richterlichen Entscheidungen oder gar nur der Vermutung, wie die Richter künftig entscheiden würden, zubilligte. Die Aufgabe der Rechtswissenschaft erschöpfte sich für ihn darin, die tatsächlichen Entscheidungen der Gerichte erfolgreich vorherzusagen. Im Jahre 1881 veröffentlichte er sein wohl berühmtestes Werk „The Common Law". Darin beschrieb er das angloamerikanische Recht. Dieses hat sich ebenso wie das Römische Recht aus dem Richterrecht entwickelt. Es unterscheidet sich jedoch grundlegend vom kontinentaleuropäischen Recht. Der Nominalismus hat das Common Law zu Grundüberzeugungen geführt, die ganz anders sind als die der Vertreter des kontinentaleuropäischen Rechts. In seinem Buch hat Holmes sie dargestellt. In elf Kapiteln gab er „a general view of the Common Law." Dem Buch liegen eine Reihe von Aufsätzen zugrunde, die Holmes zuvor in der American Law Review veröffentlicht hatte, deren Herausgeber er seit 1870 war, ferner Vorlesungen, die er am Lowell Institute in Boston gehalten hatte. Zu Beginn des ersten Kapitels zeigte er bereits die Meisterschaft des prägnanten Ausdrucks, die ihn zum meistzitierten Juristen der USA werden ließen. *„It is something to show that the consistency of a system requires a particular result, but it is not all. The life of the law has not been logic, it has been experience. The felt necessities of the time, the prevalent moral and political theories, intuitions of public policy, avowed or unconscious, even the prejudices which judges share with their fellow-men, have had a good deal more to do than the syllogism in determing the rules by which man should be governed. The law embodies the story of a nations development through many centuries, and it cannot be dealt with as if it constained only the axioms and corollaries of a book of mathematics …"*

Das Common Law ist Richterrecht. Es wird durch Gerichtsentscheidungen („Precedents") gestaltet. Dort werden die Regeln gefunden, nach denen Streitfälle entschieden werden. Der Richter sucht angesichts eines neuen Falles nach der ratio decidendi eines Precedents. Findet er kein Precedent, urteilt er nach der Regel, die er als gerecht und zweckmäßig aufstellt. Dabei entscheidet er frei, auf welche Autoritäten er sich berufen will. Auffallend für den kontinentaleuropäischen Juristen ist dabei *„die ungezwungene, freie und persönliche Art, mit denen die praktischen,* *politischen und ethischen Gesichtspunkte diskutiert werden, welche bei der Fallentscheidung eine Rolle spielen*" (Helmut Coing)

Natürlich braucht auch der Richter einen Maßstab, ein „Tertium comparationis", um verschiedene Fälle miteinander vergleichen zu können. Dazu dienen im Common Law die Regeln, die aus den Fällen abgeleitet werden.

Wie schwierig dies sein kann, zeigt Benjamin Cardozos Regel zu dem Fall „*Palsgraf v. Long Island Railroad Company*", an dem sich Generationen amerikanischer Jurastudenten versucht haben. Sie lautet:

> „*Ein Eisenbahnunternehmen hat einem wartenden Fahrgast gegenüber nicht die Rechtspflicht, seinen Schaffnern zu verbieten, in einen anfahrenden Zug einen anderen Fahrgast zu schieben, der ein harmlos aussehendes Päckchen mit Feuerwerkskörpern trägt, das, wenn es aus dem Arm des aufsteigenden Fahrgastes herausgestoßen wird, auf die Geleise fällt, explodiert, den Bahnsteig erschüttert, eine Waage umwirft und dadurch den wartenden Fahrgast verletzt.*"

4. Das IT gestützte Training

Dass es bislang kein Training juristischer Verhaltensfertigkeiten gibt, hat einen einfachen Grund: Es fehlt an Möglichkeiten der Realisierung. Vorlesungen, Bücher, Fachzeitschriften, Seminare, Übungen, Fortbildungskurse – sie alle ermöglichen kein Training. Sie sind auf der Dozentenseite verhältnismäßig leicht zu praktizieren, nützen den Studenten aber wenig oder gar nicht. Daran ändert auch der Repetitor nichts. Er verdünnt lediglich den ohnehin zu dünnen Aufguss.

Zum Training gehört ein Trainer. Der Mensch ist hier überfordert. Der Computer kann diese Rolle übernehmen. Er tut das bereits in vielen Bereichen – denken Sie etwa an den Flugsimulator. Für wenige Euro können Sie einen solchen Simulator für Ihren PC erwerben und einen Airbus 380 auf dem Kennedy Airport in New York landen. Die Berufspiloten werden bereits in computergesteuerten Simulatoren ausgebildet.

Mit dem Computer kann man auch einen juristischen Simulator schaffen. Solange man freilich „hermeneutisch" mit dem Kategorien „Verstehen" und „Auslegen" hantiert, ist diese Möglichkeit versperrt. Anders verhält es sich, wenn Sie sich klarmachen, dass es in unserer Rechtsordnung primär um ein Navigieren in einem hierarchischen System geht. Diese Navigation kann man computergestützt trainieren. Zugleich kann man die Beschränkungen überwinden, die uns den Umgang mit Komplexität erschweren. Auch dies zeige ich im Folgenden auf.

I. Computer im Recht – der Normfall Manager

I. Übersicht

Seit vielen Jahren habe ich mich mit den Einsatzmöglichkeiten des Computers im Recht sowohl wissenschaftlich als auch in der Praxis auseinandergesetzt. Im Jahre 1999 habe ich die Normfall GmbH als Spin-Off der Eberhard Karls Universität Tübingen gegründet. Das Kernprodukt dieser Gesellschaft ist der Normfall Manager (künftig: Manager). Er ermöglicht die Beherrschung aller Rechtsfälle und darüber hinaus aller komplexen Gegenstände, wo immer auch sie bewältigt werden müssen. Seit Jahren ist diese Software in Kanzleien, Gerichten, Behörden und Unternehmen sowie bei Freiberuflern verschiedener Disziplinen erfolgreich im Einsatz. Die aktuelle Version 7 enthält die bewährten Funktionen der Vorgängerversionen und bietet zusätzlich neue Anwendungsmöglichkeiten – alles auf modernstem und zukunftssicherem technischen Stand.

Nähere Informationen zum Manager finden Sie in meinem Normfall-Buch, das 2014 in 6. Auflage erschienen ist. In der vorliegenden Methodenschule beschreibe ich die Grundsätze, die für die Entwicklung des Managers maßgeblich sind, und zeige ich die wesentlichen Anwendungsmöglichkeiten des Managers auf. Technische Details behandle ich hier nicht. Diese sind im Normfall-Buch sowie in der ausführlichen Hilfefunktion des Managers behandelt. Die wichtigsten Anwendungen werden auch in Videoclips behandelt, die Sie bei YouTube abrufen können. Bitte benutzen Sie dazu den Link auf der Website „www.normfall.de".

Der Manager hat eine Alleinstellung. Er entstand nach wissenschaftlichen Vorarbeiten aufgrund von praktischen Bedürfnissen, die ich als Strafverteidiger in Umfangsverfahren kennen gelernt habe. Konkurrenzprodukte existieren nicht. Das liegt nicht zuletzt daran, dass in Deutschland Juristen und Informatiker bislang keine gemeinsame Sprache gefunden haben. Diese wissen nicht, was jene brauchen, jene haben keine Vorstellung davon, was diese leisten können. Zwischen ihnen steht überdies die oben beschriebene hermeneutische Wand. International verlassen sich die Juristen überwiegend auf Standardprodukte der IT-Hersteller, die man natürlich irgendwie auch für juristische Zwecke nutzen kann. In der internationalen Forschung dominiert die Suche nach „Artificial Intelligence“, wobei der Schwerpunkt gegenwärtig auf der Auswertung unstrukturierter Daten liegt. Der Manager dient dabei als Bindeglied zwischen dem maschinellen Output und dem menschlichen Bearbeiter.

Der Manager wurde zwar für die Unterstützung juristischer Tätigkeiten entwickelt, enthält aber keinerlei juristische Vorgaben. Er wird deshalb auch in anderen Bereichen, in denen Komplexität bewältigt werden muss, mit Erfolg eingesetzt. Die Fokussierung auf juristische Tätigkeiten erklärt sich daraus, dass wir Juristen die längste Erfahrung beim Umgang mit Komplexität haben. Dies begann schon vor zweitausend Jahren, als das Römische Recht zu einer ungeheuren Materialmasse angeschwollen war, die bewältigt werden musste. Die damals entwickelte Methode, den Stoff über Baumstrukturen zu strukturieren, ist bis heute gültig geblieben. Im angelsächsischen Common Law setzte man demgegenüber seit dem Mittelalter auf Tabellenstrukturen, mit deren Hilfe man verschiedene Darstellungen miteinander vergleichen kann. Der Manager setzt beide Methoden um. Er vereinigt damit das Beste zweier Welten.

Im Folgenden beschreibe ich wesentliche Anwendungsmöglichkeiten des Managers. Zahlreiche weitere Möglichkeiten dieses sehr leistungsfähigen Tools sind im Normfall-Buch und in der

Hilfefunktion beschrieben. Der Manager ist, wie gesagt, ein Werkzeug, das losgelöst von allen juristischen „Fachanwendungen“ die Strukturierung von komplexen Gegenständen und damit von Rechtsfällen ermöglicht. Er ist imstande, Daten aus allen digitalen Quellen zu verarbeiten, die in beliebigen Formaten gespeichert sind, wobei er die Multidimensionalität juristischer Dokumente bewältigt. Er unterstützt die Anwendung der juristischen Relationsmethode, stellt alle modernen Suchtechniken zur Verfügung und enthält ein vollwertiges Textverarbeitungs-Programm. Mehrere Nutzer können den Manager im Team einsetzen. Er unterstützt den juristischen „Workflow“, er kann als Wissensmanager eingesetzt werden, und er bietet Trainingsmöglichkeiten für die juristische Ausbildung. Natürlich gibt es auch Dinge, die der Manager nicht leisten kann, z. B. das Kaffeekochen.

II. Der Werkzeugcharakter des Managers

Der Manager ist ein inhaltsloses Werkzeug. So, wie Ihnen z.B. ein Textverarbeitungsprogramm zunächst eine leere Seite mit vielen Möglichkeiten rings herum bietet, so schreibt Ihnen der Manager inhaltlich nichts vor. Sie können frei entscheiden, wie Sie ihn nutzen wollen. Sie können damit einen Fall strukturieren und dessen Datenbestände erschließen. Sie können damit einen Schriftsatz oder eine Veröffentlichung schreiben. Sie können mit dem Manager im Team einen komplexen Gegenstand bearbeiten – und vieles mehr. Da er der Informationsverarbeitung im menschlichen Gehirn bei der Bewältigung von Komplexität angepasst ist, können Sie schon nach kurzer Einarbeitung „intuitiv" mit dem Manager umgehen.

III. Die Strukturierung von Rechtsfällen

Eine Normfall-Struktur ist eine hierarchisch gegliederte Anordnung von Strukturpunkten, entsprechend einer Gliederung oder einem Inhaltsverzeichnis. Man nennt sie auch Baumstruktur (engl. „Outliner"). Die Strukturpunkte und Unter-Strukturpunkte ergeben in ihrer hierarchischen Verbindung die Struktur Ihres Projektes, z. B. eines Rechtsfalles. Bei der Arbeit mit Strukturpunkten sind Sie – dem Werkzeugcharakter des Managers entsprechend – völlig frei, sowohl, was die Zahl und Benennung der Strukturpunkte, als auch, was die Zahl der Ebenen der Struktur, als auch, was die Länge der Strukturbezeichnungen angeht. Nur aus praktischen Gründen ergeben sich hier Grenzen.

IV. Die Anbindung von Informationen an die Struktur

Die Architektur des Managers besteht in der Verknüpfung von Strukturpunkten einer hierarchischen Baumstruktur mit digital gespeicherten Informationen verschiedenster Art (z.B. PDF-Dateien, Microsoft Office Dateien, E-Mails, Internetseiten, juristischen Datenbanken usw.).

Sie können sich dies am praktisch wichtigen Fall eines umfangreichen PDF-Dokumentes, etwa eines als Block gescannten und gespeicherten Aktenordners mit 500 Seiten verdeutlichen, in welchem sich an verschiedenen Stellen, etwa auf S. 188, 256, 420 usw., jeweils zu bestimmten Themen relevante Informationen befinden. Sie brauchen also nicht die einzelnen Schriftstücke als Dateien zu speichern. Der Manager ist, wie gesagt, kein Datei-Management-System, das Dateien verwaltet. Er verwaltet vielmehr Informationen, wo immer sich diese befinden. Die Strukturpunkte des Managers enthalten Namen zur Bezeichnung der Informationseinheiten, also z.B. *„Besprechungsprotokoll"*, *„Vernehmungsprotokoll Müller"*, *„Kaufvertrag X-Y"*, usw. Die Verknüpfung im Manager verbindet die Strukturpunkte mit den jeweils zugehörigen Informationen in dem PDF-Dokument. Sie beschränkt sich also nicht darauf, auf den Anfang des Ordners zu verweisen, sondern sie „springt" in die PDF-Datei hinein. Wenn sich also auf Seite 450 einer PDF Datei ein *„Kaufvertrag"* befindet, können Sie diese Seite mit dem Strukturpunkt *„Kaufvertrag"* verknüpfen und direkt öffnen. Die Baumstruktur bietet Ihnen dabei die Möglichkeit, Gruppierungen und Untergruppierungen vorzunehmen. Auf diese Weise können Sie Rechtsfälle „strukturieren".

Die Namen in den Strukturpunkten zur Bezeichnung der Informationseinheiten legen Sie – entsprechend dem Werkzeugcharakter des Managers – selbst fest.

Der Manager ist kein Dokumenten Management System (DMS). Als solches bezeichnet man ein System zur datenbankgestützten Verwaltung elektronischer Dokumente. Derartige Systeme werden auch im Recht eingesetzt, wobei häufig Papierakten gescannt und in einem einheitlichen Format (z. B. Portable Data Format – PDF) in ein DMS eingegeben werden. Die Dokumente werden dabei über Metadaten (z. B. Quelle, Aktenzeichen, Datum usw.) erschlossen.

Im Unterschied hierzu ermöglicht Ihnen der Manager den Zugriff auf Informationen, die sich innerhalb von Dokumenten befinden. Dabei ist er nicht auf das PDF-Format beschränkt, sondern kann alle digital gespeicherten Dateien (z. B. Word, E-Mails, Excel, usw.) erfassen. Auch ist er nicht auf die Dokumentenverwaltung beschränkt, sondern unterstützt auch und vor allem deren Bearbeitung und die Erstellung entsprechender Schriftstücke (Urteile, Beschlüsse, Anklageschriften, Schriftsätze, Gutachten, Veröffentlichungen usw.). Er ist also ein universell einsetzbares Werkzeug, das sowohl die Erfassung als auch die Verarbeitung und die Produktion von Informationen ermöglicht.

V. Die Kombinationsmöglichkeiten beim Anbinden von Informationen

1. Übersicht

Jedem Strukturpunkt können Sie beliebig viele Textauszüge (Inhalte) in beliebig vielen Dokumenten bzw. Dateien zuordnen. Jedem Textauszug können Sie in umgekehrter Richtung beliebig viele Strukturpunkte zuordnen. Diese beiden Möglichkeiten können Sie natürlich auch miteinander kombinieren. Ferner können Sie einem Strukturpunkt beliebig viele Bänder (Spalten) mit Textauszügen bzw. Dateiinhalten zuordnen. Bei der Verwendung von Papier haben Sie alle diese Möglichkeiten nicht.

Die folgende Abbildung verdeutlicht dieses Prinzip. Anschließend verdeutliche ich die einzelnen Möglichkeiten und gebe dazu Beispiele an.

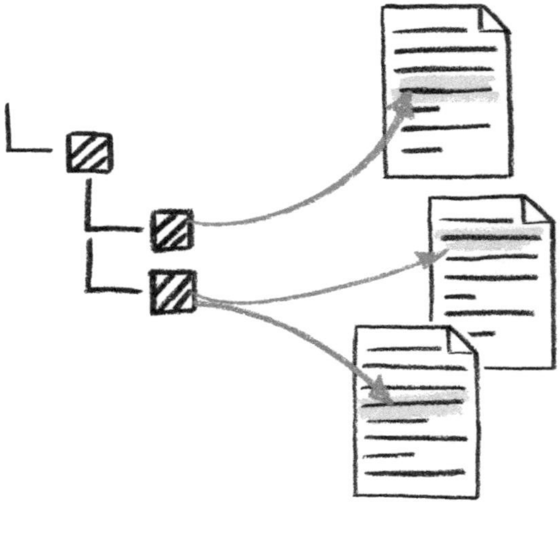

2. Ein Strukturpunkt – mehrere Textauszüge

An jeden Strukturpunkt können Sie Textauszüge (Dateiinhalte) beliebig vieler Dokumente bzw. Dateien anbinden. Dadurch ist es möglich, eine Vielzahl von inhaltlich zusammengehörigen Informationen unter einem gemeinsamen Aspekt zu erfassen. Die folgende Abbildung verdeutlicht dies.

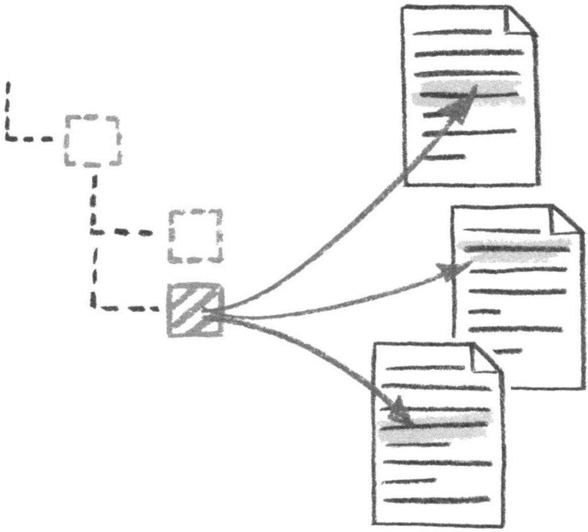

Diese Möglichkeit sei an folgendem Beispiel erläutert. Angenommen, ein bestimmter Sachverhaltskomplex wurde in mehreren Dokumenten beschrieben. In der Baumstruktur können Sie diesen Sachverhalt durch einen entsprechenden Strukturpunkt bezeichnen (z. B. *„Unfall“*). Daran können Sie die verschiedenen Textauszüge über die jeweils zugehörigen Verweiszeilen in der Verweisansicht anbinden und zugleich per Knopfdruck in die jeweils zugehörigen Anmerkungsfenster des Texteditors kopieren.

3. Mehrere Strukturpunkte – ein Textauszug

Diese Konstellation ist das Gegenstück zu der eben beschriebenen Möglichkeit. Jeden Textauszug eines Dokumentes bzw. einer Datei können Sie an beliebig viele Strukturpunkte anbinden. Damit können Sie erstmals der Multidimensionalität von Urkunden Rechnung tragen. Die folgende Abbildung verdeutlicht dies.

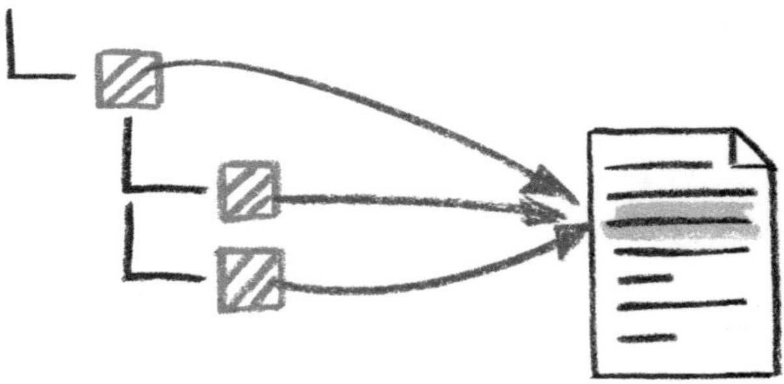

Diese Möglichkeit sei ebenfalls an einem Beispiel erläutert: In einem Besprechungsprotokoll ist eine Personengruppe aufgeführt, die sich über ein bestimmtes Thema ausgetauscht hat. Der Textauszug kann sowohl der Gruppe als auch allen teilnehmenden Personen jeweils in entsprechenden Strukturpunkten zugeordnet werden.

4. Ein Strukturpunkt – mehrere Bänder

Schließlich bietet das Relationsmodul des Managers die Möglichkeit, einen Strukturpunkt mit mehreren „Bändern“ (Kolumnen, Spalten) zu verbinden. Die folgende Abbildung macht dies anschaulich.

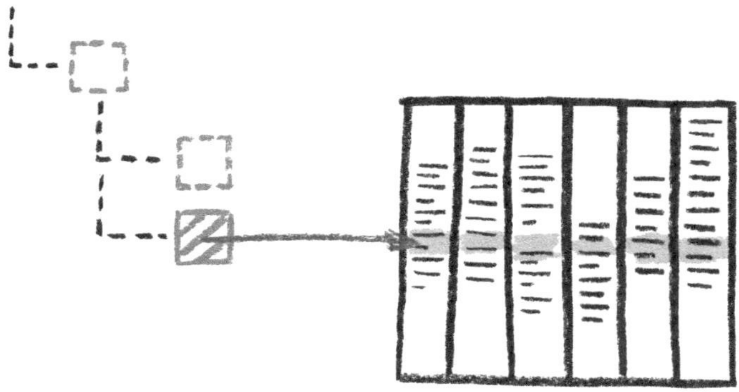

Auf diese Weise können Sie zum einen verschiedene Inhalte von Dateien zum jeweils selben Thema miteinander vergleichen, wobei der jeweilige Strukturpunkt das „Tertium comparationis" liefert, also die Vergleichsbasis.

Auch diese Möglichkeit sei an einem Beispiel verdeutlicht. In einer Klageschrift und einer Klageerwiderung finden sich Ausführungen zum selben Sachverhaltskomplex, z. B. „*Unfall*". Hierüber wurde Beweis erhoben, und es wurden mehrere Beweisprotokolle erstellt. Alle diese Textauszüge können beim Strukturpunkt „*Unfall*" tabellarisch nebeneinander angeordnet gezeigt werden. In einem weiteren „Urteilsband" kann der Richter die Beweise würdigen und den Sachverhalt so darstellen, wie er sich zu seiner Überzeugung ergeben hat.

VI. Die Unterstützung der Relationstechnik

Die Relationstechnik ist die wohl anspruchsvollste juristische Arbeitstechnik. Sie wird vor allem im Zivilprozess angewendet, spielt aber auch in anderen Verfahren eine Rolle, in denen unterschiedliche Sachverhaltsdarstellungen, Beweisergebnisse, Rechtsausführungen, Vernehmungsprotokolle, Gerichtsentscheidungen, Literaturstellen u.a.m. einander gegenübergestellt werden müssen, so insbesondere auch im Verwaltungsprozess mit seinen Spezialverfahren (Finanzgerichtsprozess, Sozialgerichtsprozess). Auch im wissenschaftlischen Bereich muss man oftmals in vergleichbarer Weise arbeiten, so typischerweise bei der Auswertung von Literatur zu einem bestimmten Problem.

Die Beherrschung und Anwendung der Relationstechnik ist sowohl für Richter als auch für Anwälte unverzichtbar. Der Manager ermöglicht in seinem Relationsmodul erstmals die IT-Unterstützung dieser zentralen juristischen Arbeitstechnik.

Das Relationsmodul des Managers verbindet die Vorzüge der Baumstruktur mit denen der Tabellenstruktur. Der Strukturpunkt der Baumstruktur enthält die Vergleichsgrundlage (das „Tertium comparationis"). Die Tabelle enthält Bänder (Spalten), deren Bezeichnungen Sie frei wählen können (z.B. *„Kläger"*, *„Beklagter"*, *„Gericht"* usw.). Darin befinden sich nebeneinander „Zellen" mit einkopierten Ausschnitten aus Originaltexten, die Sie miteinander vergleichen können, und neben welchen Sie in einer weiteren „Zelle" Ihr Urteil oder Ihren neuen Schriftsatz fertigen können. Jederzeit haben Sie dabei die Möglichkeit, sich zu einem Textauszug die Original-Textstelle im Dokument anzeigen zu lassen. Auch eigene Notizen können Sie hinzufügen. Damit werden die wesentlichen Mängel der bislang praktizierten manuellen Methoden beseitigt.

Die folgende Abbildung verdeutlicht dies.

Optionen

	Kläger	Beklagter	Zeuge	Gericht
	–	–	–	–
Zeile 1	– 23.06.2003 **Klage... S. 3** Zu diesem Unfall kam es, als die Klägerin nach dem Einkauf den Supermarkt verließ und unmittelbar nach der Ausgangstüre ausrutschte und zu Fall kam. Ursache des Ausrutschens war ein Salatblatt, das sich an der Schuhsohle der Klägerin festgeklebt hatte. Beweis: Zeugnis des Ehemanns der Klägerin, Herr Karl Klein, Dorfstr. 2, 72074 Tübingen. Es ist davon auszugehen, dass sich das Salatblatt im Supermarkt an die Schuhsohle festgeklebt hatte.	– 16.09.2003 **Klage... S. 2** Es wird bestritten, dass ursächlich für den Sturz der Klägerin ein ander Schuhsohle haftendes Salatblatt gewesen ist. Selbst für den Fall, dass dieses Salatblatt mitursächlich für den Sturz der Klägerin gewesen ist, trifft die Beklagte oder deren Mitarbeiter kein Verschulden. 1. Der Fußboden des Ladens besteht aus Steinplatten. Die Entfernung vom Gemüsestand zum Kassenbereich beträgt ca. 50 Meter. Vor dem Ladengeschäft auf dem Weg zu zwei Stufen sind raue Pflastersteine verlegt, das sich an die Stufen anschließende Trottoir ist asphaltiert. Beweis: Einnahme eines Augenscheins. Es ist unmöglich, dass ein nasses oder trockenes Salatblatt über die von Klägerin zwingend zurückzulegende Strecke,	– 13.01.2004 **Sitzun... Verne... Zeuge Klein** Er erklärt zur Sache: Wir sind etwa gegen 11.00 Uhr aus unserer Wohnung fortgegangen, hin zu Kauf & Spar. Dort haben wir Salat gekauft. Wir haben drei Stück Kopfsalat gekauft, der in zwei Tüten verpackt worden ist. Ich habe eine Tüte getragen und meine Frau auch eine. Meine Frau hatte ihre Tüte in ihrer linken Hand. Ich hatte die linke Hand in der Jackentasche und meine Frau hat mit ihrer rechten Hand meinen Unterarm gehalten, sie war also bei mir eingehängt. Auf der Schräge ist sie ausgerutscht. Sie ist mit dem linken Fuß zusammengeknickt. Sie ist nicht hingefallen, sondern nur mit dem Fuß hinuntergeknickt und hat sich dann bei mir festgehalten. Etwas weiter ist ein Stück Beton, dort hat sie sich dann eine Weile	– 04.02.2004 **Urteil. Seite 3** Zur Überzeugung des Gerichts ist bewiesen, dass die Klägerin an der fraglichen Stelle auf einem Salatblatt ausgerutscht ist. Der Zeuge Klein hat bei seiner Vernehmung glaubhaft bekundet, dass er unmittelbar nach dem Ausrutschen der Klägerin dort eine längere grüne Rutschspur wahrgenommen hat. Es ist auch davon auszugehen, dass der Gemüserest an der Unfallstelle gelegen hat und sich nicht etwa schon vorher am Schuh der Klägerin festgeklebt hatte; auch insoweit gilt der Beweis des ersten Anscheins (OLG Köln, NJW 72, 1950). Die Beklagte hat die ihr obliegende Verkehrssicherungspflicht dadurch verletzt, dass sie bzw. der für sie handelnde Marktleiter es unterlassen hat, das Salatblatt von der Rampe zu entfernen.

Die Möglichkeiten des Relationsmoduls im Normfall Manager reichen noch weiter. Sie können damit berücksichtigen, dass bei der Arbeit des Richters oder des Anwalts die Textausschnitte nicht in der Reihenfolge entstehen, die für das Endprodukt – das Urteil oder den Schriftsatz – benötigt wird. Beispielsweise besteht der Tatbestand eines Zivilurteils im fertigen Urteil aus sechs (und mehr) Elementen:

1. Einleitungssatz
2. Unstreitiger Sachverhalt
3. Streitiges Klägervorbringen
4. Antrag des Klägers
5. Klageabweisungsantrag des Beklagten
6. Streitiger Beklagtenvortrag

Er entsteht aber bei der richterlichen Arbeit nicht in dieser Reihenfolge, sondern er wird schrittweise aus den Schriftsätzen der Parteien gebildet. In der Klageschrift (K) kommt als erstes 4. (K-Antrag), dann folgen Ausführungen zu mehreren Sachverhaltskomplexen (K-X, K-Y, K-Z ...), die womöglich nicht in der (aus Sicht des Richters) richtigen Reihenfolge (X-Y-Z) sondern in verfehlter Folge (z.B. K-Z, K-X, K-Y) gebracht werden. Ob sie streitig sind, erfährt der Richter später erst aus der Klageerwiderung des Beklagten (B). Diese beginnt mit 5. (B-Antrag), dann kommen Streitiges (z.B. B-X, B-Y) und Unstreitiges (z.B. B-Z.") – es kann noch komplizierter werden, aber belassen wir es hier bei diesem einfachen Beispiel.)

Der Richter muss nun die o.a. Reihenfolge herstellen können. Er muss dazu die sechs Punkte samt Unterpunkten (Sachverhaltskomplexe X, Y, Z) definieren können („DEF"), um die Relationszeilen einander richtig zuordnen können. Das sieht in Fortführung des genannten Beispiels so aus:

DEF 1. Einleitungssatz
DEF 2. Unstreitiges = K/B-Z
DEF 3. Streitiges
K/B–X
K/B–Y
DEF 4. K-Antrag
DEF 5. B-Antrag

Dazu kann der Richter die Spalten entsprechend verschieben. Die streitigen Ausführungen der Parteien kann er in seine Urteilsspalte kopieren und weitgehend übernehmen, wobei er lediglich den Indikativ in den Konjunktiv umwandeln muß *(„Der Kläger hat ..." –„Der Kläger trägt vor, er habe ...)* – über einen „Konjunktivgenerator" verfügt der Manager (noch) nicht. An dieser Stelle wirkt sich erneut das den Manager beherrschende Prinzip aus, vorhandene Arbeitsergebnisse anderer Verfahrensbeteiligter möglichst zu Übernehmen statt Doppelarbeit zu leisten.

Die Nutzung des Relationsmoduls ist, wie gesagt, nicht auf den Zivilprozess beschränkt. Auch in vielen anderen Bereichen können Sie es anwenden. So können Sie verschiedene Zeugenaussagen miteinander vergleichen oder Auszüge aus Gutachten, veröffentlichten Gerichtsentscheidungen, Rechtsproblem, Normen u.a.m. nebeneinander stellen. Jede wissenschaftliche Arbeit, in der Sie sich mit verschiedenen Veröffentlichungen auseinandersetzen müssen, wird dadurch erleichtert.

Im vorliegenden Buch geht es aber um die juristische Methode. Hier können Sie Ihre Arbeit im Kernbereich der Rechtsanwendung rationalisieren, jenem Bereich also, der gemeinhin für nicht automatisier gehalten wird. Die moderne Informationstechnik hat dies möglich gemacht.

Die Verbindung von Baumstruktur und Tabelle im Relationsmodul kann man als die Vereinigung des Besten zweier Welten bezeichnen. Die Baumstruktur entspricht dabei der kontinentaleuropäischen Rechtstradition im Geiste des Römischen Rechts. Tabellarische Darstellungen, die auf übersichtliche Weise Vergleiche ermöglichen, drücken dagegen das „Precedent-Denken" der angelsächsischen Common-Law-Welt aus. Vereint sind beide Methoden unschlagbar.

Die Perspektiven dieses Moduls reichen weit über die klassische Relationstechnik hinaus. Seit Jahrtausenden werden kontradiktorische Verfahren, insbesondere Zivilprozesse, in der westlichen Welt als Positionsveranstaltungen geführt. Das muss nicht so sein, und das ist auch nicht in allen Rechtskulturen so. Es ist technisch möglich, einen Prozess als „One-Text-Approach" zu gestalten, bei dem die Anwälte an einem gemeinsamen Text arbeiten, in welchem sie aufzeigen, wo sie (ausnahmsweise) einer Meinung sind und wo und wie das (regelmäßig) nicht der Fall ist. Sogar Beweisaufnahmen könnten dabei in die Hände der Anwälte gelegt werden. Im Schiedsverfahren geschieht das sogar mitunter schon. Das Gericht würde insoweit die Rolle eines Schiedsrichters übernehmen, der auf die Einhaltung der Regeln achtet. Der gesamte Urteilstatbestand könnte so entstehen. Dies entspräche der Parteiautonomie und würde die Gerichte entlasten. Diese könnten sich auf ihre eigentliche Aufgabe der rechtlichen Bewertung und Entscheidung des Falles konzentrieren.

VII. Die Suchfunktionen

1. Übersicht

Sie können im Manager zwei einander ergänzende Arten der Suche durchführen:

- Sie können systematische über die Baumstruktur suchen und
- Sie können „klassisch" eine Volltextsuche durchführen.

2. Die systematische Suche über die Baumstruktur

Die Baumstruktur eröffnet die Möglichkeit einer systematischen Suche nach Strukturpunkten und jeweils in Verweisen angebundenen Dateien. Diese Suche führt Sie sehr schnell und zuverlässig zum Ziel. In der Praxis hat sich gezeigt, dass beispielsweise einem Zeugen noch während seiner Aussage sekundenschnell aus sehr umfangreichen Aktenbeständen relevante Dokumente im Gerichtssaal per Beamer vorgehalten werden können – was mit Papier kaum jemals möglich wäre.

3. Die „klassische" Volltextsuche

Neben der „sicheren" Suche über die Baumstruktur können Sie natürlich auch auf „klassische" Weise Volltexte durchsuchen. In den Manager ist eine sehr leistungsfähige Suchmaschine integriert. Durchsucht werden sämtliche Inhalte, die Sie in einem Normfall Projekt selbst angelegt haben (z. B. die Bezeichnungen von Strukturpunkten und Verweiszeilen sowie die Texte im Fenster „Texteditor"). Darüber hinaus werden alle Dateien durchsucht, die Sie in Ihren Normfall Projekten verwalten, natürlich vorausgesetzt, dass diese elektronisch durchsuchbar sind. Insbesondere können Sie eingescannte PDF Dokumente durchsuchen, die mittels Texterkennung (OCR) bearbeitet wurden, ferner Dokumente unterschiedlicher Microsoft Office Formate, z.B. E-Mails in Outlook. Dabei stehen Ihnen eine Reihe von Suchfunktionen bis hin zu Booleschen Verknüpfungen, phonetischer Suche und unscharfer bzw. Fuzzy-Suche zur Verfügung.

VIII. Das Textverarbeitungs-System des Managers

1. Übersicht

Juristen bilden den einzigen Berufsstand, der es ständig mit Texten zu tun hat. Sie lesen und verstehen Texte, sie bearbeiten Texte, sie produzieren Texte, und obwohl es immer wieder Bemühungen um die Mündlichkeit in den Verfahren gibt, herrscht dabei seit Jahrhunderten die Schriftlichkeit. Die „Akte“ als eine Sammlung von Schriftstücken dominiert nach wie vor die Verfahren. Die gegenwärtigen Bemühungen um die digitale Justiz gehen durchweg von Textdokumenten aus, und zwar von solchen, die als PDF-Dateien vorliegen.

Der Manager ist ein mächtiges Werkzeug, das Sie nicht nur bei der Strukturierung und Bearbeitung von Texten unterstützt, sondern auch bei der Erstellung. Er bietet Ihnen alle Möglichkeiten der IT-gestützten Textverarbeitung und verbindet diese mit den Funktionen des Managers. Ein eigenständiges Textverarbeitungsprogramm benötigen Sie daneben nicht.

2. Der Texteditor des Managers

Der Texteditor bietet Ihnen zu jedem Strukturpunkt und zu jeder Verweiszeile alle wesentlichen Möglichkeiten der Textverarbeitung. Die Texte werden hier standardmäßig im RTF-Format gespeichert. RTF ist die Abkürzung von „Rich Text Format“, einem Dateiformat für Texte, das als Austauschformat zwischen Textverarbeitungsprogrammen verschiedener Hersteller auf verschiedenen Betriebssystemen eingesetzt werden kann. Andere Speicherformate können Sie natürlich einstellen.

3. Die Texterstellung

Der Manager verbindet die Möglichkeiten eines modernen Textverarbeitungs-Programmes mit den Möglichkeiten der strukturierten Texterstellung.

Beim Schreiben mit einem handelsüblichen Textverarbeitungsprogramm gibt es zwar einige Unterstützung bei der Gliederung, aber diese genügt den Ansprüchen von Juristen nicht. Die intensive Überarbeitung der Struktur, das „Spielen“ mit der Struktur, bei dem ganze „Äste“ verschoben, neue Punkte eingebaut, alte gelöscht oder in ein Archiv geschoben werden, ist mit diesen Programmen nur schwer möglich. Und die heutigen digitalen Diktiergeräte bieten zwar die Möglichkeit, nachträgliche Passagen einzufügen, aber einen Überblick über das Diktat ermöglichen sie nicht.

Der Manager bietet Ihnen hier eine wirksame Unterstützung. In der Baumstruktur können Sie die Gliederung eines Textes erstellen und laufend überarbeiten. Die Zahl der Gliederungsebenen ist dabei zwar nicht begrenzt. Sie sollte aber die grundlegende Grenze der „Magischen Sieben“ nicht wesentlich überschreiten. Die Strukturpunkte können Sie dabei so formulieren, dass diese später als (Zwischen-) Überschriften im Text dienen können.

Die einzelnen Texte schreiben (diktieren, kopieren) Sie in den Anmerkungsfenstern der jeweiligen Strukturpunkte. Sie können dafür alle gängigen Textverarbeitungsfunktionen wie „Schriftart“, „Schriftgröße“, „Fett“, „Kursiv“, „Abstand“ usw. beliebig einstellen. Auch können Sie Ihren Briefbogen als Vorlage eingeben. Ferner können Sie eine Rechtschreibkontrolle (deutsch und englisch) mit allen gängigen Funktionen durchführen, wobei die Möglichkeit, juristische und weitere Fachtermini neu einzugeben, besonders hilfreich ist. Ebenso können Sie die Funktion der Silbentrennung nutzen. Auch bietet der Texteditor ein System für die Einfügung von Fußnoten und Endnoten sowie für Verweise auf Fußnoten an.

Auf diese Weise können Sie Schriftstücke aller Art verfassen (Urteile, Schriftsätze, Gutachten, Veröffentlichungen ...).

Wenn Sie Ihre Arbeit beendet haben, können Sie die Gesamtheit aller Strukturpunkte eines Textes mit einem Mausklick in eine entsprechend gegliederte Textdatei umwandeln. Diese können Sie speichern und unmittelbar ausdrucken. Sie können die Gliederung aber auch ausschalten. Dann erhalten Sie die Titel bzw. Namen der Strukturpunkte als hervorgehobene Zwischenzeilen. Natürlich können Sie die Gliederung auch ausschalten und Fließtexte erzeugen.

Sie können ferner eigene Vorlagen (Templates) mit Bausteinen für häufig wiederkehrende Vorgänge (z.B. die Erstellung einer Anklageschrift) erstellen. Diese können Sie wiederum im Manager ausfüllen und verwalten (dazu unten mehr).

Der Vorgang funktioniert auch in umgekehrter Richtung; aus einer gegliederten Word-Datei, die etwa ein anderer Verfahrensbeteiligter bei Ihnen einreicht, können Sie eine Normfall Struktur samt Texten in den Anmerkungsfenstern erstellen. Diese Funktion ist besonders dann hilfreich, wenn es darum geht, die Struktur eines vorhandenen Textes (z.B. einer Klageerwiderung) zu erkennen und zu überprüfen. Manche juristische Texte sind schwer zu verstehen. Stellt man sie strukturiert dar, versteht man sie besser und erkennt auch etwaige Mängel wie Wiederholungen und Widersprüche. Selbst umfangreiche und schwer verständliche Texte werden transparent, wenn man das sie tragende Strukturgerüst aufzeigt und mit Hilfe der Baumstruktur sichtbar macht

4. Die Nutzung von Textbausteinen

Sie können auch Textbausteine (sog. *„Templates"*) erstellen, die Sie in Routinebereichen nutzen können, um standardisierte Schriftstücke mit stets wiederkehrenden Ausführungen zu bestimmten Themen zu erstellen. Im Unterschied zu den verbreiteten Texthandbüchern, in denen stets komplette Texte z. B. für eine Anklageschrift oder ein Urteil enthalten sind, haben Sie dabei die Möglichkeit, einzelne Textelemente zusammenzustellen und per Mausklick als fertiges Dokument zusammenzufügen. Sie sind dadurch flexibler als bei der Arbeit mit den üblichen Texthandbüchern.

Es gibt viele Standardbereiche, in denen sich Formeln herausgebildet haben, die immer wieder verwendet werden, und die sich deshalb für Templates eignen. Ein Beispiel bieten die Anforderungen an einen Klageerzwingungsantrag gemäß § 172 III 1 StPO, zu denen das OLG Celle in NJW 08, 2202 wie folgt Stellung genommen hat:

> *„Nach § 172 Abs. 3 Satz 1 StPO muss der Antrag die Tatsachen, welche die Erhebung der öffentlichen Klage begründen sollen, und die Beweismittel angeben. Erforderlich ist dazu eine aus sich selbst heraus verständliche, in sich geschlossene Darstellung des Sachverhalts und der Beweismittel. Diese muss so umfassend und vollständig sein, dass sie es dem Oberlandesgericht ermöglicht, allein aufgrund ihres Inhalts ohne Bezugnahmen und Verweisungen auf Anlagen, auf die Ermittlungsakten oder Beiakten eine Schlüssigkeitsprüfung dahin vorzunehmen, ob nach dem Vorbringen des Anzeigeerstatters ein für die Erhebung der öffentlichen Klage hinreichender Tatverdacht in Betracht kommt ..."*

Solche Templates werden aktuell anhand der Nachweise in den Kommentaren immer wieder neu erzeugt. Sie in einem Wissensmanager bereit zu halten und zu aufgrund neuer Entscheidungen zu pflegen, erspart Arbeit und Zeit.

5. Fazit

Der Manager enthält ein vollwertiges Textverarbeitungssystem verbunden mit allen Normfall Möglichkeiten. Der Einsatz eines handelsüblichen Textverarbeitungsprogrammes ist in der Regel nicht mehr erforderlich.

IX. Das Wissensmanagement

1. Übersicht

In der Informationsgesellschaft ist Wissen ein wichtiger Rohstoff. Als Wissensmanagement (Knowledge Management) bezeichnet man alle Tätigkeiten, die auf den optimalen Umgang mit Wissen abzielen. Mit dem Manager können Sie ein individuelles juristisches Wissensmanagement-System aufbauen. Das Wissen, das bei der Bearbeitung von Rechtsfällen entsteht, können Sie individuell, im Team, im Gericht, in der Behörde oder auch für externe Anwender erfassen und für die gezielte Erschließung bereitstellen. Als Schlüssel dienen dabei die Gesetze, die Sie kostenlos aus dem Web kopieren und als Strukturen verwenden können. Dabei ist ein schrittweises Arbeiten möglich, das Ihren eigenen Arbeitsschwerpunkten entspricht.

2. Das längerfristig gültige Wissen

Bei jeder Bearbeitung eines Rechtsfalles entsteht laufend Wissen, das längerfristig gültig ist. Es steckt in Schriftsätzen, Urteilen, Gutachten, Anklageschriften, Schutzschriften usw., aber auch in Informationen, die Sie in Kommentaren, Fachzeitschriften, Büchern, bei beck-onlin, juris und in anderen juristischen Datenbanken, zunehmend auch im Internet zu bestimmten Rechtsproblemen recherchiert haben.

Ihre eigenen Ausarbeitungen liegen vielfach bereits in digitaler Form vor, anderes Material vielleicht nur als Fotokopien. Einiges existiert lediglich im eigenen Kopf und in den Köpfen der Kollegen, wo es auf das Schicksal des Vergessenwerdens wartet.

All dies ist ein Kapital. Mit dem Manager können Sie dieses Kapital bewahren und verwerten. Das gesamte erarbeitete Wissen sowohl der Organisation – also des Gerichts, der Staatsanwaltschaft, der Anwaltskanzlei, der Rechtsabteilung, vielleicht sogar einer größeren Einheit im Staat oder in der Wirtschaft – als auch des einzelnen Juristen steht dann dem Bearbeiter und auf Wunsch auch allen interessierten Kollegen bzw. der „Community" langfristig bei Bedarf zum gezielten Abruf zur Verfügung.

3. Die Gesetze als Schlüssel

Wir Juristen genießen den Vorzug, mit den Gesetzen einen Schlüssel verwenden zu können, wie er in keinem anderen Beruf existiert. Da Sie praktisch jedes Gesetz kostenlos in allen Fassungen im Internet finden, können Sie die Gesetze einfach von dort in eine Wissensbank kopieren. Dabei gehen Sie pragmatisch vor und kopieren immer nur die Paragraphen, die gerade in einem aktuellen Fall eine Rolle spielen. Die Paragraphen fügen Sie in eine Baumstruktur mit Normen entsprechend der üblichen Gesetzesgliederung ein. Schrittweise bauen Sie so einen Schlüssel auf. Lücken in der Paragraphenfolge zeigen Ihnen, dass hierzu (noch) kein Wissen gespeichert ist oder dass es sich nicht lohnt, hierzu Wissen zu speichern (auch das gibt es).

Die einzelnen Paragraphen können Sie in Strukturen umwandeln. Jeder Kommentar bietet eine Anleitung, wie die Paragraphen hierarchisch zu gliedern sind. An die einzelnen Strukturpunkte können Sie Informationen in Form von digital existierenden oder gescannten Dokumenten, Dateien, beck-online oder juris-Dokumenten, Internet-Seiten usw., anbinden. Mit der Anmerkungsfunktion können Sie auch geschriebene oder gesprochene Notizen verfassen und anbinden. Wenn ein Dokument mehrere Rechtsfragen behandelt (was der Regelfall sein wird), können Sie es multidimensional und gezielt an alle in Frage kommenden Paragraphen anbinden. Wenn sich die Ausarbeitungen zu bestimmten Paragraphen häufen, können Sie diese wie in einem Kommentar weiter untergliedern. Ändern sich Paragraphen oder werden diese aufgehoben, lässt sich das problemlos berücksichtigen, wobei alle vorhandenen Anbindungen und Anmerkungen erhalten bleiben.

Natürlich können Sie auch alternativ oder kumulativ eigene Strukturen als Schlüssel zu vorhandenen Strukturen bilden. Sie können auf diese Weise die bereits erwähnten Textbausteine („Templates") für Routinetexte schreiben oder einkopieren, die Sie immer wieder verwenden wollen. Diese können dann sehr einfach an neue Fälle angepasst und in entsprechende Schriftsätze eingefügt werden. Der Manager bietet Ihnen in seinem oben beschriebenen Textverarbeitungs-System die Möglichkeit, solche Textbausteine zu bilden und zu nutzen.

Mehrere Bearbeiter in einer Kanzlei oder einer Behörde können ihr Wissen zusammenführen, so dass es dem gesamten Team zur Verfügung steht. Da der Manager voll netzwerkfähig ist und über die oben beschriebene Synchronisationsfunktion verfügt, können alle Kollegen einer Institution an derselben Wissensbank laufend mitarbeiten. Alles, was in der Organisation jemals erarbeitet oder recherchiert wird, steht damit allen Mitgliedern auch in der Zukunft vollständig zur Verfügung. Dabei handelt es sich nicht um irgendein Gut neben anderen. Es handelt sich, unternehmerisch gesprochen, um *das* Kapital der Law Firm.

Schrittweise entsteht so ein individuelles Wissensmanagement. Im Unterschied zu den juristischen Datenbanken, die zwangsläufig vieles enthalten, was für die Praxis ohne Bedeutung ist, enthält das System ausschließlich praxisrelevantes Wissen. Anders als bei den Datenbanken speichern die Anwender – und nicht praxisferne Archivare – das Wissen.

J. Der juristische Workflow

In den achtziger Jahren nahm ich an einem vom Bundesministerium der Justiz in Auftrag gegebenen Forschungsprojekt teil, in welchem es um Rationalisierungsmöglichkeiten bei der Justiz ging. Zuvor hatte ein Unternehmensberater eine Untersuchung durchgeführt. Geprüft worden war u.a., wie oft eine Akte bewegt wurde, ehe etwas Inhaltliches mit ihr geschah. Sie ergab, dass das deutsche Amtsgericht damals die am schlechtesten funktionierende Organisation im Lande war. Man erzählte sich zu jener Zeit die Geschichte von dem (natürlich fiktiven) Amtsrichter, der auf jede neue Akte schriebe: *„Bitte Simile!“* Kam ein Simile, wusste er, was er zu tun hatte. Kam kein Simile, schrieb er auf die Akte: *„Bitte Wiedervorlage, wenn Simile vorhanden!“*. Er hatte ein geruhsames Berufsleben.

Als Heilmittel wollte man damals computergestützte Expertensysteme einsetzen. In ihrer einfachsten Form waren das Frage-Antwort-Systeme, wobei als Antworten nur „Ja“ oder „Nein“ zugelassen waren. Gemeinsam mit einem Steuerrechtler habe ich damals für eine Organisation der Steuerberater ein solches Programm zur Problematik der steuerlichen Relevanz von Ehegatten – Arbeitsverhältnissen entwickelt. Es sollte dem Steuerberater helfen, wenn ein Freiberufler, etwa ein niedergelassener Arzt oder ein Anwalt, ihn mit der Frage überfiel, ob es sinnvoll sei, ein Arbeitsverhältnis mit seiner Ehefrau zu begründen, und es sollte ihm zeigen, worauf er dabei achten müsse. Ohne ein entsprechendes IT-Werkzeug war die Entwicklung eines Fragebaumes damals ein mühsames Unterfangen, weil das System sich ständig änderte und verzweigte. Ich weiß noch, dass die erste Frage lauten musste: *„Leben Sie mit Ihrer Ehefrau im gesetzlichen Güterstand?“* Bei Antwort *„Ja“* ging es links weiter, bei Antwort *„Nein“* rechts (beide Begriffe sind visuell, nicht politisch zu verstehen). Welche steuerrechtliche Bedeutung das jeweils hatte, weiß ich nicht mehr. Ich weiß nur, dass bis dahin kein Steuerberater im Leben auf die Idee gekommen war, seine Mandanten statt nach ihrem schweizer Konto nach dem Güterstand zu fragen. Auch erinnere ich mich daran, dass es Dutzende von BFH-Entscheidungen zu dieser bewegenden Thematik gab. Ein Kollege in Bern schaffte es übrigens damals, auf diese Weise den gesamten Allgemeinen Teil des schweizerischen Strafgesetzbuches in einem Ja-Nein-Fragebaum darzustellen. Wir schufen damals sogar ein erstes IT-Tool, das man mit beliebigen Inhalten bestücken konnte. Es wurde von Tübinger Studenten als Lebenshilfe im Studium verwendet, so, wenn es etwa um die Frage ging, ob man morgens in die Universität gehen sollte. *„Ist das Wetter schön?“* Bei Antwort *„Nein“* ging es weiter: *„Ist die Vorlesung unterhaltsam?“* Und so fort.

Die Informatiker rümpften die Nase über diesen schlichten „Approach“. Sie sagten uns einfachen Juristen, dass man logikorientierte Programmiersprachen wie „Prolog“ einsetzen müsse, und dass man auf diese Weise sogenannte „wissensbasierte Systeme“ schaffen könne. Dazu wäre interdisziplinäre Forschung nötig. Außer Juristen und Informatikern müssten Logiker und Computerlinguisten beteiligt werden. Diesen Rat befolgten wir. So kam es an der Universität Tübingen in Kooperation mit IBM Deutschland zu dem bereits erwähnten LEX-Projekt. Das Ziel war bescheiden. Wir wollten ein natürlichsprachliches juristisches Expertensystem bauen. „Natürlich-sprachlich“ hieß, dass man dem System mündlich (!) eine Rechtsfrage zu einem bestimmten Sachverhalt stellen konnte, die der Computer dann richtig beantworten sollte. Als Forschungsgebiet wählte ich den bereits erwähnten Tatbestand des Unerlaubten Entfernens vom Unfallort aus, populär Fahrerflucht genannt, § 142 StGB. Wenn wir diese Nuss knackten, so dachte ich, wäre der Rest ein Kinderspiel.

Einschlägige Forschungsarbeiten hatte ich im Vorfeld mit einer Studentengruppe an der Universität München geleistet. Wir hatten die Struktur des § 142 StGB mit Hilfe einer Märklin-Eisenbahn Spur Ho nachgebaut. Ich erinnere mich, dass wir außer zahlreichen geraden Geleisen vierzehn Weichen, eine Brücke und einen Tunnel benötigten. An der ersten Weiche stand ein Schild mit der Frage: *„Unfall?“*. Bei *„Ja“* ging es nach rechts in ein Gleisgewirr, an dessen strafbaren Endpunkt wir einen kleinen Lokschuppen aus Pappe gebaut hatten, der die Inschrift *„Gefängnis“* trug, bei *„Nein“* nach links zu einem Bahnsteig mit dem Schild *„Freiheit“*. Das Ganze wurde mit einem Videogerät aufgezeichnet, geschnitten, mit erläuternden Texteinschüben versehen und mit der Musik aus dem James Bond Film *„From Russia with Love“* untermalt, dem bekanntlich besten Bond-Film aller Zeiten. Die Szene, in der sich Bond und das Bond-Girl in Venedig in einer Gondel küssen, während ein Schurke die Gondel mit einem Schnellboot aus einem Seitenkanal heranrasend in zwei Teile zerlegt, so dass Bond und Bond-Girl knutschend im Bug und der Gondoliere singend im Heck im Canale Grande versinken, diente zur Illustration des zu bejahenden Merkmals *„Unfall“* und des zu verneinenden Merkmals *„Straßenverkehr“* (richtig war: *„Schiffsverkehr“).* Anschließend zeigten wir Buster Keaton in seinem letzten Film *„Toll trieben es die alten Römer“*. Als „Erronius“ joggte er unbeschädigt quer durch ein furioses Wagenrennen, was ungefähr vergleichbar mit der Überquerung einer achtspurige Autobahn im dichten Berufsverkehr war, blieb unter einem Baum stehen, sprach die Worte *„Das wunderbarste Klima der Welt“*, rannte wieder los, knallte mit dem Kopf gegen einen Ast und fiel bewusstlos um. Dieser bedeutende Film (ich meine den Fahrerflucht-Film, nicht den Toll-Film) wurde erfolgreich in der juristischen Lehre eingesetzt. Eine Kopie befindet sich heute im Museum für Rechtsvisualisierung der Universität Zürich. Wenn Sie einmal nach Zürich kommen …

Das so entstandene Know-How wurde im Lex-Projekt umgesetzt. Ein interdisziplinäres Team aus etwa zwanzig Experten forschte drei Jahre und schaffte es, den Sachverhalt einer OLG-Entscheidung zu § 142 StGB in mehreren Wissensbasen formal zu repräsentieren. Das System konnte auf dieser Grundlage etwa die Hälfte aller juristischen Fragen richtig beantworten. Es kam der große Tag, als die Gewaltigen von IBM, Tübingen und Lehrstuhl Haft im Rechenzentrum der Universität vor einem Großrechner versammelt waren. Ich ergriff das Mikrofon, erzählte dem Rechner ein Unfallgeschehen *(„Autofahrer A fuhr rückwärts aus seiner Garage und als er den anderen Fahrer sehen konnte, war der schon da!")* und stellte die bedeutungsschwere Frage: *„War etwas ein Unfall?"* Hektisches Flackern zahlreicher Kontrolllampen zeigte, wie schwer der Computer arbeitete. Atemlos wartete das Publikum. Mehrere Minuten vergingen, dann kam die erlösende Antwort: *„Ja!"*. Wären wir in Cap Canaveral gewesen, hätten jetzt die Champagnerkorken geknallt und wir hätten uns alle eine dicke Zigarre in den Mund gesteckt. Aber dazu kam es nicht. Wir waren in Schwaben. Und so begann ein IBM-Gewaltiger zu rechnen. *„Zwanzig Experten, drei Jahre, ein Großrechner, eine halbe OlG-Entscheidung ..."*. Er sah mich fragend an. *„Wie viele OLG-Entscheidungen gibt es?"* Diese Frage hatte ich gefürchtet. Wir Juristen kommen zwar mit so etwas im allgemeinen klar. *„Es sind schon einige, das kommt darauf an, man müsste die Statistik befragen"* und so weiter. Aber es half alles nichts. Um es kurz zu machen: Das Projekt wurde der Abteilung Grundlagenforschung zugeordnet und meine juristischen Kollegen sehen bis heute darin den Beweis, dass der Computer keine Rechtsfälle lösen kann. Dabei war die juristische Wissensbasis die einfachste aller Wissensbasen gewesen. Auch die Linguistik funktionierte einigermaßen, wenn auch schon ächzend. Lassen Sie Google einen Text übersetzen und Sie wissen, was ich meine. Das, woran wir scheiterten, war das bereits erwähnte Common-Sense-Wissen.

Die Kritiker, die LEX als Beweis dafür anführten, dass Computer im Recht nichts zu suchen hätten, und dass die Rechtsinformatik sich mit dem IT-Recht zu befassen hätte, übersahen, dass die Welle der Expertensysteme ein Thema in das Recht befördert hatte, das man bislang nicht gesehen hatte: Auch bei Juristen ist es sinnvoll, sich mit dem Arbeitsablauf – neudeutsch: dem Workflow – zu befassen. Diesem Thema wende ich mich jetzt zum Abschluss dieses Buches zu.

Im 19. Jahrhundert begründete der US-Amerikaner Frederick Winslow Taylor (1856–1915) die nach ihm als „Taylorismus" bezeichnete Methode, Arbeitsabläufe im industriellen Betrieb zu analysieren und optimale Methoden zu entwickeln und anzuwenden. Charly Chaplin hat diese Vorgehensweise in seinem Film „Moderne Zeiten" parodiert. Humanisierung und Demokratisierung der Arbeitswelt waren die Parolen der Gegenbewegung zum Taylorismus. Wie auch immer – unbestreitbar ist, dass man seine Arbeit, gleich welcher Art, umständlich, langsam und teuer oder effektiv, schnell und billig verrichten kann. Als ich Student war, besuchten wir gerne einen kleinen Biergarten in einem Vorort der Stadt München. Das Wirtsehepaar bediente die Gäste selbst. An schönen Abenden bildeten sich lange Schlangen vor der Getränke- und Essensausgabe. Der Kunde an der Spitze der Schlange bestellte ein Bier und eine Portion Leberkäs. Daraufhin schritt der Wirt zu einem Regal mit Biergläsern stieg auf einen Schemel, nahm ein Glas, ging zum Holzfass und schenkte das Bier langsam ein, damit es nicht so schäumte. Währenddessen ging seine Frau zu einem anderen Regal, nahm einen Teller heraus, schritt zu einem Tisch am entgegengesetzten Ende der Küche, wo der Leberkäs warmgehalten wurde, säbelte eine Scheibe Leberkäs ab, legte diese auf eine Waage, die sich wiederum auf einem anderen Tisch befand, wollte das Gewicht auf einen Zettel schreiben, hatte aber den Bleistift verlegt, entdeckte den Bleistift hinter dem Ohr ihres Mannes, was einen längeren

Disput der Eheleute auslöste, suchte sodann mit sich selbst murmelnd den Taschenrechner, um den Preis auszurechnen, fand ihn vergleichsweise rasch in ihrer Schürze, wo sie aber nicht den Senf fand, der irgendwo im Raum sein musste, aber nicht auffindbar war (heftiger Disput mit ihrem Mann) und auch die Brezn, ohne die der Bayer keinen Leberkäs nicht isst, war nicht auf Anhieb zu entdecken. Es kam zu einem erneuten Disput der Eheleute, den der Wirt mit den Worten beendete (ich übersetze aus dem Bayerischen): *„Du sollst nicht reden, du sollst machen"*. (Ich merke an, dass dies auch ein guter Spruch für Juristen ist.) Nun endlich bekam der Kunde Leberkäs, Brezn und Bier (Applaus in der Schlange), zückte aber einen 100-DM-Schein, worauf die Suche nach dem Wechselgeld begann. Ich weiß nicht, warum wir diesen Biergarten so liebten. Winslow Taylor hätte jedenfalls seine helle Freude an ihm gehabt.

Die Industrie degradierte den Arbeiter zum Automaten und suchte dann nach dem Humanen. Im Recht hat es so etwas früher nicht gegeben, weil wir es immer nur mit dem Humanen zu tun hatten. Erst der Einsatz der modernen Informationstechnik hat die Frage nach einem juristischen „Taylorismus" aufgeworfen. Die Antwort wurde schon gegeben, ehe der Computer erfunden wurde, und sie war natürlich negativ. Auf Max Webers „Paragraphen-Automaten" habe ich schon hingewiesen. Als dann der Computer erfunden war, lag es nahe, dieses Urteil fort- und festzuschreiben. Arthur Kaufmanns kritische Stellungnahme hierzu habe ich schon erwähnt. Diese Zitate, die ich noch fortsetzen könnte, belegen, dass hier ein Tabu (von polynesisch *„tapu"* = etwas Unberührbares) existierte, das auch heute noch vorhanden ist. Heute aber gibt es – anders als im Jahre 1970 – Techniken, die eine Neubesinnung erfordern. Und das gibt Anlass, in einer juristischen Methodenschule ein Thema zu behandeln, das in keiner der herkömmlichen Methodenlehren auftaucht: Der juristische Arbeitsablauf (neudeutsch: „Workflow").

Als ich in den späten sechziger Jahren an meiner Doktorarbeit über Computer im Recht schrieb, gab es genau zwei deutsche Aufsätze zum Thema. Beide stammten von Herbert Fiedler und waren in der Zeitschrift „*Deutsche Rentenversicherung*" veröffentlicht worden. Diese Zeitschrift fand ich weder in der Uni-Bibliothek noch in der Bayerischen Staatsbibliothek. Ein Suchantrag an irgendeine zentrale Bibliothekseinrichtung blieb trotz mehrmonatiger Bemühungen ohne Ergebnis. Daraufhin dachte ich scharf nach, marschierte zum Sozialgericht München und siehe da, dort stand die Zeitschrift in der Bibliothek, gleich neben dem Eingang. Sinnlos hatte ich mit der Suche nach diesen Informationen Zeit vergeudet. Ich begann, mich für den „Wert" von Informationen zu interessieren, und stieß auf US-amerikanische Untersuchungen eines Rüstungskonzerns zu diesem Thema. So fing bei mir alles an.

Heute kann man an jeder Stelle des juristischen Betriebes fragen, ob es dort im Workflow nicht etwas zu verbessern gibt. Und fast immer lautet die Antwort: Ja! Nehmen Sie nur die Akte. Überall werden Papierberge bewegt, gestapelt, verwaltet, transportiert, gelesen und wieder gelesen, erzeugt, verändert und erst nach vielen Jahren oder Jahrzehnten geschreddert. Industrie und Dienstleistung haben das Papier weitgehend abgeschafft. In Justiz und Anwaltskanzleien kann keine Rede davon sein. Bei uns gibt es immer noch Leute, die darauf hinweisen, die Forderung nach dem papierlosen Büro habe lediglich zu noch mehr Papier geführt, weil auch sie ausgedruckt werden müsste. Welch ein Unsinn!

Oder nehmen Sie die Mauern, die überall existieren Mauern, die durchweg schwer zu überwinden sind, und die unnötige Mehrfacharbeit verursachen. Ein Beispiel bietet die Mauer zwischen der Polizei (als Ermittlungsbehörde) und der Staatsanwaltschaft. In Umfangsverfahren sichtet die Polizei die Asservate, erstellt Beweismittelakten und formuliert am Ende einen Papierbericht, dessen „Nachweise" dem Staatsanwalt wenig nützen, weil ja beschlagnahmte Unterlagen fremdes Eigentum sind, die nicht verändert werden dürfen und nur durch Klebezettel kenntlich gemacht werden dürfen, die aber keine Lösung bieten und neue Probleme bringen. Rechtsprechung und Gesetzgebung haben in dieser Not den unsäglichen „Deal“ im Strafprozess sanktioniert, statt die Not zu beheben.

Die heute schon mögliche strukturierte Text- und Dateiverarbeitung im Computer bietet Möglichkeiten, die weit über das traditionell Mögliche hinausreichen. So ist es möglich, Dokumente per Beamer im Gerichtssaal an die Wand zu werfen und einem Beschuldigten oder Zeugen vorzuhalten. Dazu müssen die Dokumente in Sekundenschnelle gefunden werden, was beim Arbeiten mit Papier so gut wie unmöglich ist. Textbausteine (Templates) gibt es schon seit langem, aber die Möglichkeit, individuelle Vorlagen zu gestalten und dabei Zitate aus gespeicherten Dateien per Mausklick einfügen zu könne, ist neu und kann bereits realisiert werden. Ganze Texte, z.B. Urteile, können im Relationsmodul im Baukastensystem erstellt und weitergereicht werden. Neu ist auch die Möglichkeit, Audiodateien gezielt zu markieren, so dass z.B. Vernehmungsprotokolle zu bestimmten Themen gezielt angesteuert werden können. Das Abschreiben entfällt dann. Die Datei kann ja im Gerichtssaal vorgespielt werden. Entsprechendes gilt auch für Videoaufzeichnungen, wie sie etwa in Bahnhöfen und auf öffentlichen Plätzen gefertigt werden. Auch hier ist es möglich, bestimmte Stellen, die etwa einen Überfall zeigen, gezielt anzusteuern und im Gerichtssaal per Beamer vorzuführen.

Sodann sind die juristischen Datenbanken zu nennen. In ihnen werden Dokumente über die schon erwähnten Deskriptoren gesucht, was vom Benutzer verlangt, zu wissen, was er nicht weiß. Er muss ja Kenntnis der relevanten Begriffe haben, die sein Problem beschreiben, woran es aber oftmals fehlt. Fragt er nach allgemeinen Begriffen, kommen zu viele Fundstellen. Sucht er spezielle Begriffe, schießt er leicht daneben. Findet er tatsächlich relevante Dokumente, wird er über Hyperlinks auf Reisen zu anderen Dokumenten geschickt, die ganz anders gelagerte Fälle behandeln; spätestens nach dem dritten Hyperlink weiß er nicht mehr, ob er Männlein oder Weiblein ist. Hinzu kommt, dass die Datenbanken große Mengen an Dokumenten enthalten, die praktisch nie benötigt werden, also Informationsmüll sind. Die IT könnte es demgegenüber ermöglichen, Suchanfragen der Anwender auszuwerten und positive wie negative Ergebnisse der Community zur Verfügung zu stellen. Damit würde der Weizen der wichtigen Dokumente von der Spreu des Informationsmülls geschieden und würde zugleich Doppelarbeit vermieden. So wurde in Deutschland ein Jahrzehnt lang über die Frage diskutiert, ob Vertragsärzte im System der Gesetzlichen Krankenversicherung Beauftragte im Sinne des Tatbestandes der Beauftragtenbestechung, § 299 StGB, oder gar Amtsträger im Sinne der Bestechungsdelikte sind. Da die Pharmaindustrie mit milden Gaben an die Ärzte nicht geizt, gab es tausende Ärzte, gegen die Ermittlungsverfahren eingeleitet wurden. Entsprechend groß war die Zahl der Verteidiger und Staatsanwälte, die alle dasselbe Thema bei juris & Co immer wieder neu recherchierten. Welche Ressourcenverschwendung!

Damit bin ich beim Wissensmanagement. In der Industrie ist dies ein großes Thema. Bei unserem juristischen Berufsstand, der es nur mit Wissen zu tun hat, ist dieses Thema dagegen noch nicht allgemein angekommen. Dabei besitzen wir mit den Gesetzen und der in allen Kommentaren ausgefeilten Dogmatik einen Schlüssel zu Informationen, wie ihn kein anderer Berufsstand hat. Ein prominenter Strafverteidiger, der sich auf Revisionen spezialisiert hatte, sagte mir einmal, er müsse das Rad immer wieder neu erfinden, weil er seine eigenen Ausarbeitungen nicht mehr finde. Einziges Suchkriterium sei der Name des Verurteilten, und an diesen erinnere er sich nicht, habe er die Person doch nie zu

Gesicht bekommen. Ein individuelles wie kollektives Wissensmanagement kann Abhilfe schaffen. Es kann im Recht – anders als bei einem Automobilhersteller – problemlos installiert werden.

Ob die Gesetze künftig so bleiben werden, wie wir sie kennen, ist dabei durchaus fraglich. Der „Fortschritt" von den Zehn Geboten *(„Du sollst nicht töten")* zu den „modernen" Tötungsgesetzen *(„Wer tötet, wird bestraft")* ist minimal. Hier sind bessere Lösungen im Zeichen von „Artificial Intelligence in Law" vorstellbar.

Weiter sind das häusliche Arbeiten und das Arbeiten auf Reisen zu nennen. Wie die umfangreiche steuerliche Rechtsprechung zum häuslichen Arbeitszimmer belegt, arbeiten Richter und Anwälte gerne in ihrer Wohnung. Die Mitnahme umfangreicher Akten ist dabei ein Problem. Digital gespeicherte Akten können demgegenüber problemlos auf einem Laptop oder einem Stick transportiert werden. Auch ist über Remote Desktop der Zugriff auf einen Server im Gericht möglich. Die Synchronisation, d.h. das Einspielen der häuslich überarbeiteten Projekte in die im Büro gespeicherten Projekte, ist technisch längst problemlos möglich.

Sodann ist das Arbeiten im Team zu nennen. Größere Fälle werden häufig von mehreren Richtern einer Kammer oder eines Senates oder von mehreren Anwälten bearbeitet. Auch hier ist die Synchronisation der verschiedenen Arbeitsergebnisse technisch problemlos möglich. Dabei ist auch ein Austausch zwischen verschiedenen Anwendern über Hyperlinks möglich, die per E-Mail versandt werden. Das kann sogar dann sinnvoll sein, wenn der Kollege im Nebenzimmer sitzt. Auch das Konfliktmanagement (Bearbeiter A fügt neue Informationen hinzu, Bearbeiter B löscht parallel dazu denselben Absatz) bereitet keine Probleme mehr.

Das Internet könnte ungeachtet allen Gejammeres über dessen Gefahren wesentliche Fortschritte bringen. Hier ist zunächst die Akteneinsicht im Strafverfahren zu nennen, wobei unterschiedliche Berechtigungen möglich und notwendig sind. Man könnte aber noch einen Schritt weiter gehen und ein Internet-Gericht einführen. Die Anwälte könnten sich u. U. weite Reisen und Wartezeiten ersparen. Die relevanten Dokumente könnten beim Gericht geführt und dort in Sekundenschnelle geöffnet werden. Die Öffentlichkeit könnte in weit größerem Umfang hergestellt werden als das gegenwärtig möglich ist. Auch hier wären unterschiedliche Berechtigungen notwendig und möglich. Technisch kann das alles schon heute realisiert werden.

Überall sonst wird die Cloud eingeführt. Nur juristische Schriftstücke sollen dort nicht abgelegt werden. Dabei gibt es nur in den seltensten Fällen geheimhaltungsbedürftige Inhalte in Prozessakten. Auch sind die Datenschutzprobleme lösbar.

Das juristische Publikationswesen könnte grundlegend umgestaltet werden. Das E-Book mag für Romane taugen. Für juristische Veröffentlichungen ist es ungeeignet. Daran ändern auch die Hyperlinks nichts, die hier eher ein Problem als eine Lösung sind. Besser ist eine Strukturierung von veröffentlichten Entscheidungen und Abhandlungen mit Hilfe der Gesetze. Diese sind durchweg hierarchisch gegliedert und bieten sich für das schon erwähnte Wissensmanagement an, wie es in keinem anderen Beruf geschaffen werden kann. Das Ärgernis, dass juristische Kommentare alle Jahre neu gekauft werden müssen, also zu 100 Prozent immer wieder neu bezahlt werden müssen, obwohl sie nur wenige Prozente neue Informationen enthalten und alte Fehler (z. B. bei Fußnoten) fortschleppen, könnte beendet werden. Der gedruckte Kommentar entstand im 12. Jahrhundert in Bologna, und in das dortige Museum sollten wir ihn auch wieder schicken.

Lernende Systeme könnten schließlich in den Bereichen eingesetzt werden, die so vage und unbestimmt sind, dass sie auf keine traditionelle Weise wirklich beherrscht werden können. Ein Beispiel bietet das schon mehrfach erwähnte Tatbestandsmerkmal der *„angemessenen“* Wartezeit im Straftatbestand des unerlaubten Entfernens vom Unfallort, § 142 StGB. Niemand, auch kein

Anwalt, nicht einmal gegen Honorar, könnte im konkreten Fall sagen, wie lange ein Unfallbeteiligter warten muss. Dabei gibt es eine Reihe von immer wiederkehrenden skalierbaren Kriterien, die immer wieder in Teilen und in stets wechselnden Ausprägungen vorkommen. Es ist technisch möglich, diese Kriterien zu erfassen, mehrdimensionale Entscheidungsräume zu bilden und Systemregeln zu formulieren, die es erlauben, einen neuen Fall in das System einzustellen und zu entscheiden, wobei diese Entscheidung ihrerseits wieder in das System eingehen und dieses verändern würde. Der Grundsatz „*iudex non calculat*" steht dem nicht entgegen, da ja nicht der Richter, sondern der Computer „rechnen" soll. Im Kopf (manche sagen auch: im Bauch) sprechen wir in diesem Zusammenhang vom Rechtsgefühl. Dieses arbeitet vermutlich ganz ähnlich. Auch die Strafzumessung könnte auf diese Weise rational erfasst werden. Ich habe als Strafverteidiger etliche Besuche in JVAs gemacht und immer wieder festgestellt, dass die Insassen ihr Strafmaß mit dem anderer Verurteilter verglichen haben, denen gegenüber sie viel schlechter weggekommen seien. Wir Juristen sprechen in diesem Zusammenhang vom Gleichheitssatz.

In den politischen Bereich weist ferner die Möglichkeit, Volksbefragungen und Bürgerbegehren strukturiert und differenziert durchzuführen. Die gegenwärtige Methode, zu fragen, ob die Bürger für oder gegen einen Bahnhofsneubau sind (wobei sinnigerweise der, der dagegen ist, mit Ja stimmen muss) ist gewiss nicht der technisch mögliche letzte Schrei.

Last but not least ist hier die juristische Ausbildung zu nennen. Der junge Jurist muss in erster Linie Fertigkeiten erwerben. Erst in zweiter Linie braucht er Wissen. Zum Einüben von juristischen Verhaltensfertigkeiten taugen die bislang praktizierten Methoden aber wenig oder gar nicht. Sie gleichen dem Bemühen, das Klavierspielen per Vorlesung oder Lehrbuch zu lehren. Die Vorlesung entstand im Mittelalter, als es noch keine gedruckten Bücher gab und jeder, der ein Buch haben wollte, es selbst durch Mitschreiben einer Vorlesung produzieren musste. Seit Gutenberg ist das überholt. Und die Übungen verdienen diesen Namen nicht, weil darin Fälle bearbeitet werden, ohne dass die Studenten auch nur eine Ahnung davon haben, wie sie das tun sollen. Die Korrektoren sind auf „Probleme" fixiert und am Ende steht eine Fallbesprechung, in denen ein Gelehrter den Studenten sagt, was sie hätten produzieren sollen, wozu es aber leider nicht gekommen ist, weil ihnen das „Wie" gefehlt hat. Von „Üben" kann hier keine Rede sein. Technisch ist heute schon ein juristisches Coaching möglich, bei dem die Studenten anhand von Fällen die Fertigkeit trainieren, Strukturen zu bilden und anzuwenden. Auch können sie über das Internet detaillierte Musterlösungen abrufen, in denen mehr steht als die bekannte Wellenlinie am Rand der Klausur mit dem Hinweis *„Vgl. Bespr."*, und in denen sie gezielt über Hyperlinks Informationen zu allen relevanten Punkten ihrer Arbeit erhalten. All dies könnte zu einer Verkürzung des Jurastudiums führen, das mit vier Jahren (und oftmals mehr) ohnehin schon viel zu lange dauert. In den USA sind drei Jahre üblich, und auch das ist noch viel zu lang. Kein Geringerer als US-Präsident Barack Obama, der einst in Harvard Jura studiert hatte, hat im August 2013 für die USA eine Verkürzung auf zwei Jahre gefordert. Das ist nach meinen Erfahrungen mehr als ausreichend. Allerdings darf der Student dann seine Zeit nicht damit vergeuden, Rechtsprobleme à la Rose-Rosahl zu „lernen" und Karteikarten zu beschriften (Vorderseite *„Sache"*, Rückseite *„Körperlicher Gegenstand")*, sondern er muss sich darauf konzentrieren, Fertigkeiten zu erwerben.

All dies ist möglich und noch mehr. Wir leben in einer Zeitenwende, die durch den Computer bestimmt wird. Nutzen wir sie, damit wir nicht eines Tages sagen müssen: „Die Computerrevolution ist vorbei – sie haben gewonnen."

Weitere Bücher von Fritjof Haft
– zu beziehen über www.normfall.de oder den Buchhandel

Das Normfall Buch

Dieses Buch bietet die methodische Grundlage für den Normfall Manager (www.normfall.de). Es behandelt die Fertigkeit des Strukturdenkens und zeigt, wie man auf dieser Grundlage mit dem Normfall Manager komplexe Gegenstände beherrschen und Informationen verschiedener Quellen und Formate erschließen kann. Dieses moderne IT-Tool hat seine Hauptverbreitung bei Juristen gefunden, ist aber als universelles Werkzeug überall da hilfreich, wo anspruchsvolle Aufgaben gedanklich bewältigt werden müssen.

Normfall GmbH – Originalausgabe
6. Auflage München 2014
ISBN 978-3-00-028853-1
€ 19,80 (D)

Anmerkung:
Der Manager wird laufend weiter entwickelt und um neue Features bereichert. Diese Änderungen werden im Rahmen der Pflege laufend eingespielt. Im aktuellen Buch, das auf dem Stand Juni 2014 fertiggestellt wurde, konnten sie naturgemäß nicht berücksichtigt werden. Bitte informieren Sie sich auf unserer Website *www.normfall.de* über den jeweils aktuellen Stand.

Das dritte Hauptkapitel dieses Buches „Die Anwendungsmöglichkeiten des Managers“ steht auch als Normfall Strukturdatei im Internet unter *www.normfall.de/nfbuch* zur Verfügung. Zu den Erläuterungen finden Sie dort einen Trainingsteil. Anhand von Aufgaben und Lösungen können Sie die wichtigsten Funktionen des Managers dort kennenlernen und einüben.

www.normfall.de/nfbuch

Juristische Schreibschule

Das Buch behandelt erstmals alle Aspekte des juristischen Schreibens, eine Tätigkeit, die jeder Jurist praktizieren muss, die aber in der juristischen Methodenliteratur bislang allenfalls (unzureichend) im Zusammenhang mit Klausuranleitungen behandelt worden ist. Dargestellt werden unter dem Aspekt des Schreibens der zu bewältigende Gegenstand, nämlich die „Sache Recht", deren Besonderheit, die stets zu bewältigende Komplexität, der anzusprechende „juristische Leser", das „Strukturieren", welches das stärkste (und am wenigsten genutzte) Überzeugungsmittel in juristischen Texten ist, sowie „Strategie und Taktik" beim juristischen Schreiben. Der Horizont ist dabei interdisziplinär weitgespannt. Erkenntnisse aus Informatik, Sprachwissenschaft, Kommunikationstheorie, Sozialpsychologie und weiteren Gebieten werden nutzbar gemacht. Ausflüge in die Literatur lockern die Darstellung auf.

Normfall GmbH – Originalausgabe
ISBN 978-3-00-027793-1
€ 24,90 (D)

Juristische Lernschule

Das Buch ermöglicht es, juristische Fertigkeiten zu erwerben und einzuüben. Fertigkeiten sind etwas anderes als Wissen. Man erwirbt sie durch Training. Es verhält sich mit ihnen wie mit einem Musiker, der vielleicht alles über die Musik weiß, der aber ohne Übung nicht imstande ist, auch nur den Flohwalzer mit einem Finger zu spielen. Bislang gab es keine Möglichkeit, Fertigkeiten im Jurastudium zu vermitteln und zu erwerben. Das geschah erst in der Praxis, und dort ganz überwiegend durch Trial and Error. Im Zeitalter der modernen Informationstechnik hat sich das geändert. Das Buch zeigt, welche Möglichkeiten zum Erwerb von juristische Fertigkeiten es gibt. Das IT-gestützte Lernen ermöglicht ein effizientes Jurastudium und eröffnet zugleich Freiräume für den Erwerb rechtsphilosophischen und rechtsgeschichtlichen Wissens.

Der Verhandlungsmanager

Das Buch behandelt das Thema Verhandeln auf eine neuartige Weise. Verhandeln muss man trainieren, und dieses Training ist nur in der Realität möglich. Der Autor, der als Pionier der Verhandlungsforschung und -lehre bekannt ist, stellt das Wissen dar, das die moderne Verhandlungsforschung erschlossen hat. Auch für Mediatoren ist es nützlich, denn die Mediation ist eine unterstützte Verhandlung.

Normfall GmbH – Originalausgabe
ISBN 978-3-00-028854-8
€ 29,80 (D)

Der Krimi an sich

Eine Krimiwoge rollt durch Deutschland, ein Krimi-Tsunami droht. Kein Ort, keine Region, kein Beruf ist mehr sicher. Überall lauert das Böse. Fernsehabende ohne Kommissare gibt es nicht mehr. Wo früher „Der Blaue Bock" und „Dalli Dalli" gute Laune verbreiteten, nimmt heute das Verbrechen seinen Lauf. Nach sicheren Informationen des Autors droht sogar den 450 Bewohnern des Ortes Aha die Gefahr, ausgerottet zu werden. Nur die Mordkommission Aha, genannt die „Aha Greifer" kann das verhindern (Dienstag, 20:15, TV Gunzenhausen). In dieser Situation tut Orientierung Not. Das Buch liefert sie.

Normfall GmbH – Originalausgabe
ISBN 978-3-98-157600-9
€ 19,80 (D)

Kein Leben ohne Witz

„Lachen ist eine sehr wichtige Sache. Man sollte die Menschen so oft wie möglich dazu bringen, denn man kann kaum etwas Böses tun, während man lacht" (Hal Roach – US Filmproduzent 1892–1992). Das Buch behandelt den Humor in allen seinen Spielarten sowie verwandte Erscheinungen wie Ironie, Streich, Satire, Parodie, Running Gag, Kalauer, Schüttelreim, Limerick, Comic und Bonmot, ehe es den Witz erklärt. Denn, um Loriot abzuwandeln: Ein Leben ohne Witz ist möglich, aber sinnlos.

im Erscheinen